포스트휴먼 시대의

다문화교육론

박휴용

창지사

※ 본 저서는 대한민국교육부와 한국연구재단의 연구지원을 받아 수행된 연구임
(NRF-2021S1A3A2A01090926)

서문

현대 사회는 급격한 교통 및 통신기술의 발전과 글로벌화의 영향으로 다양한 민족과 문화가 공존하고 상호작용하는 다문화사회로 발전하고 있고, 그에 따라 다문화적 교육의 필요성과 중요성이 대두되고 있다. 아울러 4차 산업혁명과 인공지능으로 대표되는 급격한 기술 발전은 생태, 인류, 기술적 존재들이 혼재된 포스트휴먼 사회를 만들어 감으로 인해 다문화교육의 성격과 방향성에도 큰 변화를 초래하고 있다.

본서는 기존의 인본주의에 토대한 사회에서의 다문화교육에 대한 논의를 넘어서 포스트휴먼 시대에 적합한 새로운 다문화교육의 패러다임을 제시하고자 한다. 이러한 포스트휴머니즘에 입각한 인간상과 사회상을 바탕으로 탈인본주의적 다문화주의, 생태-인류-기술적 존재들이 공존하는 문화, 미래의 기술적 사회에서의 (탈)인간적 문명의 해석을 통해 다문화주의에 대한 새로운 가치관과 실천의 방향성을 정립하려는 것이다.

이러한 목적을 달성하기 위해 본서는 다음과 같은 일곱 가지 주제를 중심으로 구성하였다.

첫 번째 장인 '포스트휴먼 다문화주의: 개념, 성격, 이론적 기반'에서는 포스트휴머니즘의 개념, 포스트휴먼 다문화주의의 개념적 기초와 이론적 토대, 그리고 이를 통한 포스트휴먼 다문화주의의 함의점을 제시한다.

두 번째 장인 '포스트휴먼 다문화사회에서의 윤리교육'에서는 인본주의에 입각한 다문화주의와 포스트휴머니즘에 입각한 다문화주의를 차례로 다룬다. 우선 인본주의에 입각한 다문화사회에서의 윤리교육의 방향과 다문화 윤리교육의 핵심 원리가 무엇인지를 다룬 다음, 포스트휴머니즘에 입각한 다문화 윤리를 포스트휴먼 존재인식론, 포스트휴먼 윤리, AI 시대의 다문화적 윤리의 성격과 방향성에 대해 논의한다.

세 번째 장인 '다문화시대의 과학교육과 창의성'에서는 과학과 문화의 연관성, 다문화 과학교육과 다문화적 창의성, 기술기반 사회의 핵심 환경인 메타버스 환경에서의 창의성에 대해 논의한다. 이를 통해 문화와 과학, 다문화적 요소와 창의성의 연관성에 대한 이해를 넓힌다.

네 번째 장인 '포스트휴먼 다문화 시대의 역량교육'에서는 역량기반 교육과정의 기본 원리, 디지털 AI 사회를 대비하기 위한 역량교육, 포스트휴먼 시대에 대비하기 위한 핵심 역량인 테크노 리터러시 역량에 대해 논의한다. 이로써 미래의 기술적 사회에서의 다문화적 소양과 테크노 리터러시가 어떤 연관성을 갖게 될 것인가를 이해할 수 있을 것이다.

다섯 번째 장인 '포스트휴먼 다문화 미술교육'에서는 인본주의적 관점과 포스트휴먼 관점에서 미술교육에 어떻게 상이하게 적용될 수 있는지를 탐구한다. 우선 인본주의에 기반한 미술교육의 중요한 이론적 및 실천적 갈래인 예술사회학과 사회참여 예술의 개념과 실천에 대해 논의한 후, 예술사회학과 다문화교육이 어떤 연관성이 있는지를 살펴본다. 이어서 포스트휴먼 미술의 등장에 주목하여 인공지능 같은 기술적 도구들이 포스트휴먼 미술에서 어떻게 활용될 수 있으며, 그 대표적인 예인 생성형 AI의 등장에 따른 미술교육의 성격과 역할의 변화를 논의한다.

여섯 번째 장인 '생성형 AI 기반 음악의 등장'에서는 최신 인공지능 알고리즘을 대표하는 생성형 AI 기술이 음악 작곡 및 창작 환경의 변화에 어떤 영향을 미치고 있는지를 살펴보고자 한다. 기존의 MIDI 등과 같은 기술적 틀은 음악 창작 환경에 큰 영향을 미쳤는데, 최근의 생성형 AI 기반 음악 창작의 환경은 기술적 요소들이 음악이나 미술 같은 예술적 창작활동에도 근본적인 변화를 가져올 수 있음을 잘 보여 주고 있다. 이처럼 기술적 도구와 창작활동의 밀접한 관련성을 탐색함으로써, 포스트휴먼 시대의 문화적 가치와 경험의 성격에 대해 새롭게 탐구하고자 한다.

마지막으로 일곱 번째 장인, '포스트휴먼 질적 연구와 다문화교육'에서는 비판적 포스트휴머니즘의 관점에서 질적 연구의 방법론을 탐구하며, 포스트휴먼적 질적 연구란 무엇인지를 논의하고, 이를 다문화교육에 어떻게 적용할 수 있는지를 고찰한다.

포스트휴먼 시대의 다문화교육은 단순히 다양한 문화적 배경을 인정하는 것을 넘어, 인간 중심의 세계관을 재고하고, 기술과 인간의 상호작용을 새롭게 이해하는 데 중점을 둔다. 본서의 내용은 미래 다문화교육의 이론과 실천에 새로운 패러다임을 제시함으로써, 교육학자, 교사, 정책 입안자, 미래 다문화교육의 방향에 관심 있는 모든 이에게 귀중한 통찰을 제공해 줄 수 있을 것이다.

2024년 9월 말

세종 서재에서 저자가

목차

제 1 장

포스트휴먼 다문화주의 : 개념, 성격, 이론적 기반

1. 포스트휴머니즘이란 무엇인가?

4차 산업혁명과 인공지능의 확장과 같은 오늘날의 기술적 변화는 인류 문명의 방향과 인간의 삶의 조건을 근본적으로 변화시킴으로써, 현대사회를 포스트휴먼적 사회로 만들어가고 있다(Pepperell, 1995). 포스트휴머니즘이라는 세계관은 크게 다음과 같은 특징으로 요약될 수 있다.

- 인류중심주의 초월: 포스트휴머니즘은 인간 중심의 세계관을 비판하며, 인간이 세계에서 가장 중요한 존재가 아니라는 관점을 강조한다.
- 기술과 인간의 융합: 기술, 특히 바이오테크놀로지와 인공지능은 인간의 진화와 발전에 큰 영향을 미쳤고, 이를 통해 인간은 자신의 육체적 · 지적 한계를 초월하는 방향으로 발전할 수 있다고 본다.
- 경계의 모호성: 포스트휴머니즘은 인간과 기계, 생명과 비생명, 유기체와 무기체 간의 경계가 모호해지고 있다는 점을 강조한다.
- 신체성의 재해석: 기술의 발전으로 인해 인간의 신체는 더 이상 고정된 것이 아니라, 개선하거나 수정할 수 있는 끊임없이 진화하는 존재로 간주한다.
- 정체성의 유동성: 포스트휴머니즘은 정체성이 고정된 것이 아니라 유동적이며, 다양한 요소들에 의해 지속적으로 재구성될 수 있다는 관점을 취한다.
- 비판적 정치윤리학: 포스트휴머니즘은 이러한 변화를 무비판적으로 받아들이는 것이 아니라, 그로 인해 생기는 윤리적 · 사회적 문제점들에 대해 깊이 고찰한다.

포스트휴머니즘과 관련된 관점들은 다음 〈표 1-1〉과 같이 크게 네 가지로 구별될 수 있다.

〈표 1-1〉 포스트휴머니즘의 갈래들

Posthuman	① 회의론	② 비관론	③ 낙관론	④ 비판적 재고론
주장	포스트휴머니즘은 등장하지 않을 것이다.	포스트휴머니즘은 인간(성)을 파괴할 것이다.	포스트휴머니즘은 인류의 진화된 존재이다.	포스트휴머니즘의 도래는 필연적이며, 탈휴머니즘이 필요하다.
이론적 제보	**휴머니즘**	**네오휴머니즘**	**트랜스휴머니즘**	**비판적 포스트휴머니즘**
인간/기계의 관계성	기계중심주의의 경계 및 거부	휴머니즘의 보완 & 역할의 재구성	기술을 활용한 인간 증진 / 인류 사회의 개선	휴머니즘의 탈피와 인간-기계의 공존
교육의 방향	전통적 휴머니즘 교육의 강화	휴머니즘 교육의 반성적 재구성	탈휴머니즘 및 기술친화적 교육	휴머니즘에 대한 반성과 기술중심시대에 맞는 새로운 세계관의 수립
교육의 대상	전통적 인간 (전통적 가치)	개선된 인간 (새로운 가치)	트랜스휴먼적 존재 (사이보그적 존재)	포스트휴먼적 존재 (기계 문명하의 인간)
교육의 전략	기계 문명하의 생존 교육		인간과 기계의 공존 교육	

① 회의론: 포스트휴머니즘에 대한 회의론은 포스트휴먼 시대는 등장하지 않을 것이며, 기존의 휴머니즘 철학과 가치관을 기반으로 전통적 인본주의적 교육을 강화해야 한다고 보는 입장이다.

② 비관론: 네오휴머니즘(Neohumanism)으로 대표되는 비관론은 포스트휴머니즘은 인류의 본성이자 궁극적 교육목표인 인간성을 파괴할 것이기 때문에 포스트휴먼 사회를 부정적으로 인식한다. 그 대신 인본주의의 한계점을 반성적으로 성찰하고 개선하여 새로운 인본주의적 관점을 제시하고 이를 통해 인류의 발전을 도모하고자 하는 입장이다.

③ 낙관론: 트랜스휴머니즘(Transhumanism)으로 대표되는 낙관론은 첨단 기술과 도구의 발전과 인류는 진화를 계속하고 있다고 본다. 그에 따라 기존의 인본주의적 가치를 고집하지 않고, 새로운 가치관과 새롭게 등장할 강화된(enhansed) 존재가 기존의 많은 인류의 생태적 한계를 극복하고 새로운 미래를 개척할 수 있다는 긍정적 태도를 갖는다.

④ 비판적 재고론: 비판적 포스트휴머니즘(critical posthumanism)으로 대표되

는 비판적 재고론은 생태적 존재(자연과 동식물), 인간, 기술적 존재(로봇, AI) 모두 세계의 동등한 구성원이 되어 상호의존적으로 공생하는 미래를 전망한다. 그에 따라, 기존의 인류중심주의가 낳은 지속불가능성을 비판하면서 생태주의와 기술주의를 모두 포섭하고 새롭게 등장할 기술적 미래에 인류가 어떻게 생존해 나갈 수 있을지를 고민한다.

정리하자면, 포스트휴머니즘은 급변하는 기술적 환경 속에서 인류의 가치와 의미를 반성적으로 성찰하며 미래 사회를 대비하려는 정치윤리학적 세계관이다. 이러한 미래 사회의 변화에 대비하는 포스트휴머니즘은 기존의 다문화주의에 대한 관점과 이론들에도 새로운 변화를 촉구하고 있다. 다문화주의에 대한 수많은 정치경제적 · 사회문화적 · 철학윤리적 입장들이 존재하듯이, 포스트휴먼 다문화주의의 배경과 성격은 아직 학계에서 충분히 논의되거나 합의된 상태가 아니다. 본서에서는 새로운 기술적 환경 속에서의 다문화주의에 대한 이해와 실천의 출발을 포스트휴먼 다문화주의(posthuman multiculturalism)라는 용어로 설정하고, 그 개념과 성격, 이론적 기반들, 학교교육 차원에서의 방향성이 무엇인가에 대해 논의해 보고자 한다.

2. 포스트휴먼 다문화주의의 등장과 성격

1) 포스트휴먼 다문화주의의 개념

포스트휴먼 다문화주의에 대해 정의하기 위해서는 우선 포스트휴머니즘에 대한 정의와 더불어 '포스트휴먼'이라는 존재와 그 성격에 대해 이해할 필요가 있다. 우선 진화인류학적인 관점에서 보면, 인류는 어떤 단일한 생물학적 특징이나 형태를 견지해 온 존재가 아니라 오랜 진화 과정에서 지구 생태계의 다양한 환경 변화에 적응해 온 존재라고 볼 수 있다. 이는 호모 사피엔스(Homo

Sapiens)라는 학명으로 구별되는 현생 인류의 진화 차원에서도 마찬가지이고, 특히 현생 인류는 원시적 도구의 사용을 포함한 기술적 발전에 크게 의존하여 진화해 왔다(Durham, 1991). 그런 의미에서 Nowak(2015)은 자연환경에 '종속'되어 원시적인 도구만을 활용하였던 인류(휴먼 1.0)와 자연과 '공존'할 수 있는 기술을 개발해 왔던 인류(휴먼 2.0), 첨단 기술을 바탕으로 자연성을 '초월'하는 인류(휴먼 3.0)의 세 가지 발전 단계로 구분한 바 있다. 이 세 가지 단계적 구분을 놓고 보면, 오늘날의 인류는 과학 및 컴퓨터 기술을 바탕으로 인간의 신체적·자연적 한계를 극복함으로써, 내재적 생명 시스템뿐만 아니라 외현적 지구 시스템까지도 통제할 수 있게 된 '휴먼 3.0'으로서의 포스트휴먼이라고 볼 수 있다. 정리하자면, 포스트휴먼은 자연에 종속되거나 자연과 공존하는 수준이 아니라, 자연을 초월하는 수준으로 진화된 인류를 의미하는데, 그것을 가능하게 하는 핵심 동력은 바로 기술의 발전이다. 그런 의미에서 포스트휴먼은 기술적 혁신을 통해 등장한 새로운 인류라고 이해할 수 있다.

이러한 포스트휴먼에 대해서 미래학자인 Jose Cordeiro(2014)는 현생 인류(Homo Spiens)는 지구 수준의 생태적 진화 과정의 결과일 뿐이고, 머지않아 생물학적인 진화를 넘어선 존재인 트랜스휴먼과 포스트휴먼으로 발전할 것이라고 주장한 바 있다. 그리고 그러한 미래 인류는 탄소기반 유기체로만 설명되는 것이 아니라, 지구 생태계를 벗어나서도 존속할 수 있는 실리콘 및 기타 플랫폼에 의존한 생명체가 될 수 있다고 주장하였다. 사실 이러한 포스트휴먼 존재는 그동안 인류 사회를 지배하였던 남성중심적 문명과 인류중심적 생태관을 비판하기 위해 생태페미니즘의 관점에서 처음 등장하였다(Haraway, 1985). Haraway는 그동안 인류이성중심적 세계 속에서 타자화되어 왔던 존재들(동물, 여성, 성소수자, 소수인종, 장애인, 로봇 등과 같은 생태적 및 기술적 존재들)을 '사이보그'로 상징화하고, 그들을 어떻게 인간(the humanness)의 범주에 포섭할 수 있을 것인가에 대한 근원적 질문을 제기했던 것이다. 그 후 30여 년 지난 오늘날의 인공지능, 나노기술, 생명공학, 가상현실, 로보틱스 등의 분야에서의 급속한 디지털 및 과학기술의 발전은 인류 사회 대부분의 영역에서 이러한 '포스트휴먼'적 존재의 현실화를 가능하게 하였던 것이다(Popovici, 2017).

Pepperell(1995)은 오늘날 인류는 이러한 급격한 기술적 환경 변화 속에 놓여 있으며, 이러한 기술적 삶의 환경을 '포스트휴먼적 조건(posthuman condition)'이라고 불렀다. 이 포스트휴먼적 조건은 기존의 순수한 생물학적이고 생태주의적인 인류와는 전혀 다른 존재로서의 인류를 상정하고 있기 때문에, 포스트휴먼적 조건에서의 인류에 대한 이해는 근본적인 철학적·윤리적 관점의 변화를 요구하게 되었다. 그런 의미에서 포스트휴먼 다문화주의는 기존의 다문화주의의 암묵적 전제(premises)였던 인류중심주의(anthropocentrism)와 인본주의(humanism)의 관점을 넘어서서 인류가 인류 이외의 생태적 존재들 및 기술적 존재들과 상생하며 공존하기 위한 윤리철학적(ethico-philosophical) 방향성을 모색하려는 시도라고 이해할 수 있다.

이러한 포스트휴먼적 다문화주의를 보다 체계적으로 이해하기 위해 관련된 핵심 개념들—인간성(the humanness), 인류중심주의, 인본주의, 비판적 포스트휴머니즘—을 포스트휴머니즘의 관점에서 어떻게 새롭게 이해할 것인지 논의해 보자.

첫째, 포스트휴머니즘 관점에서 본 인간성(the humanness)은 기존의 인간-비인간의 이원론적 구분과 인류중심주의적 이념에서 벗어나, 지구 환경의 생태적 변화와 기술적 변화가 가져온 새로운 세상에 대한 비판적 성찰을 바탕으로 다중적 종족(multiple species), 비인간성(non-humanness), 인간 이후의 존재를 포괄하는 인간의 의미에 대해 새롭게 성찰하고자 한다. 이는 이성(정신)-자연성(물질)의 구별이나 인간성-동물성의 구별의 기초가 되었던 인본주의적 철학과 심리학의 인식론적 오류에 대한 비판(Wolfe, 2009)과 인간에게 종교적 권위와 의미를 부여하는 것이 아니라, 인간을 동물성, 인간성, 기계성이 혼종된 존재로 인식하는 사이버네틱스적 인식론(cybernetic epistemology: Bateson, 1972/2000)의 관점을 수용하는 것이다. 이처럼 포스트휴먼 인간관은 전통적 인본주의가 상정하는 인간성 및 인간의 조건에 대한 비판적 성찰을 넘어서서, 인간 주체들과 관련된 윤리 문제에 집중하는 철학적 포스트휴머니즘과 인간의 주체성과 신체화, 인간 본성에 대한 인본주의와 그 유산들에 대한 비판에 집중하는 문화적 포스트휴머니즘, 그리고 과학기술의 발전을 바탕으로 기계와 인간이 혼합된 사이보그적 미래 환경과 그에 따른 인간 존재에 대한 논의에 집중하는 트랜스휴머니즘(transhumanism: Bostrom, 2003)의 관점과 전망들을 포함하고 있다.

둘째, 인본주의(Humanism)는 동물이나 자연계에 대한 특권과 인류 집단들 가운데에서도 소수 지배계층의 특권을 이중적으로 정당화하는 이념적 기재로 활용되어 온 이념이다. 예를 들어, Bell(2013)은 "이타주의, 상호주의(mutualism), 인본주의는 자유주의적 자본주의를 지탱하고 있는 유연하고 간결한 가치들이다. 인본주의는 식민주의, 제국주의, 신제국주의, 민주주의, 미국식 민주주의(American democratization)를 모두 포함한 착취의 담론 속에서 주요한 역할을 수행해 왔다."라고 주장한 바 있다. 이처럼 오랜 인류의 역사 속에서 인본주의에서 가리키는 '인간'의 범주에 여성, 아동, 유색 인종, 비유럽 이방인, 약소민족, 장애인, 동성애자, 노예 등은 포함되지 않았다. 즉, 인본주의적 관념은 모든 인간을 대상으로 형성된 것이 아니라, 유럽 백인 남성이 바라보는 세계관과 그들의 지배적 언어와 문화를 중심으로 '인간'과 '비인간'을 구별하고 비인간적 존재들을 타자화하면서 그들에 대한 지배를 정당화하는 이념의 역할을 해 왔던 것이다.

셋째, 인류중심주의(anthropocentrism)는 Descartes의 물질-정신의 이원론적 사고를 기반으로 인간만이 '이성'이라는 고차원적 정신 능력을 지닌 동물로 간주하며, 인간을 제외한 다른 모든 동물을 포함하여 자연사계와 생태적 환경은 모두 물질계의 산물로 간주하는 관념에 기초하고 있다. 따라서 인류중심주의는 정신/이성적 존재로서의 인간과 단순한 물질적 산물에 불과한 다른 모든 자연계의 사물들을 구별함으로써, 인간 이외의 모든 존재(동물, 사물, 자연환경 등)를 타자화하여 착취 대상으로 삼는 것을 정당화하는 이념이다. 따라서 포스트휴머니즘은 바로 위와 같은 인본주의와 인류중심주의의 이념적 한계를 넘어서서 미래의 시대적 변화와 상황('포스트휴먼적 조건')에 맞게 인간의 의미와 역할을 새롭게 재조명하려는 시도인 것이다.

넷째, 포스트휴머니즘은 인류중심주의와 기술중심주의 모두에 대한 비판을 바탕으로, 인간 자신과 비인간적 타자들, 인간의 의식, 이성, 지식, 주체성, 능동성, 관계성, 포스트휴먼적 존재들의 신체, 삶과 체화에 대한 새로운 이해의 틀을 정립하려는 관점이다. 특히, 비판적 포스트휴머니즘은 서구 계몽주의에 의해 만들어진 근대 문명과 유럽 제국들에 의해 주도되었던 식민주의적 세계 지배가 그동안 인종 차별, 성차별, 계급 차별, 사회문화적 차별에 이어 정치경제적 차별에 이르기까지 다양한 형태의 인간 차별을 자행해 온 것에 대해 비판적 관점을 견지한다. 그런 의미에서 Braidotti(2006, 2016)는 비판적 포스트휴머니즘의 실천적 정책(affirmative policies)을 "인본주의적 도그마인 자기중심적 개인주의를 거부하고 인간뿐만 아니라 모든 비인간적 존재(동물, 사물, 도구, 물질 등)를 포함한 타자들 사이의 '긍정적인' 상호연결성을 탐색하려는 것"임을 강조한 바 있다.

다섯째, 포스트휴먼 다문화주의는 기존의 다문화주의가 휴머니즘적 철학과 세계관에 정초하고 있다고 보고, 그동안 페미니즘, 비판적 인종이론, 후기식민주의 이론, 비판적 문화이론 등의 차원에서 논의되어 왔던 권력, 소외, 차별, 타자화 등에 대한 비판적 관점을 인간 사회의 범주에서 생태적·기술적 사회의 범주로 확장시키고자 한다. 예를 들어, 과거의 인종이론이 과학적 인종주의(scientific racism)나 유럽중심주의를 바탕으로 한 인류 집단들 간의 편견과 차별적 대우를 비판했던 것과는 달리, 포스트휴먼적 생태이론은 인류 집단 사이에서의 편견이나 차별의 문제를 인간 이외의 세상 모든 존재(생태적·인류적·기술적) 사이의 정치윤리적 문제로 확장시키려는 것이다.

이상의 포스트휴머니즘과 다문화주의의 관련성에 대한 핵심 용어들의 정의와 이 문제를 다룬 대표적 학자들을 정리하면 다음 〈표 1-2〉와 같다.

〈표 1-2〉 관련 개념들의 정의와 대표적 학자

주요 용어	개념적 정의	대표적 학자
인간성 (The humanness)	자연적 존재들이나 기술적 산물들과 구별된 특별한 존재로서의 인류에게 부여되는 특질이 아니라, 모든 존재에게 부여될 수 있는 확장되고 보편화된 특성	Hayles(1999) Haraway(1985)
인류중심주의 (Anthropocentrism)	인류를 생물계 진화의 최상위 단계에 올려놓고, 그 존재에 목적성을 부여하면서 자연 생태계에 대한 지배권을 인정하고 있는 배타적 이념	Wild(1991) Plumwood(1996)
인본주의 (Humanism)	유럽중심주의적 세계관을 바탕으로 형성되어 인문주의(the humanities) 시대와 근대국가의 형성을 거치면서 현대 시민들에게 기대되는 민주주의, 인권, 주권(sovereignty)/주체성, 자율성 등의 개념이 혼합되어 만들어진 이념적 산물	Clark(1934) Hendel(1938)
포스트휴머니즘 (Post-humanism)	인류중심주의에서 탈피하여 오늘날과 같은 포스트휴먼적 조건, 즉 생물학적 진화를 넘어 기술적 진화의 환경 속에서 살아가는 인간의 실존적 의미를 재설정하려는 존재인식론/철학윤리적 입장	Braidotti(2006) Wolfe(2010)
포스트휴먼 다문화주의	다원주의 및 생태주의에 기반한 다문화주의적 관점을 인간 이외의 존재성과 집단으로 확장하여 논의하려는 입장	Ivakhiv(2002) Vint(2007)

요컨대, 포스트휴먼 다문화주의는 기존의 다문화주의가 견지하였던 페미니즘(남성중심주의에 대한 비판), 비판이론(권력, 편견, 사회구조적 폭력성에 대한 비판), 후기식민주의(서구 문명의 역사적 지배에 대한 비판), 후기구조주의(계몽주의, 보편주의, 과학주의 등에 대한 비판), 그리고 신유물론(마르크시즘적 유물론과는 다른 새로운 철학적 유물론)적 관점들을 수용하면서도, 그 비판의 대상을 인간 사회뿐만 아니라 세상의 모든 존재의 관계성으로 확장시키려는 탈인본주의적 관점이라고 정리될 수 있다.

2) 포스트휴먼 다문화주의의 범주

그동안 다문화주의에서 문화를 연구한다는 것은 문화 연구(culture studies)와 문화적 연구(cultural studies) 두 가지로 크게 구분되었다. 문화 연구는 문화 자체를 연구의 대상으로 삼아 다양한 인류 집단들의 문화적 양상들을 다원주의, 상대주의, 통속주의 등의 차원에서 연구함으로써 다양한 문화들 자체를 구성하는 요인들과 비교(혹은 교차)문화적(cross-cultural) 상호작용이 인류의 삶에 미치는 영향에 대해 이해하고자 하는 분야이다. 반면, 문화적 연구는 인류 집단의 삶의 방식이나 구조에 영향을 미치는 여러 요소(정치경제적, 사회지리적, 환경적 등) 중에서 특히 문화적 요인이 인류 문명의 구조적 문제들(즉, 불평등, 억압이나 착취, 부정의 등)에 어떤 영향을 미치고 있는지를 반성적으로 논의하고자 하는 것이다(Jameson, 1993). 따라서 문화적 연구는 역사경제학적 마르크시즘(Marxism), 비판이론(Frankfurt 학파), 사회 내의 권력작용(Foucault 이론), 탈근대담론(postmodern discourses), 후기식민주의(post-colonial) 이론 등과 밀접하게 관련됨과 동시에, 문화에 대한 분석뿐만 아니라 다른 사회과학적(경제적, 정치적, 지정학적) 요인들에 대한 논의와도 함께한다. 이러한 맥락 속에서 본서에서 다루는 포스트휴먼적 다문화주의는 기존의 두 가지 연구 갈래를 넘어서서, 비단 문화적 요인들뿐만 아니라 물질적 요인들(환경, 생태, 물질 및 에너지)이 인류 집단과 그 삶의 양상들에 큰 영향을 미친다는 입장을 수용하는 것이다. 그에 따라 포스트휴먼적 다문화주의는 기존의 인문학이나 사회과학적 요인들과 논의들에만 집중하는 것이 아니라 자연과학적 주제나 대상들에도 연구 관심을 확장하려는 관점이라고 이해할 수 있다.

이처럼 포스트휴먼적 다문화주의는 다음과 같은 이론적 전제들을 기반으로 다문화주의의 개념적 폭을 확장시키고자 한다.

첫째, 인류는 지구 생태계의 일원으로 그 생태적 및 기술적 요소들 및 존재들과의 밀접한 관계성 속에서 존재해 왔고, 인류의 문명(문화)도 그러한 다양한 존재들과의 상호의존적 관계성 속에서 이해될 필요가 있다. 이처럼 세상의 모든 사물이 각자 존재 의미와 주체적 역할을 갖는 행위자들이고 이러한 행위자들의 상호얽힘의 역동성으로 세상을 움직인다는 것을 설명하는 것이 행위자-망이론(actor-network theory)이다.

둘째, DesCartes의 마음(정신)-육체(물질)의 이원론은 근본적인 한계성을 지니고, 인간의 몸, 감정, 사고 및 행동은 밀접하게 연결되어 있고 일원론적 원리에 의해 설명될 수 있다. 이러한 일원론적 세계관을 바탕으로 자연계, 인간계, 기술계의 작동을 설명하려는 것이 바로 신물질주의(neo-materialism)이다.

셋째, 인간은 순수한 동물적 존재로서 자연환경에 단순 적응해 온 것이 아니라 다양한 도구의 개발에 의존하여 자연을 개척해 왔으며, 앞으로도 디지털 문명으로 대표되는 기술적 발전의 첨단 도구들과 함께 공진화(co-evolution)해 갈 것이다. 이처럼 인간(주체)-사물(객체)의 이분법이 아니라 사물들도 주체성과 능동성을 가지고 인간과 상호작용하며 세상을 구성해 간다는 것을 설명하는 것이 바로 객체지향존재론(object oriented ontology)이다.

넷째, 인류는 지구 생태계를 대표하는 유일한 존재가 아니다. 즉, 인류는 지구 생태계 속에서 독자적이고 배타적인 존재 의미를 갖는 것이 아니라, 다른 모든 존재와 협력하고 공존해야 하는 상대적이고 의존적인 존재로 이해될 필요가 있다. 이러한 탈인본주의적 정치윤리학이 바로 비대표성이론(non-representational theory)이다.

요컨대, 포스트휴먼 다문화주의는 문화적 연구의 범주를 정신-물질 이원론에 입각한 인본주의와 이성중심주의적 세계관에서 탈피하여, 이성과 자연성의 일원론적 통합하에서 인류 집단과 문화의 의미를 탐색하려는 시도이다.

포스트휴먼 다문화주의는 위와 같은 일원론적 세계관에 입각하여, 세계 속 인간의 의미와 역할을 네 가지 포스트휴먼 하위이론들—세상 모든 존재의 연결망(행위자-망이론), 마음-신체의 일원론적 통합(신물질주의), 인간과 사물의 공진화와 사물주체성(객체지향존재론), 탈인본주의적 정치윤리학(비대표성이론)—을 바탕으로 새롭게 재설정하고자 한다.

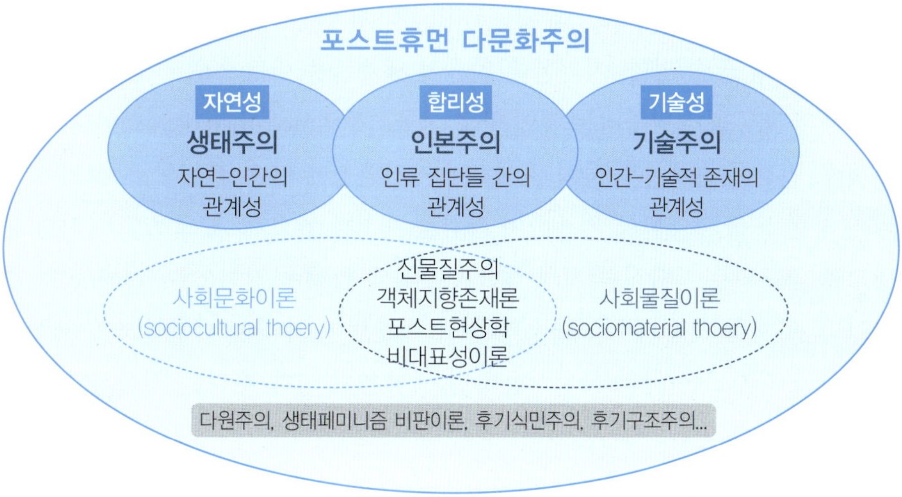

[그림 1-1] 포스트휴먼 다문화주의의 개념 범주

위 [그림 1-1]은 포스트휴먼 다문화주의가 자연성(생태주의), 이성(인본주의), 기술성(기술주의)의 세 가지 요인을 통합적으로 다루고자 한다는 것을 보여 준다. 여기서 다문화주의와의 차이점은 기존의 다문화주의가 주로 생태주의와 인본주의를 섭렵한 사회문화(socio-cultural) 이론의 차원에서 논의되는 것이었다면, 포스트휴먼 다문화주의는 거기에 인간과 기술적 존재들(컴퓨터, 인공지능, 로봇 등)의 관계성에 대한 논의를 포함하는 사회물질적(socio-material) 이론들(Fenwick, 2010)을 포함하고 있다는 것이다. 따라서, 포스트휴먼 다문화주의는 이 두 가지 이론적 갈래들의 공통 분모 속에서 논의되는 포스트휴머니즘의 하위이론들(신물질주의, 행위자-망이론, 객체지향존재론, 비대표성이론)을 바탕으로 기존의 다문화주의의 핵심 논점인 다원주의적, 생태페미니즘적, 비판적, 후기식민주의 및 후기구조주의적 관점들을 논의할 필요가 있다는 것이다.

3) 포스트휴먼 다문화주의의 성격

포스트휴먼 다문화주의가 갖는 이념적 성격은 인본주의의 극복이라는 기본적 전제에서 출발하여, 한발 더 나아가 유럽중심주의적 세계관의 극복, 이성중심주의적 이원론의 탈피, 기술중심주의적 결정론에의 저항의 세 가지 차원에서 논의될 필요가 있다.

(1) 탈유럽중심주의적(post-Eurocentric) 다문화주의

지난 40여 년간 인문학과 사회과학의 상당수 연구들은 서구 유럽의 학문적 전통과 문화적 유산에 대한 후기식민주의 혹은 탈식민주의적 비판과 그것을 극복하기 위한 방향성을 기반으로 이루어져 왔다(Said, 1978). 이러한 학문적 방향성은 다문화주의와 관련한 논의에도 그대로 반영되었고, 구조주의, 실증주의, 혹은 다원주의적 연구가 지배적이었던 20세기 초반의 다문화주의의 논의는 20세기 후반에 이르러 탈구조주의, 후기식민주의, 비판이론에 입각한 논의로 다문화주의의 주류를 이루게 되었다(Gilroy, 2006). 그럼에도 불구하고, 21세기에 들어선 상당수의 인문학 및 사회과학 분야의 이론들은 여전히 유럽중심주의적 지식과 세계관, 유럽적 문화전통에 대한 가치부여의 관념에 토대하여 제시되고 있다. 그 가장 큰 이유는 인류의 근대화, 문명화, 지적 성취가 상당 부분 유럽 제국들에 의해 주도된 기계화, 산업화, 세계화의 전통 속에서 발생한 것이기 때문이고, 그러한 전통이 오늘날 많은 사람들에게 과학과 문명의 발전이 유럽의 지적 전통의 산물이라는 믿음을 갖게 만들었던 것이다.

그동안 다문화주의와 관련한 탈유럽중심주의적 연구는 다문화교육 분야에서 상당 부분 성과를 이루어 내기도 했는데, 1990년대 이후 백인 남성 중심주의적 연구에 대한 비판이나 과학교육계 인력의 인종적·문화적 편향성에 대한 연구 등과 같은 문제 제기가 등장하기 시작하였다. 특히, 학문과 지식을 주도하는 과학계에서 백인 남성 중심주의적 세계관과 지식계의 권위에 저항하여 소수민, 유색인, 여성 학자들을 중심으로 한 연구와 이론을 포용적으로 수용할 필요가 있다는 지적이 나타나기 시작했다(Aikenhead, 1996). 그동안의 학교교육에서 학생들이 과학을 배운다는 것은 자연환경이 인간을 위해 존재한다고 믿으며, 자연을 개발과 이용의 대상으로만 바라보는 인류중심적 세계관에 동화되어 자연을 정복의 대상으로 간주하는 것이었다(Barba, 1993). 하지만 현재 그러한 과학관은 점점 효용성을 잃고 있으며, 앞으로는 자연과 인간이 공존하는 생태계에 대한 대안적 가치와 접근이 요구되고 있다(Boddice, 2011).

이처럼 과학기술은 문화적 요인들에 의해 큰 영향을 받고 있고, 그 문화적 요소의 기저에는 인류중심적 세계관과 '문명 대 자연'의 이분법이 자리하고 있다. 즉, 문화(culture)라고 하는 용어 자체가 자연에 대한 문명화(cultivation)의 결과를 의미하고 있고, 문화적 요소들과 구인들은 대부분 자연성(naturalness)과의 이격을 통해 개념화되어 왔다. 그런 의미에서 포스트휴먼 다문화주의는 문화를 인간 문명의 산물이 아니라, 모든 생태적 주체들(환경과 요소들)의 관계성과 그 상호작용의 결과로 정의하고자 한다. 아울러 포스트휴먼 다문화주의는 탈유럽중심주의적 세계관과 지식관의 대안이 될 만한 견고한 이론과 철학적 관점을 제공해 줄 수 있다. 그동안 다문화주의에서도 생태적 접근이나 적응적 접근이 활발하게 논의된 바 있지만(Wolfgang, 1975), 이러한 대안들은 여전히 인본주의적 세계관에 뿌리를 두고 있었기 때문에 인간과 자연의 균형 잡힌 공존이나 지구 생태계의 지속가능성을 확장하는 데 한계가 있을 수밖에 없었다. 반면, 포스트휴먼 다문화주의는 인간, 동식물, 물질(적 존재들)의 상호의존적 공존을 지향하는 탈인류중심적 윤리 및 가치관을 바탕으로 지구 생태계의 지속가능성을 모색하는 것이다.

(2) 탈이성중심주의(post-logocentrism)

포스트휴먼 다문화주의의 또 다른 중요한 특징은 탈이성중심주의이다. 사실 고대 희랍시대의 인본주의적 철학에서부터 17세기의 데카르트적 세계관, 그리고 18세기 Kant의 합리주의적 윤리관에 이르기까지 이성성(rationality)은 인간과 다른 생태적 존재들을 구별하는 가장 결정적 특징으로 간주되어 왔다(Guyer, 2019). 즉, 인간의 이성을 기반으로 한 자연의 탐색과 정복이 인류중심적 근대 문명의 초석이었고, 이것이 오늘날 기술중심적 세계의 근간이었던 것이다. 그동안 다문화주의와 관련한 학술적 논의는 이러한 인류중심, 특히 서유럽 백인 남성 엘리트계급 중심의 세계관이 여성, 원주민, 유색인, 성적·문화적 소수자들의 입장과 관점을 소외시키고 타자화해 왔다고 비판해 왔지만, 여전히 이성중심주의의 이념적 한계성에 대해서는 거의 침묵해 왔다. 즉, 포스트휴먼 다문화주의는 이러한 인간 이성의 가치나 역할에 대한 절대화를 거부하고 기존의 다문화주의 주장들이었던 다양성, 평등성, 정의(justice), 공존과 협력 등을 인간 이성의 역할과 의미를 넘어서 실현하고자 한다.

포스트휴먼 다문화주의는 인간이라는 존재는 지구 생태계를 구성하는 수많은 생태적 존재들 그리고 물질적 혹은 기계적 존재들 중의 하나이고, 단지 그 지적 능력이나 지배력의 정도가 더 큰 일시적인 우점종(dominant species)일 뿐이라고 간주한다. 즉, 지구 생태계의 진화 과정 속에서 공룡이나 설치류, 호모 하이델베르크(Homo Heidelbergensis)에 이어 200만 년 전에 이르러서야 현생 인류인 호모 사피엔스(Homo Sapiens)가 우점종의 지위를 차지했지만, 앞으로는 어떤 기술적 존재가 등장하여 그 지위를 차지하게 될지 모른다는 것이다(Manzi, 2011). 따라서 포스트휴먼 다문화주의는 이러한 지구 생태계의 환경적 변화에 부응하여 지구상의 다양한 존재, 집단, 사회, 문화, 시스템이 상호협력하고 공존하면서 그 지속가능성을 높이기 위해 어떤 정치적·윤리적 가치와 정당성이 필요한지에 대해 고민하고 실천하는 것을 목표로 한다(Popovici, 2017).

그렇다면 포스트휴먼 다문화주의가 위와 같은 지구 생태계의 지속가능성을 높이기 위해 인간 이성에 의존하지 않는 탈이성주의의 차원에서 어떤 관점과 태도를 견지하고 있는가?

첫째, 포스트휴먼 다문화주의는 과학기술이 사회나 문화에 의존하거나 관여하지 않고 순수하게 그 자체의 기반(합리성, 체계성, 기술적 효율성 등)만을 바탕으로 세상 대부분의 문제를 해결할 수 있다고 믿는 과학결정론(scientific determinism)을 수용하지 않는다. 과학결정론은 과학기술을 독립변수로, 사회문화 조건이나 현실은 종속변수로 간주하면서, 과학기술이 그 자체의 합리성과 효능성을 바탕으로 자율적으로 발전하여 사회를 발전시킬 수 있다고 믿는 것이다. 하지만 과학기술은 사회문화적 혹은 정치적 요인들에 영향을 받아 발전하며, 그 효과와 잠재력도 사회적 여건에 크게 영향을 받는다는 것을 포스트휴먼 다문화주의는 인정한다.

둘째, 포스트휴먼 다문화주의는 기존의 사회적 구성주의(social construction of technology)가 인간 주체성과 인류 집단에 초점을 맞춘 사회문화적 요인들의 영향력만을 가지고 논의되어 왔다는 점에서 그 한계점을 지적한다. 그 대신 인류 사회나 문화적 요소들뿐 아니라, 지구 생태계의 모든 존재의 생존과 번성의 기반이 되는 모든 생태적·물질적 요소들의 역할과 상호작용을 포함하는 사회물질이론(socio-material theory)에 관심을 갖는다(Fenwick, 2010).

셋째, 포스트휴먼 다문화주의는 기술적 사회구성주의의 일종인 기술시스템이론(technology system theory)의 관점들을 일부 수용한다. 기술시스템은 물리적 인공물, 조직, 과학적 기반, 법적 장치, 자연자원 등으로 구성되며, 각 요소는 다른 요소들과 상호작용을 하면서 시스템 전체의 목표에 기여하게 된다고 한다(Guoyu, 2010). 물론, 이러한 기술시스템도 사회적 조건들의 영향하에 있기 때문에 사회의 법, 제도, 규범, 생활상 같은 사회적 요소들과 기술시스템의 통합과 조화를 추구하는 것이 필수적이다.

(3) 탈기술중심주의(post-technocentrism)

그동안 다문화주의와 관련하여 문화적 특성이나 역량이 다양성, 창의성, 자율성을 촉진함으로 인해 과학기술 발전의 기초가 될 수 있다는 연구들이 많이 이루어져 왔다. 1980년대 이후 이러한 다문화적 요소와 과학적 성과의 관련성에 대한 연구와 논의가 이루어졌고, 과학기술이 합리적 및 체계적 사고뿐만 아니라 세계관, 예술적 창의력, 종교적 신념이나 상상력과 같은 문화적 요소와도 밀접히 연관되어 있다는 것이 잘 알려지게 되었다(Cobern, 1991).

포스트휴먼 다문화주의는 과학기술의 발전이 문화적 요소들의 영향을 받는다는 사실을 인정함과 동시에, 과학기술 결정론이나 기술만능주의(technoeutopia)적 태도에 비판적 관점을 갖는다. 기술만능주의자들은 과학적 탐구와 기술적 진보의 방향을 물질 세계를 통제하고 환경을 전유(appropriation)하기 위해 기술적 효용성을 극대화하는 것으로 설정하고 있지만, 그러한 기술 향상의 궁극적 목적이 무엇이고, 실질적 수혜자가 누구인가에 대한 정치사회학적 통찰이 부족하다(Papert, 1988). 즉, 과학적 탐구나 기술적 발전이 갖는 의미나 가치에 대한 윤리철학적 통찰이 부족하다는 것이다. 예를 들어, 최근의 4차 산업혁명의 핵심 기술로 불리는 NBCI(Nano, Bio, Cogno, Info) 기술 중에는 신물질, 유전자 조작, 인공두뇌, 빅 데이터와 관련된 기술들이 예측 불가능할 정도의 비약적인 발전을 이룩하고 있다. 문제는 이러한 첨단 기술들이 지구 생태계라는 삶의 공간을 어떻게 다루고 있으며, 그 결과가 어떠한 것이냐에 대해 인류중심주의를 넘어선 (다)문화적 이해와 철학 및 가치관을 바탕으로 한 비판적 성찰이 필요한 것이다.

실제로 포스트휴머니즘을 지지하는 일부 학자들은 비판적 입장에서 이러한 문제를 구체적으로 고민하고 있는데, 확장된 자본주의(advanced capitalism)에 기반한 생명정치학(bio-politics)에 대한 비판적 논의들이 그것이다. 앞 장에서 소개한 바와 같이 확장된 자본주의와 기존 자본주의의 차이점은 다음 〈표 1-3〉과 같이 간단히 정리할 수 있다.

〈표 1-3〉 자본주의의 변화에 따른 착취 대상의 확장

19세기 이전	20세기	21세기
고전적 자본주의 (Classic capitalism)	인지 자본주의 (Cognitive capitalism)	확장된 자본주의 (Advanced capitalism)
인간(프롤레타리아 계급)의 노동력(육체)과 토지 및 천연자원(물질)의 착취	인간의 정신(지식과 감정) 노동의 착취를 통한 서비스 및 지식(정보)산업의 확장	모든 생물 종과 지구 생태계 전체를 착취: 모든 존재(인간, 동식물, 유전자, 기계)와 생태성(의식, 기호, 본능, 가상 세계)을 자본주의 시장의 상품으로 간주

앞의 표에 간략히 정리된 것처럼, 고전적 자본주의는 인간의 육체노동이나 자연 속 물질을 착취하여 산업사회의 소수 자본가에게 부를 집중시켰고, 인지자본주의(cognitive capitalism)가 지식과 감정을 기반으로 한 정신노동 시스템의 확장(Moulier-Boutang, 2011)을 통해 후기 산업사회(서비스, 지식, 정보산업)를 장학한 소수의 기업이나 지식엘리트들에게 부와 명예가 집중되게 하였다. 하지만 확장된 자본주의는 21세기의 정보통신, 생명공학, 물질공학기술 등을 기반으로 지구 전체의 생물종과 환경 생태계를 관리하고 통제하려는 기술적 자본의 욕망과 의지를 지칭한다(Braidotti, 2016). 이러한 기술적 자본의 논리가 학문적 이론(담론)과 얽혀 탄생한 분야가 바로 생명을 투자의 대상으로 삼은 생명정치학이다(Negri & Hardt, 2000). 일부 학자들은 이 생명정치학이 인간을 포함한 모든 생물종의 유전정보를 포함한 모든 생명정보를 통제함으로써 자연적 질서인 삶과 죽음의 경계를 넘어서고 통제하고자 한다는 점을 비판하는 차원에서 죽음의 정치학(Mbembe, 2008)이라고 부르기도 했다. 즉, 사회관계망, 생명기술, 그리고 생태적 환경 서비스 시장을 점령함으로써 인간의 DNA, 인간의 본능과 기호, 인공지능 로봇, 가상적 정체성, 건강 및 보건 욕구, 동식물 자원, 에너지 전환 등의 문제를 모두 포함하여 전 지구종의 모든 영역(정신과 육체, 현실과 가상, 삶과 죽음)을 통제하고자 한다는 것이다.

한마디로, 비판적 포스트휴머니스트들은 확장된 자본주의가 소수의 인공지능, 생명기술, 정보통신 기업들이 지구 생태계의 모든 존재를 기술적 통제의 대상으로 전락시킴으로써 제국주의적 지배권을 확장시키고자 한다고 비판한다(Herbrechter, 2013). 따라서 포스트휴먼 다문화주의는 기술만능주의가 아니라, 최첨단 기술의 발전이 지구상의 모든 생명 및 물질적 존재들의 상호의존적 관계성에 주목하고, 전 지구적 생태계의 지속가능성을 어떻게 추구할 것인가를 고민할 필요가 있다는 것이다(Sysoeva & Anosov, 2005).

3. 포스트휴먼 다문화주의의 이론적 기초

본 절에서는 포스트휴먼 다문화주의가 어떤 이론적 기반을 통해 이해될 수 있는가를 존재론(신물질주의, 객체지향존재론), 인식론(사회물질이론, 행위자-망이론), 가치론(비대표성이론, 생명정치학)의 세 가지 측면에서 논의해 보자.

1) 포스트휴먼 다문화주의의 존재론: 신물질주의, 객체지향존재론

포스트휴먼 다문화주의가 지구 생태계를 구성하는 다양한 주체들의 존재론적 의미와 역할에 대해 어떤 철학적 혹은 이론적 입장을 가지고 있는지는 신물질주의와 객체지향존재론을 통해 설명할 수 있다.

(1) 신물질주의적 다문화주의

신물질주의(New materialism)는 인류의 근대 문명의 기반이 되었던 과학주의와 실증주의의 토대인 데카르트적 정신-물질의 이원론을 거부하는 일원론적(monic) 세계관으로서, 19세기의 마르크시즘적 물질주의(혹은 유물론)와의 차별성을 강조하기 위해 등장한 용어이다. 신물질주의는 Descartes의 마음-신체(mind-body)의 이원론적 구분을 바탕으로 정신 현상과 물질 현상을 구별하는 것이 아니라, 물질은 자연성과 문화성 모두를 관통하면서 끊임없이 변화하는 유동적인 상태로 상정한다. 따라서 신물질주의는 자연-사회-문명 등의 본질적인 차이를 구별하지 않기 때문에, 행위자/주체(agent/subject)로서의 인간과 대상/객체(object)로서의 사물(물질)을 구분하지 않는 태도를 가리킨다. 특히, 4차 산업혁명으로 상징되는 기술적 환경의 변화 속에서 미래 사회의 인류는 점점 기계 문명과 첨단 기술 속에서 혼성화되고 사이버화된 존재로 변해 가기 때문에, 앞으로 인간의 행동과 사고에 대한 이해는 더 이상 자연적인 혹은 순수한 인본주의적 관점만으로는 설명되기 어렵다. 즉, 미래 인류는 '정신적' 문화만이 아니라 물질적 환경이 이룩하는 문화 속에서 살아간다는 점에서 신물질주의적 이해가 필수적이다.

이러한 신물질주의는 크게 서유럽 남성 중심의 휴머니즘적 세계관을 비판하는 페미니즘적 생태주의와 계몽주의적 근대 이성이 지향하는 보편주의적 가치를 수용하지 않는 후기구조주의적 인식론을 바탕으로 하고 있다. 그런 의미에서 신물질주의는 인본주의적 세계관이 지구 생태계 속 수많은 존재들을 인간을 정점으로 계층화시키고(인류중심주의), 인간종 내에서도 생물학적 특성에 따라 인종적 · 성적 · 사회문화적인 서열화 시스템을 구축하였다는 점에서 다원주의 및 생태페미니즘과 비판적 관점을 공유하고 있다(Braidotti, 2013). 즉, 사회적(인간과 인간), 문화적(인간과 도구 및 환경), 자연적(인간과 자연) 관계성 차원에 대한 근본적인 관점의 전환을 요구하기 때문에(Barad, 2003), 신물질주의적 다문화주의는 '자연으로부터 독립적이고' 인간에게만 주어진 독자적인 권리(인권)나 자유를 가진 존재가 아니라, 생태적 세계와 기계적 세계가 혼동되어 있는 세계의 다양한 존재들과 상호의존적으로 섞여 살 수밖에 없는 인간과 다른 존재들 간의 관계성을 이해하고 설명할 필요가 있다는 것이다.

(2) 객체지향존재론과 다문화주의

앞 절에서 설명한 신물질주의적 다문화주의는 인류가 살아가는 환경이 정신 현상과 물질 현상이 분리된 것이 아니고, 생태적 존재(자연, 동식물)와 기계적 존재(컴퓨터, 인공지능, 사이보그 등)와 함께 살아가는 세상이라는 것을 전제로 하고 있다. 그러한 세상 속에서 다문화주의는 '인간 주체-사물 객체'의 이분법이 아니라 모든 존재가 주체가 될 수 있다는 객체지향존재론을 수용할 필요가 있는데, 이는 크게 공진화, 기술-생태적 네트워크, 아상블라주의 세 가지 개념을 통해 설명될 수 있다.

첫째, 공진화(co-evolution)는 지구 생태계의 발전과정 속에서 인류는 도구(사물)나 다른 동물들과 상호의존적 공생 관계를 형성하면서 같이 진화해 왔다고 간주함으로써 인류가 혼자서는 살아갈 수 없다는 사실을 강조하는 입장이다(Grusin, 2015; Hayles, 1999). 이를 강조하는 포스트휴머니즘의 한 이론적 갈래가 생명물질주의(vital materialism)인데, 이는 세상 만물의 존재 의미와 역할을 인류중심적으로 해석하려 하지 않고, 모든 만물이 지구 생태계를 구성하고 유지하기 위한 존재적 역할을 하고, 그로 인해 능동성과 주체성을 가질 수 있다는 유물론적 철학이다(Bennett, 2015). 따라서 포스트휴먼 다문화주의는 이러한 사물-능동성(object-agency) 혹은 사물-주체성(object-subjectivity)을 인정하고, 인간이 그러한 다양한 사물들과 어떤 관계성을 형성하며 살아가야 하는지에 대해 고민해야 하는 것이다.

둘째, 기술-생태적 네트워크는 앞서 소개한 행위자-망이론을 통해서도 잘 설명될 수 있는데, 인간은 독자적이고 주체적인 존재라기보다는 생태계나 기술 시스템 속의 여러 존재들(행위자)이 형성하고 있는 관계망 속의 하나의 구성요소임을 강조하는 개념이다. 인간은 생태적 혹은 기술적 네트워크 속의 일원이므로, 비인간적 존재들(사물, 도구, 환경, 물질 등)의 개입이나 도움 없이 어떤 일을 성취하는 것이 불가능하고, 네트워크 속의 모든 존재가 크고 작은 능동성을 지닌 행위자(actors)로 간주해야 한다는 입장이다. 그런 의미에서 포스트휴먼 다문화주의는 비인간적 존재들(동물, 사물, 기계, 도구 등)이 어떻게 자신의 역할을 수행하면서 네트워크적 관계성을 형성하고 유지하는지를 이해할 필요가 있다(Latour, 1992).

셋째, 탈구조주의 및 해체주의 철학에서 파생된 아상블라주(assemblage)라는 개념은 전체를 구성하는 여러 기관 및 요소 간의 관계를 고정적이 아니라 유동적이라고 보고, 수많은 이질적 존재들이 상호의존적이고 역동적 관계성 속에서 무리(constellation)를 이루어 작동할 수 있다고 간주한다(Deleuze & Guattari, 1988). 그러므로 아상블라주는 전체가 하나의 중심축에 의해서 작동하는 것이 아니라, 다양한 요소들의 복잡하고 얽힌 관계성에 의해서 작동하므로 유동성(fluidity), 호환성(exchangeability), 다중적 기능성을 강조한다. 이러한 아상블라주의 개념은 인간이 세상의 중심이라는 인본주의적 세계관에서 벗어나 세계를 구성하는 모든 작고 다양한 존재가 집합적이고 연결적이며 때로는 우연적인 관계성을 통해 세계가 움직이고 있음을 강조하고 있다(Bergen, 2010). 따라서 포스트휴먼적 다문화주의는 전체 사회를 구성하는 여러 생태적 및 기술적 요소들이 아상블라주의 관계성을 형성하여 각자의 역할을 조화롭게 수행함으로써 전체 네트워크적 공동체를 유지할 수 있도록 하는 것이라고 이해할 수 있다.

요컨대, 객체지향존재론은 인간과 비인간적 존재들이 공진화하였고, 아상블라주적 관계성 속에서 기술-생태적 네트워크를 이루고 있다는 것을 인식함으로써, 인류중심주의에서 벗어나 모든 사물의 존재적 의미를 탐색하는 관점이다. 예를 들어, 포스트휴먼 다문화주의는 인류가 동물을 통제하고 지배하는 것을 완전히 중지함으로써 동물 생태계에 대한 간섭을 최소화하고, 자연의 대상화·타자화·종속화하지 않는 것이 지구 생태계의 공존과 지속가능성에 필수적이라고 본다(MacCormack, 2013). 따라서 포스트휴먼 시대에 부합하는 다문화주의의 존재론적 입장을 대변하는 두 가지 관점은 정신-물질이나 자연적 존재(동식물)-기계적 존재(사물 및 로봇)의 이원론적 구별이 아닌 신물질주의적 일원론과 인간(인류 사회)-동식물(생태적 존재들)-기계(기술적 존재들)의 관계성을 새롭게 설정하는 객체지향존재론인 것이다.

2) 포스트휴먼 다문화주의의 인식론: 사회물질이론과 포스트현상학

인식론적 측면에서 포스트휴먼적 다문화주의를 설명할 수 있는 이론들의 대표적 사례로 사회물질이론(socio-material theory)과 포스트현상학(post-phenomenology)이 있다.

(1) 사회물질주의적 인식론을 통해 본 다문화주의

Descartes와 Newton의 과학적 합리주의를 바탕으로 근대적 지식과 문명의 출발점을 다지게 되었던 17세기 이후 지난 400여 년간 인간 이성과 인본주의적 세계관은 세상 모든 지식의 형성과 확장의 가장 기본적 준거가 되어 왔다. 이러한 인본주의적 지식관을 보여 주는 대표적 사례가 바로 인간을 이성적 판단과 행위의 유일한 주체(subject)로 상정하고, 나머지 세상 모든 존재는 인식의 대상(object)이라고 간주했던 이원론적 세계관이었다. 이러한 세계관을 기반으로 인간에 대한 이해는 인문학, 인간 사회에 대한 이해는 사회과학, 자연 세계에 대한 이해는 자연과학이라는 학문적 범주화가 가장 핵심적인 지식의 분류화 체계로 자리 잡았던 것이다(Andersen & Skouvig, 2006). 결과적으로 기존의 인간이나 인간 사회 및 문화에 대한 이론들은 세상을 인간 경험을 중심으로 설명하는 사회문화이론으로 정립되었고, 그 외의 세상에 대한 지식은 자연과학적 이론들로 설명되었다.

이에 반해 포스트휴머니즘은 위와 같은 사회문화이론을 대신하여 사회물질이론(socio-material theory)의 관점에서 세상을 이해하고 그 현상의 본질을 설명하고자 한다. 이 사회물질이론의 핵심은 포스트휴머니즘을 기반으로 인간과 세상의 관계성을 인본주의적이고 이원론적인 '문화'의 관점이 아니라 일원론적인 '물질'의 차원에서 설명하려는 것이다. 즉, 문화(culture)라는 용어는 자연을 정복하고 개발(development)함으로써 성취되는 문명(cultivation)의 결과를 지칭하는 것으로서, 인류 집단과 인간의 이익을 위해 '자연성을 변화시키는 것'이라는 개념을 함축하기 때문에 그 자체가 인류중심주의적 관념이라는 것이다. 따라서 사회물질이론으로 개별 인간이나 인류 집단을 이해한다는 것은 앞서 [그림 1-1]을 통해 설명한 자연성과 문명성을 일원론적으로 통합한 관점을 기반으로 인간(인류 집단)과 지구의 생태적 환경의 관계성에 대해 총체적으로 이해하고자 하는 것이다.

그렇다면 사회물질적 인식론이 포스트휴먼적 다문화주의에 대한 어떤 시사점을 제공하는지 몇 가지 사례를 통해 설명해 보자.

첫째, 인간이 세상을 경험하고 이해하는 방식(cognition)과 그 결과인 지식(knowledge)에 대한 설명인 인식론의 측면에서 인본주의적 다문화주의와 포스트휴먼적 다문화주의는 다음 〈표 1-4〉와 같은 차이점을 갖는다.

〈표 1-4〉 인본주의적 다문화주의와 포스트휴먼 다문화주의의 비교

구분	인본주의적 다문화주의	포스트휴먼 다문화주의
문화의 주체	인간, 인류 집단만이 주체성을 가진 존재로서 지구 생태계의 주인공이다.	인간, 동식물, 인공물, 사물, 기계적 존재들도 생태계의 구성원으로서 인간과 유사한 수준의 주체성을 갖는다.
경험의 성격	정신-신체적 경험을 구별하는 이원론적 접근이다.	정신-신체적 경험의 내용과 결과는 본질적으로 하나로 통합된다.
경험의 매개	주로 정신적 활동들(언어, 담론, 관습, 문물, 사상/정신)에 초점을 둔다.	인지적 · 정서적 · 신체적 · 물질적(아날로그적 및 디지털적) 상호작용을 모두 포함한다.
중심 주제	인류 집단/개인 및 문화들 간의 차이, 다양성, 편견, 억압, 불평등 문제에 관심을 갖는다.	문명-자연/정신-신체의 불가분리성, 인간-동물-기계의 상호얽힘 및 상호의존성에 관심을 갖는다.

위 표의 내용을 정리하면, 인본주의적 다문화주의는 인간(인류 집단)을 지구 생태계의 주인공이자 유일한 주체로 보고, 문화를 인간 집단의 경험과 인식의 결과로 이해하면서 주로 인류 집단들 간의 갈등과 편견의 문제를 다루게 된다. 반면, 포스트휴먼 다문화주의는 인간 및 다른 모든 비인간적 존재를 지구 생태계의 주인으로 보고, 정신-물질적 상호작용의 구분 없이 일원론적 관점에서 그러한 다양한 존재 간의 관계성이나 상호의존성에 대해 다루고자 하는 것이다.

둘째, 인간-사물의 관계성과 상호얽힘에 대해 이해하기 위해서는 사물의 가능성(역량)에 대한 새로운 인식이 필요하다. 1990년대 후반 인문학과 사회과학에서는 '사물로의 회귀(return to things)'라는 운동을 통해 기존의 실증주의적이고 기호학적인(semiotic) 접근에서 탈피하여 사물을 있는 그대로 묘사하는 신물질주의적 문화(new material culture)와 기술이 인류 사회에 미치는 영향에 대한 기술과학적(technoscience) 연구가 관심을 끌기 시작하였다(Domańska, 2006). 이러한 연구들은 그동안 인간 행위의 대상이나 수용물에 불과했던 사물들(동식물, 물질/에너지, 기계적 산물 등)의 주체성과 능동성에 주목하고 생태계 속에서 그 사물들의 존재와 역할을 부각시킴으로써, 인간과 사물의 조화로운 공존 없이는 지구 생태계의 지속가능성이 불가능하다는 판단에서 수행되었다. 예를 들어, 아상블라주(assemblage: Deleuz & Gatari, 1987)가 인간과 비인간

적 존재들 간의 교차적 연결을 의미하듯이, 세상을 이해한다는 것(지식)은 학습자가 세상의 만물과 관계 맺음을 통해 사물들의 본질과 역할(역량)을 이해하는 것이다. 이 관계 맺음의 과정에서 사물들은 스스로 능동성을 가지며, 다른 사물들에 영향력을 미치고, 그러한 영향을 미치는 대상에는 능동적 물질(agential matter)인 인간도 포함된다(Bolt, 2013). 그런 의미에서 포스트휴먼적(사회물질적) 다문화주의는 인간과 사물 간 기존의 종속적 관계성을 해체하고 상호의존적 관계성을 바탕으로 다문화주의의 관점을 새롭게 수립하고자 한다.

셋째, 사회물질적 다문화주의는 결국 인간과 다른 모든 비인간적 존재 간의 상호의존성을 신물질주의의 입장에서 논의하고자 한다. 신물질주의적 다문화주의는 우리가 사는 세상이 물질적(사물적 조건), 생태-문화적(bio-cultural: 생태적 환경과 문화적 환경), 상징적(인류 문명) 요소들이 사회적·정치적 역학관계 속에서 상호의존적 관계(즉, 아상블라주)를 형성하고 있다고 본다(Braidotti, 2013). 그리고 이러한 인간-사물의 상호의존적 관계성을 이해하고 지속가능한 관계망을 형성하는 것이 경험과 학습의 본질이라는 것이다. 그 결과 세상은 인간과 비인간적 요소들이 네트워크적 관계성 속에서 상호작용하는 시공간이 되고(Harman, 2015), 그것이 포스트휴먼적 다문화주의의 지향점인 것이다.

(2) 포스트현상학적 인식론을 통해 본 다문화주의

포스트현상학(post-phenomenology)은 최근의 과학기술적 발전이 인류의 삶의 방식과 생활의 양상을 급격히 변화시킴으로 인해, 인류가 세상을 경험하는 방식과 인식(주체성, 경험의 질 등)을 기존의 현상학적 이론으로 설명하는 데 한계가 있다고 보고 시작하였다. Aagaard(2017. p. 2)는 포스트현상학을 기존의 Husserl의 뒤를 이은 기술적(descriptive) 현상학과 Heidegger의 뒤를 이은 해석학적(hermeneutic) 현상학을 뛰어넘는 새로운 현상학적 관점으로 다음 〈표 1-5〉와 같이 구별하여 설명한 바 있다.

〈표 1-5〉 현상학적 연구 접근의 구분

구분	기술적(Descriptive) 현상학	해석학적(Hermeneutic) 현상학	포스트(Post-) 현상학
이론 창시자	E. Husserl, A. Giorgi	M.Heidegger, M. van Manen	Don Ihde, C. Hasse
존재론 기반	의식(Consciousness)	언어(language)	체화(embodiment)
방법론 접근	근대주의적 과학	포스트모던 예술	신물질주의적 공예
인식론 목표	본질의 묘사	의미의 해석	매개체의 탐색
인식론 한계	본질주의(Essentialism)	수용주의(Receptivism)	담론(discourse)

위 표에 정리된 바와 같이, 수학자이자 논리학자였던 Husserul이 과학주의와 실증주의에서 벗어나 세상의 실재를 있는 그대로 꼼꼼하고 논리적으로 설명하려는 시도에서 출발한 기술적 현상학과는 달리, 해석학적 현상학은 연구자가 '위대한 현상학적 마인드'와 '사고의 장애물로부터 자유롭고 개방적인 태도'를 통해 세상을 이해하려는 '수용주의'적 관점을 강조하였다(van Manen, 2017). 이로써 연구자는 세상을 설명하는 기존 이론의 선입견에서 해방되어, 자신의 생생한 경험(lived experience)에 집중함으로써 세상을 논리와 언어로부터 해방되어 인식하는 훈련을 해야 한다는 것이다. 한마디로 고전적(기술적) 현상학이 세상을 '있는 그대로' 묘사하고 인간과 세계의 관계성을 분석하는 것을 주된 과업으로 삼았다면(Verbeek, 2005/2021), 해석학적 현상학은 인간의 언어나 합리적 사유라는 매개를 거치지 않고 세상과 인간의 실존적 관계를 체험적으로 인식하려는 노력을 기울였다. 이때 세상은 절대적이거나 객관적인 실체가 아니라 해석 주체로서의 인간의 다양한 경험과 관점에 영향을 받을 수밖에 없기 때문에, 그러한 선입견을 배제하고 본질에 직관하려는 끊임없는 노력을 기울여야 한다는 것이다.

반면, 포스트현상학은 인간이 과연 자신의 경험에 대해 순수한 해석과 반추를 수행할 수 있는 독립적 존재인가라는 비판에서 출발하여, 인간의 의식(이성과 논리)에 기반한 경험과 그것을 바탕으로 한 세상에 대한 설명은 불완전할 수밖에 없다고 보았다. 즉, 인간은 순수하게 주체적이고 독자적인 완전한 능동성을 지닌 존재라기보다는 외부의 물리적 환경 조건이나 주변 상황에 의존적이고, 신체적이고 감각적인 자극에 민감하며, 상당 부분을 본능적이고 무의식적으로 판단하고 행동하는 존재일 수밖에 없다는 사실을 강조한다. 이러한 포스트휴머니즘적 인간관은 정신(인간의 이성 및 의식)과 신체(자연성과 물질)를 구별하는 이원론적 관점이 아니라, 생태적 및 물질적 환경 속에서 다른 존재들과 상호의존적으로 살아갈 수밖에 없는 일원론적 존재로서, 인간의 경험 본질에 대해 탐구하고자 한다. 즉, 세상은 인간의 의식(이성) 밖에 별개로 존재하며 인간의 이해와 탐구의 대상이 아니라, 인간은 세상(만물)과 '상호얽혀' 있고 분리 불가능한 존재라는 인식론을 통해서 인간의 존재 의미를 이해하려는 것이 포스트휴머니즘적 인식론이고, 그러한 인간 경험의 성격을 이해하려는 것이 포스트현상학이다.

이러한 포스트현상학은 포스트휴먼 다문화주의를 위한 다음과 같은 중요한 인식론적 관점을 제공한다.

첫째, 인간의 정신(이성)만이 아니라 육체성(몸)이 다른 존재들과의 관계를 형성하는 데 중요한 역할을 한다는 것을 인식할 필요가 있다. 인간은 다양한 존재의 방식들(technologies of being: 생명, 물질, 도구, 시간, 공간적 요소들의 혼성적 아상블라주)을 통해 세상의 다른 모든 비인간적 존재들과 관계를 맺고 상호작용하고 있는데, 이것이 데카르트적 이원론을 넘어선 인간의 육체성에 대한 현상학적 이해이다(Cataldi, 1993). 인간이 자신의 육체성(감각 수용 및 에너지, 물질의 순환)을 통해 다른 사물들과 소통하는 방식은 다양한 이질적 네트워크와 연결들의 다중성(multiplicity)을 포함하고 있는데(Thrift, 2000), 이를 관계적 물질주의(relational materialism)라고 한다. 이 관계적 물질주의는 '인간과 다른 비인간적 존재들이 어떻게 세계 속에서 조우하고 있는지'와 비인간적 존재들이 어떻게 '인간의 학습과 되어감(becomings)에 영향력을 미치고 있는지'를 주목하고자 한다(Hultman & Lenz-Taguchi, 2010, p. 527).

둘째, 인간의 경험과 학습은 생태적 세계뿐만 아니라 가상적 세계에서도 동일한 의미와 효과를 가지고 이루어질 수 있다. 오늘날 과학기술이 만들어 낸 기술문명적 환경은 인간 경험을 현실적 공간뿐만 아니라 가상 공간으로 확장하고 있고, 그에 따라 인간이 세상과 소통하고 학습하는 방식에도 근본적인 변화가 일어나고 있다. 기존의 다문화주의는 생태적 환경이나 현실의 사회문화 환경에서의 인간 및 인류 집단들 간의 관계성에 대해서만 논의하였다면, 포스트휴먼적 다문화주의는 기술 문명이나 가상적 세계 속에서의 포스트휴먼적 존재들 간의 관계성과 경험에 대해 설명할 필요가 있는 것이다. 예를 들어, 초고속인터넷과 스마트폰 등과 같은 정보통신기술의 일상화로 인해 놀이와 학습이 공간성(학습 공간/놀이 공간), 시간성(공부 시간/노는 시간), 매체성(학습 도구/놀이도구), 현재성(온라인/오프라인) 등의 구별 없이 동일하게 이루어지고 있다. 따라서 미래의 포스트휴먼적 사회에서는 인간과 동물, 기계 등이 현실-가상 공간, 신체-정신의 명확한 구별 없이 의미 있는 관계를 맺고 상호작용할 수 있다.

셋째, 포스트휴먼 사회에서의 문화적 경험은 정신적 현상으로 설명될 뿐 아니라, 다양한 물질적이고 감각적 경험을 바탕으로 이루어질 수 있다. 예를 들어, 다음 〈표 1-6〉과 같은 기술적 변화는 인간과 사물의 소통방식에 거대한 변화를 가져다주었다(Thrift, 2008).

〈표 1-6〉 포스트휴먼 시대의 기술적 변화와 그에 따른 소통방식의 변화

기술적 변화	소통방식의 변화
횡적 네트워크, 링크스, 뉴미디어, 통신-디자인의 결합	네트워크적 소통
터치스크린, 동작/맥락 인식 인터페이스	인터페이스의 변화
유비쿼터스 컴퓨팅, 위치 태그의 일상화	유비쿼터스 환경
소셜미디어, Apps/Bots, 생체 인식, 신체측정술(biometry)	피드백 기술의 혁신
로보틱스, 인공지능, 만물인터넷	사물의 능동성

위의 기술적 변화와 그에 따른 접촉(contact) 방식의 다변화가 보여 주고 있는 것처럼, 오늘날 인터넷을 통한 검색, 빅 데이터의 활용, SNS 활동, 방대한 정보를 담고 있는 웹 문서, 유튜브를 통한 영상적 정보들, 스마트폰에 내재된 앱(Apps) 등은 우리의 생활과 학습의 방식들을 근본적으로 변화시키고 있다. 이

는 오랜 진화적 역사를 가진 인간과 도구의 상호의존성이 기술사회에 걸맞게 적응됨으로써, 인간 속에 기술이 내포되고, 기술 속으로 인간성이 확장되고 있는 현실을 잘 보여 준다. 결국, 자연성(생태), 문화성(인간), 기술성(기계) 간의 차이와 구별은 희미해지고, 그로 인해 자연스럽게 인간의 학습과 소통방식이 변화될 수밖에 없다는 것이다.

요컨대, 포스트현상학은 포스트휴먼적 환경에서의 인간의 경험과 소통의 방식이 어떻게 변화하고 있는지를 설명할 수 있고, 이를 바탕으로 한 포스트휴먼 다문화주의를 통해 인간-생태적 존재, 그리고 기술적 존재들 간의 상호작용을 논의할 필요가 있다는 것이다.

3) 포스트휴먼 다문화주의의 가치론: 비대표성이론과 생명정치학

본 절에서는 포스트휴먼 다문화주의의 가치론적 성격을 비대표성이론과 생명정치학 차원에서 논의해 보자.

(1) 비대표성이론(Non-representational theory)과 다문화주의

비대표성이론은 인류가 지구를 대표할 수 있다는 전제를 당연시함으로써 인류의 시각으로 세상을 설명해 왔던 기존 입장에 대한 반성적 성찰(Thrift, 2000/2008)에서 출발하였다. 비대표성이론은 인간 우월성을 전제로 인간을 다른 실존적 존재들보다 우선시하는 인류중심주의적 응시(anthropocentric gaze)에서 벗어나는 것이 인류가 당면한 생태적·환경적 문제들을 극복하고 기술중심 사회에서 잘 적응할 수 있는 태도라고 본다(Hultman & Lenz-Taguchi, 2010). 비대표성이론은 아울러 인간이 어떤 모습을 띠면서 다른 존재들과 경험을 공유하고 있는지를 기존의 연구방식—즉, 발견, 해석, 판단, 이론적 구체화—과는 다르게 시도하고자 한다(Lorimer, 2005). 그러한 맥락에서 비대표성이론은 후기구조주의, 현상학, 생태페미니즘, 여러 비판적 사회학이 다양하게 혼합되어 있는 21세기의 실천윤리학이라고 이해할 수 있다(Thrift, 2000).

이러한 비대표성이론이 포스트휴머니즘에 기초한 다문화주의에 대해 제공하는 시사점은 다음 세 가지로 논의해 볼 수 있다.

첫째, 비대표성이론은 인간의 이성으로 세상을 이해하고 이론화하는 것에 반대하는 생기론적 철학(vitalist philosophy)을 수용함으로써 문화에 대한 이해를 인류중심주의에서 생태주의로 확장시켜 준다(Dewsbury, Harrison, Rose, & Wilie, 2002). 비대표성이론은 인간의 의식(관점, 이성)은 세상을 지각(perception)하기 위한 하나의 수단에 불과하며, 실재(reality)는 인간의 인지 범주 너머에 존재할 수 있다고 본다. 비대표성이론은 이처럼 인간 이성 및 언어를 기반으로 세상을 설명하고 이해하려는 태도에서 탈피하여, 인간 이성으로 설명되지 않는 체화된(embodied) 삶의 양상들(정서, 본능, 감각, 신체성, 물질성 등)에 주목하고자 한다(Thrift, 2008). 이러한 관점의 전환은 인류가 자연의 생태적·물질적 환경과 자원을 착취하고 소모한 결과 지구의 지속가능성이 희박해지고 있는 것에 대한 반성에서 출발하였고, 인류중심주의에서 벗어나 인간과 세상 모든 만물이 평등하고 상호의존적 관계성을 설정하려는 방향을 지향하고 있다. 이것이 바로 인간이 지금까지의 생태적 환경을 보전하면서도 미래에 확장되고 있는 기술적 환경(기계/기술 문명)에 적응하면서 세상의 여러 존재들과 어떻게 공존해야 할 것인가를 고민하는 포스트휴먼 다문화주의의 가치론적 입장이다.

둘째, 비대표성이론은 세상의 변화와 인간의 존재적 의미에 대한 과정적 이해인 과정철학(Philosophies of Becoming: Whitehead)을 기반으로 하고 있다. 과정철학은 세상의 모든 존재가 다양한 공간과 시간의 얽힘 속에서 무의식적이면서도 지속적으로 끊임없이 조우하고 상호관계를 형성하는 과정을 설명하는 이론이다(Thrift, 2008). 비대표성이론은 이러한 과정철학을 바탕으로 인간과 같은 어떤 특권적 존재의 주체성을 부각시키지 않는 모든 존재의 공동 주체화(subjectification)를 지향한다. 이것이 인본주의적 윤리관(인간 주체성에 기반하여 이성적이며 일관된 규범적 준거들을 내세워 개인의 선택과 책임을 강조하는 것)과는 다른 비대표성이론의 객체지향적 윤리관이다(Thrift, 2003, 2007). 즉, 비대표성이론은 인간 이성이 아니라 다른 모든 '비인간적' 존재의 생동성을 바탕으로 지구 생태계의 관계성을 새롭게 제시할 것을 촉구하는 것이다(Thrift 2008).

셋째, 비대표성이론은 생태계, 인간계, 기술계가 공진화한다는 관점을 바탕으로 인간의 신체는 세계(비인간적 사물)와 분리될 수 없고, 모든 비인간적 존재와 물질적 관련성을 맺으면서 끊임없이 상호작용한다고 본다(Thrift, 1996). 예를 들어, 본서에서 논의하고 있는 포스트휴먼적 존재란 바로 생태성(자연성), 인간성(이성), 기술성(도구)이 혼성화되어 만들어 낸 존재이다. 문제는 오늘날 기술 문명이 점점 발달되어 감에 따라 생태성은 줄어들고 기술성이 강화된 포스트휴먼적 존재가 많아지고 있고, 이러한 인간과 비인간적 요소들이 조합된(assemblage) 존재를 양산하는 것이 확장된 자본주의(advanced capitalism)의 동력에 의해서 이루어지고 있다는 사실이다(Braidotti, 2013). 확장된 자본주의는 포스트휴머니즘 철학의 궁극적 가치인 생태계-인간-기술의 조화로운 공존이 아니라, 전 지구적 차원에서 생명과 물질에 대한 자본주의의 지배와 독점을 강화하는 방향으로 나아가고 있다는 비판을 받고 있다(Wolfe, 2010). 따라서 비대표성이론은 기술적 유토피아를 지향하는 트랜스휴머니즘(transhumanism)이 아니라, 생태, 인간, 기술이 상호의존적으로 공존하기 위해 인간 이성 너머 다른 모든 '비인간적 존재'의 상호얽힘의 관계성을 강조하는 윤리관을 지향한다는 점이 포스트휴먼 다문화주의의 가치관을 설명해 준다.

(2) 생명정치학(bio-politics)을 통해 본 다문화주의

포스트휴먼 다문화주의가 지향하는 가치관의 또 다른 축은 생기론적 유물론(vitalistic materialism)에 기반한 생명정치학이다. 생기론적 유물론은 Spinoza의 일원론(monism)적 철학과 모든 사물의 내적 가치를 존중하는 신물질주의(new materialism) 이론의 하나로서, 모든 사물과 생명체의 평등한 관계성을 중시하고 탈인류중심적이고 수평적인 윤리관을 주장한다. 포스트휴머니즘이 지향하는 생명정치학의 성격은 다음 몇 가지 개념을 통해 이해할 수 있다.

첫째, 포스트휴먼적 생명정치학은 인본주의적 관점의 생명관이 아닌 생기론(vitalism)적 생명관을 바탕으로 논의될 수 있는데, 그 대표적 개념이 Agamben(2002)의 조에적(zoetic) 생명이다. 조에(Zoe)적 생명이란, '있는 그대로의(bare)' 자연성에 바탕을 둔 생명으로, 삶과 죽음, 성장과 노화 등의 경계가 명확하지 않고 생태계 속에서 끊임없이 순환하는 에너지로 이해될 수 있는 생명관이다. 조에적 생명은 죽음마저도 흡수하는 자기영속을 본질적 목적으로 하고 있기 때문에, 삶과 죽음은 조에적 에너지의 흐름 속에서 창조적으로 생성되고 영속화되어진다(Braidotti, 2009). 이러한 조에적 생명관은 인간성과 자연성 혹은 인간과 비인간적 생명을 구분하지 않고 모든 생명현상을 생태계의 일부로서 이해한다는 점에서 포스트휴먼적 인간관과 상통하고, 그런 의미에서 이 조에적 생명관을 바탕으로 인간과 다른 모든 존재 간의 관계성을 탈인본주의적 윤리에 기초하여 설정할 수 있는 것이다.

둘째, 포스트휴먼적 생명정치학은 일원론적 세계관을 바탕으로 생명(life)을 죽음(death)의 문제와 연계하여 생명-죽음의 연속성 차원에서 생태계의 지속가능성을 탐구하는 적극적인(affirmative) 포스트휴먼 윤리학을 정립하고자 한다. 이 적극적인 포스트휴먼 윤리학은 Heidegger의 관점에 따른 '죽음을 인간 의식을 규정하는 특징으로 신성화하는 유한성의 형이상학'(Vatter, 2014)에서 벗어나 생명의 생산적인 특성인 조에(Zoe)적 본성을 강조하려는 것이다. 즉, 삶을 '죽기 전의 상태'로 간주하는 것이 아니라, 생명의 끊임없는 연장과 순환의 특징에 주목하는 것이다. 이처럼 포스트휴먼적 생명정치학이 생명과 죽음의 문제를 동시에 다루고 있다는 점에서 죽음의 정치학(necropoliticss: Mbembe, 2008)이라고도 불리고 있다.

셋째, 그동안 인본주의적 세계관은 인간 생명 이외의 존재에게는 모두 부패되고(decayed), 파괴적이고(destructive), 괴물스러운(monstrous) 이미지를 부여하면서 부정적 가치로 연결 지어 왔다. 반면, 포스트휴먼적 생명관은 모든 생명이 개별성과 죽음을 넘어 지구 생태계 속에서 상호의존적으로 연결되어 있으며, 그러한 생명 현상은 죽음을 넘어서 물질과 에너지의 차원(Zoe)에서 끊임없이 순환하며 새롭게 (재)창조된다고 본다. 이처럼 죽음을 생명(에너지)의 끊김이 아니라 풍요로움과 넘쳐흐름이자, '되기(becoming)'의 순환 과정으로 본다는 점에서 포스트휴먼 생명정치학은 앞 절에서 언급한 과정철학과 맥락이 닿아 있다. 이러한 탈인본주의적 일원론과 과정철학의 관점에서 세상 모든 존재의 관계성의 윤리적 가치를 새롭게 설정하는 것이 포스트휴먼 다문화주의의 세계관인 것이다.

다만, 탈인본주의적 포스트휴머니즘이 갖는 생명정치학은 이처럼 인간-자연, 생명-물질, 삶-죽음의 경계가 자연 생태계에서 해체되는 것이 어떤 결과를 초래할 것인가에 대한 윤리철학적 딜레마를 안고 있다. 그 대표적 문제가 바로 오늘날 확장된 자본주의(advanced capitalism)가 추진하는 생명/생태공학, 자원공학, 컴퓨터공학 등의 기술적 발전이 누구의 통제 속에 들어가게 될 것이며, 그 여파가 어떤 것이냐에 대한 문제이다. 예를 들어, 포스트휴먼 사회의 기술적 발전이 미래 인류에게 노화방지/생명연장, 암의 정복, 생명 복제 및 신체 변형, 대체에너지 개발 등의 목적에 의해 다양한 방식으로 자연 생태계의 변형을 추진하는 방향으로 구현되고 있는데, 그 기술적 발전 속도에 비해 그러한 기술의 적용이 가져올 결과에 대한 사회정치적 및 윤리철학적 고민이 부족하다는 것이다. 이러한 문제를 다루는 것이 앞으로의 포스트휴먼 다문화주의의 주된 논의의 방향성이자 사회적 책무성이 될 것이다.

4. 포스트휴먼 다문화주의의 함의

지금까지 논의한 이러한 포스트휴먼 다문화주의가 다문화교육의 실천에 주는 시사점은 다음과 같다.

첫째, 다문화주의와 다문화교육의 궁극적 방향성은 상대주의적 관점에 기반한 상호이해나 다양성 존중의 차원을 넘어, 그동안 인류 사회에 존재해 왔던 구조적 불평등과 부정의를 어떻게 극복하는가의 문제와 밀접히 관련되어 있다(May, 1998; McLaren, 1995). 이러한 비판적 관점에서 포스트휴먼 다문화주의는 인류 사회 내에서의 불평등과 부정의의 문제를 생태적 및 기술적 사회로 확장(즉, 사회문화이론에서 사회물질이론으로)시켜 논의할 수 있다.

둘째, 오늘날 인류의 경험과 상호작용이 기존의 순수한 문화적/정신적 환경에서 점차 기술적/물질적 환경 속에서 이루어지고 있는데, 이를 위해서는 포스트휴머니즘 관점에서 다문화주의를 논의할 필요가 있다. 예를 들어, 21세기의 인간의 경험은 기술적 매개(스마트폰, SNS, 뉴미디어, 온라인 공간의 토론, 게임 및 학습)에 크게 의존하고 있는데, 그러한 경험의 본질과 소통의 의미를 이해하기 위해서는 기존의 맥락화되고 체화된(embodied) 경험이나 주체적 인식에 대한 설명(즉, 현상학적 관점)만이 아니라, 탈맥락적(무한연결성), 탈의식적(감각, 본능적), 가상적(온라인, 언택트, 상상적) 경험과 소통에 대한 설명(즉, 포스트현상학적 관점)이 필요하다.

셋째, 지구 생태계는 인간과 다른 수많은 비인간적 존재가 상호의존적인 관계성을 맺으며 지구 생태계의 네트워크를 구성 및 운영하고 있다. 포스트휴먼 다문화주의는 이 관점을 수용하면서 지구 생태계를 구성하고 작동하는 데 기여하는 주체들을 '인간' 범주에서 '탈인간적' 존재로 확장시키는 사회물질적(socio-material) 이론들에 주목한다. 따라서 포스트휴먼 다문화주의는 다음의 [그림 1-2]와 같은 사회물질적 요인들을 기반으로 인류가 지구 생태계 속에서 어떻게 다른 존재들과 상호의존적 관계성을 형성하며 공조하고 있는지를 논의한다.

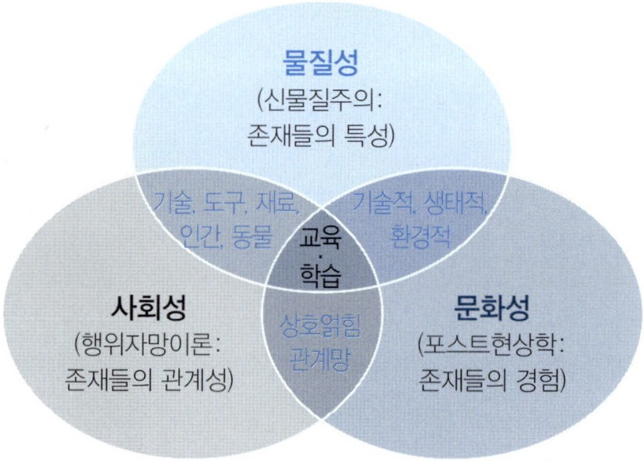

[그림 1-2] 사회물질적 관점의 구성요인

요컨대, 위 그림은 포스트휴먼 다문화주의가 인류(집단)의 문제 차원만이 아니라 생태성·물질성·기술성을 모두 포함한 전 지구적 문제의 차원으로 논의를 확장하고자 함을 보여 준다. 특히, 이러한 사회물질주의적 관점은 오늘날 확장된 자본주의가 인간의 사고나 정신의 영역뿐 아니라 물질(에너지/자원), 인공지능/디지털 세계, 생명(생명유전학, 생명정보학, 생체기술)의 영역에까지 통제권을 확장시키고 있다는 점에서 반드시 주목해야 할 관점이다. 즉, 확장된 자본주의가 과학적이고 경제적인 통제에 기반한 산업에 투자하여 이윤을 추구함으로써 생명 자체를 상품화하고 있는 현실(van der Zaag, 2016)에 이해와 비판적 태도가 사회물질이론에서 나올 수 있다는 것이다(Braidotti, 2016). 이는 인류의 과학기술이 소수의 자본가와 기업, 국가 등에 의해 독점되어 인류의 보편적 삶의 조건—식량, 문화, 정보통신, 보건의료, 안보, 여가 등—을 통제하고 권력화할 수 있다는 우려와 일맥상통한다. 포스트휴먼 다문화주의는 이러한 포스트휴머니즘의 철학과 이론으로 설명되는 다양한 기술적 환경의 변화를 올바로 이해하고, 그에 적합한 학술적 및 실천적 태도를 다문화주의 및 다문화교육의 영역에 도입하기 위해 꼭 필요한 관점이 될 것이다.

제 2 장

포스트휴먼 다문화사회에서의 윤리교육

21세기 현재 우리가 도덕성이라는 개념보다는 인성이라는 개념이 훨씬 자연스럽고 타당하게 이해되는 이유는 오늘날의 사회가 이미 개인주의적인 윤리관에 잠식되어 있다는 것을 보여 준다. 즉, 과거에는 사회적이고 규범적인 차원에서 논의되었던 도덕성의 개념은 사라지고, 개인의 도덕적 자질의 본질을 개인적 특성 차원에서 바라보기 시작했다는 것이다. 물론, 인간의 품성에 대한 가치척도는 사회 혹은 문화마다 다양하다. 인간의 도덕적 관념들을 표현하기 위해서 서양심리학에서는 성격(character)과 인성(personality)이라는 용어가 섞여 쓰이고 있는데, 국내 학계에서는 이를 인격(character)과 품성(personality)으로 부르기도 한다.

인성이란 '개인들을 차별화시키는 사고, 감정, 행동의 지속적인 패턴'을 가리킨다. 인성에 대한 심리학적 연구의 선구자인 Allport(1931)는 인성에 대한 범주화를 시도함에 있어서, 역사적 맥락에 의존하고 있고 비과학적인 접근이라는 이유로 전통적 의미에서의 인간의 도덕적 특성(moral characteristics)들을 배제하고자 하였다. 그러면서 순수하게 과학적으로 인성을 이해하기 위한 차원으로써 '뛰어난, 바람직한, 선호할 만한' 등과 같은 판단적(judgmental) 접근을 배제함과 동시에 평가적이고 기술적인 표현('사교적인, 공격적인')에 의한 분류는 허용하는 식으로 인성에 대해 범주화하였다(Allport & Odbert, 1936). 한편, 도덕적 특성(character traits)도 인간의 심리적 특성 중 하나로 여겨지는데, 인성이 가치독립적(value-free) 개념으로 이해되는 데 비하여, 도덕성은 가치부여적(value-laden) 개념으로 이해된다.

다문화사회의 도덕 교육의 방향성은 다문화교육의 목적과 철학을 바탕으로 한 그에 적합한 도덕성 교육의 개념 및 성격에 대한 이해를 바탕으로 설정되어야 한다. 본 장에서는 이를 다문화사회에서의 윤리교육의 성격과 방향성을 기존의 인본주의적 사회에서의 윤리와 앞으로 확장될 포스트휴먼 사회에서의 윤리로 구별하여 다문화사회에서 인성/인격을 기르기 위한 교육적 방향성을 논의해 보고자 한다.

1. 인본주의적 다문화사회에서의 윤리교육

1) 다문화 윤리교육의 가치론적 토대: 개인적 가치 대 사회적 가치

도덕성 교육의 가치준거들을 바탕으로 실제적인 다문화 도덕성 교육의 구체적인 가치들을 탐색해 볼 필요가 있는데, 그 과정에서 해결해야 할 중요한 논쟁점은 바로 개인적 가치 대 사회적 가치의 사이의 균형 잡기이다. 우선 사회적 가치에 강조점을 둔 사례를 들어 보자.

지난 2000년 미국 시카고에서 열린 세계종교회의에서 전 지구적 윤리 방향을 모색하기 위해 전 세계 200여 개의 종교적 공동체의 의견을 모아 제안한 4대 주요 헌신(commitments)은 다음과 같다. 1) 비폭력의 문화(Culture of non-Violence) 및 생명 존중에 대한 헌신, 2) 연대의 문화(Culture of solidarity)와 정의로운 경제질서에 대한 헌신, 3) 관용의 문화(Culture of Tolerance)와 진실된 삶(Life of Truthfulness)에의 헌신, 4) 성별, 계층, 민족 등의 집단들 간 동반자의 문화(Culture of Partnership)에 대한 헌신이 그것이다. 이 제안은 비록 종교 집단 협의회를 통해 제안된 것이기는 하지만, 그 안에서 어떤 특정 종교나 종교적 교리에 기반한 윤리적 가치의 색깔을 드러내지 않았다는 점과 비폭력, 생명존중, 연대, 관용, 집단 간의 통합과 시대적 분위기를 고려한 현실적이고 보편적인 가치들을 담아냈다는 점에서 의의가 있다. 하지만 이 제안은 보편주의, 공리주의적 측면에서 사회적 가치를 강조한 반면, 개인의 도덕성이나 덕성 측면에서 어떤 덕목을 키워야 할 것인지에 대해서는 명확히 제시하고 있지 못하다는 단점을 안고 있다.

반면, 개인적 가치 기준에 초점을 맞춘 연구로는 Haidt와 Graham(2007)이 제시한 여섯 가지 도덕적 가치판단의 대립구도가 있다. 그들은 사람들의 도덕적 가치판단을 돌봄/해를 끼침(care/harm), 공정함/속임수 쓰기(fairness/cheating), 충성/배반(loyalty/betrayal), 권위존중/권위파괴(authority/subversion), 존엄성/타락함(sanctity/degradation), 자유/억압(liberty/oppression)의 차원에서 이루어진다고 주장한 바 있다. 이러한 가치판단의 기준들은 개인 차원의 덕성 혹은 도덕성의 요소들과 그 윤리적 가치를 명확하게 판단할 수 있는 준거를 제시해 주고 있지만, 그러한 개인적 덕목들이 어떻게 사회적 공동선 혹은 공통적 목표를 향해 기여할 수 있는지에 대해서 분명하게 제시하지 못하는 단점이 있다. 특히, Haidt와 Graham의 이러한 도덕적 가치판단의 요소들이 과연 어떤 문화적 배경—즉, 신화적·종교적·사상적 전통, 상식이나 통념과 같은 사람들의 관념적 공감, 사람들의 삶의 양식에 영향을 미쳐 왔던 역사적 공통 경험 등—을 바탕으로 구성된 것인지 그 근원에 대해 의심해 보지 않을 수 없다. 예를 들어, 돌봄의 행동과 해악을 끼치는 행동의 구분에는 과연 어느 문화에서나 똑같이 적용될 수 있는 문화보편적인 기준이 있을 것인가? 마찬가지로 충성의 행동과 배반의 행동이 사회적·문화적 배경에 상관없이 객관적이고 분명하게 판단할 수 있는 것인가? 즉, 이 요소들은 모든 문화 집단에 공통적으로 적용될 수 있는 보편적 가치들을 대변 혹은 재현하는 것인가에 대해 질문해야 하고, 만일 그러한 판단의 기준이 모호하다면, 우리는 그러한 가치요소들을 특정 문화 속의 학생들에게 가르치는 일에 신중해야 할 것이다.

요컨대, 모든 사회는 자신의 사회문화적 특성에 맞는 윤리적 가치기준을 설정하고 그에 합당한 도덕 혹은 도덕성 교육을 실시하고자 한다. 우리가 다문화사회의 도덕성 교육의 가치들을 모색할 때는 우리 사회에 공존하는 다양한 가치 중에서 어떤 가치들을 추출하여 도덕적 기준으로 선정하고, 그것들에 대한 사회적 합의를 이끌어 낼 것인가가 중요한데, 그 가치 덕목들은 개인적 가치의 관점과 사회적 가치의 관점 양자 사이의 균형을 잡을 필요가 있는 것이다. 그 구체적인 가치들에 대해서는 다음 절에서 논의한다.

2) 다문화교육의 목표를 통해 본 윤리교육

다문화 윤리교육의 구체적인 가치들은 다문화교육의 핵심 목표들인 사회정의 및 평등성, 다문화적 이해 및 편견의 극복, 민주주의 및 시민의식, 지적 성장과 같은 주제들에서 추출할 수 있다고 본다(박휴용, 2012c).

(1) 편견의 극복

다양한 가치가 혼재하면서 급변하는 사회 속에서 도덕규범, 윤리, 도덕성 등의 사회적 가치체계를 올바로 정립하기 위해서는 그 사회의 구성원들이 갖고 있는 기존의 각종 편견, 미신, 관습 등과 같은 문화적 산물들에 대한 비판적 재검토가 필요하다. 그러한 재검토 없이 도덕, 윤리, 도덕성의 문제를 논의하는 것은 근본주의, 도덕적 형식주의, 자문화중심주의, 무감각인종주의(color-blind racism: Bonilla-Silva, 2010) 등과 같은 자기중심적 사고의 오류에 빠질 가능성이 크다. 이 중 편견은 어쩌면 인류에게 있어 가장 원초적이고 오래된 타자화의 심리적 기재인데(Hathaway, 2011), 인지심리학 이론에 따르면 인간은 수많은 정보를 쉽고 효율적으로 처리하기 위해 범주화(categorization)시키는 경향이 있으며, 이러한 범주화는 모든 개체를 특정 집단을 대표할 수 있는 전형화(streotyping)된 특성을 기준으로 판단하게 되고, 그러한 범주화나 전형화에 개인적 선호도가 달라짐에 따라 편견이 생기게 되는 것이다(Brown, 1995).

문제는 이러한 편견이 자신과 구별된 집단에 대해 부정적인 감정으로 형성되었을 때 훨씬 강한 영향력을 갖게 되고, 이것이 집단화되면 그것이 사회적으로 도덕적 가치판단의 과정에 결정적으로 역할을 할 수 있다는 것이다(Killen & Rutland, 2011). 이러한 편견의 근거로 이용되는 '차이'의 관념은 객관적으로 존재하는 어떤 특질 때문이라기보다는 심리적으로 '만들어진' 관념이다. 사람들이 자신의 다양한 비도덕적·비윤리적 행동들을 정당화하거나, 통념화된 혹은 관습화된 부정의에 대해 묵인하는 태도의 이면에는 이러한 수많은 사회적 편견이 자리하고 있는 것이다(Stephan & Stephan, 2004).

그러므로 다문화사회의 도덕성 교육에서는 우리 관념 속에 존재하는 이와 같은 다양한 형태의 편견 문제를 반드시 다루어야 하고, 다문화교육을 통해 이러한 편견을 극복하도록 해야 한다. 즉, 다문화교육의 출발은 성, 인종, 민족, 장애, 사회 및 경제적 배경, 종교 등에 의해 차별받지 않고 모든 학생이 동등하게 존중받는 교육을 지향하는 반편견(anti-prejudice) 교육에서부터 시작된 것이다.

Hall과 Rhomberg(1995)에 따르면 우리는 유아기 때부터 가족이나 사회적 환경 속에서 능력, 연령, 외모, 신념, 계층, 문화, 가족 구성, 성(Gender), 인종(race), 성애(sexuality) 등과 관련된 특정한 문화적 관점을 습득하게 되는데, 다문화교육을 통해 이러한 특정 문화적 관점에 국한되는 시각을 극복하고, 문화상대주의 및 다원주의적 시각을 바탕으로 편견을 야기하는 불평등, 부정의한 사회적 · 문화적 관습들에서 벗어날 수 있어야 한다(Gutmann, 2004). 요컨대, 편견 탈피 교육은 지금까지 도덕성 교육에서 다루어져 왔던 도덕적 가치들(절제, 양보, 정직, 헌신 등)을 지극히 추상적이고 관념적으로 가르치는 것이 아니라, 개인 하나하나가 갖고 있는, 그리고 그 개인이 속한 집단이나 사회 속에 내재된 온갖 차별적 · 자기중심적 · 독단적 관념들을 깨 나가는 것으로부터 시작할 수 있을 것이다(McLaren, 2010).

(2) 사회정의 및 평등성

오늘날 여러 다문화사회에는 인종, 계급, 언어, 종교, 국적 등에 따른 각종 사회적 차별이 존재하고, 이러한 차별의 구조는 사회정의의 실현과 민주주의 실천에 장애요인이 된다(Gutmann, 2004). 그런데 도덕이나 도덕성의 문제는 기본적으로 만인에 대한 평등적 인간관을 전제로 하므로, 진정한 도덕성 교육은 보다 평등하고 공정한 사회를 만드는 데 밑거름이 되는 지식, 태도, 가치 등을 가르치는 것이 되어야 한다. 학교교육을 통해 성별 · 인종 · 민족 · 언어 · 문화 집단 등의 차이에 관계없이 평등한 기회를 제공하는 것이 다문화교육의 주된 목표이므로, 다문화 도덕성 교육도 평등성과 사회정의의 실현을 지향해야 할 것이다.

다문화교육을 통해서 학생들에게 평등성이 무엇인가를 제대로 가르치고자 한다면, 우리는 단순히 인류평등의 사상, 인류애 및 인권, 그리고 세계시민주의 등과 같은 보편적이고 계몽주의적 가치관을 피상적으로 가르치는 것이 아니라, 오늘날의 인류 사회가 얼마나 인종적 · 민족적 · 지역적 불평등과 차별, 편견이 만연되어 있는가를 학생들이 느끼고 깨닫게 하는 것에서부터 출발해야 한다(박휴용, 2012b). 앞 절에서 도덕성 교육에 있어서 개인적 가치(자아확립, 기본생활습관)와 공동체적 가치(타인존중, 공동체 의식, 민주주의) 사이의 균형을 강조하였지만, 본서는 사실 공동체적 가치를 전제하지 않은 개인적 가치의 도덕성 교육은 그 자체로 별 의미가 없다고 본다. 현재 도덕성 교육이 그 학문적·사회적 위상을 제대로 정립하지 못하고 있는 이유 중의 하나가 바로 도덕성 교육의 사회적 본질과 역할에 대해 충분한 논의가 이루어지지 못하고 있기 때문이다. 요컨대, 도덕성 교육은 다문화교육에서 지향하는 바와 같이 그것이 사회적 정의 및 평등성 문제를 어떻게 구체적으로 다루려고 하는지에 대한 분명한 입장을 밝히고 그 교육적·실천적 방법론을 논의할 때에야 비로소 그에 상응하는 사회적 반향을 일으킬 수 있을 것이다.

(3) 민주주의 및 시민의식 교육

다문화교육의 중요한 목표 중의 하나가 민주주의 및 시민의식 교육인데, 여기에는 세계시민성의 습득(Banks, 1993), 민주적인 기능과 다원주의적인 시민가치의 개발(Suleimann, 2004), 세계 공동체에 대한 책임의식 및 지구와 세계 공동체에 대한 인식 제고(Bennett, 2007), 사회정의를 추구하는 민주주의 원리의 실천(Nieto, 2000) 등의 내용이 포함된다. 다문화사회란 다름 아닌 특정 민족, 언어, 집단이 주도하는 사회가 아니라 다양한 문화적·역사적·지리적·정치적·경제적 배경을 가진 사람들이 민주적 시민의식을 중심으로 평등한 구성원으로서 사회의 구성과 운영에 자율적이고 책임 있게 참여하는 사회를 가리킨다. 그러므로 다문화교육은 기본적으로 인간의 존엄성을 바탕으로 한 인간 사회의 보편적 가치들(인권, 존엄성, 평등관, 공동체주의 등)을 바탕으로 하면서도, 그것을 넘어서 민주주의 정신이나 시민의식을 고양할 수 있어야 하는데, 다문화사회가 바로 이를 위한 매우 효과적인 실제적인 배경 조건이 될 수 있는 것이다(박휴용, 2012a).

바람직한 다문화 시민의식 교육은 다양한 문화적 배경을 가진 학생 고유의 (토착적: indigenous) 언어와 문화, 그리고 그 공동체의 내적 유대를 유지하도록 지원하고, 그와 동시에 보다 넓은 시민사회의 공통 문화와 공동체에 참여하는 데 필요한 지식과 기능을 배우는 것이다(Banks, 2007). 아울러 다문화 시민의식 교육은 다양한 관점과 사고를 존중하고 수많은 문화적 · 종교적 · 인종적 · 민족적 정체성에서 끄집어낸 공유할 만한 그 사회만의 독특한 점을 존중하면서, 그 사회의 민주적 구성원으로서 책임과 의무를 다하는 태도를 기르는 것이다.

요컨대, 오늘날의 다문화사회는 본질적으로 전통적인 신분적 · 혈통적 · 종교적, 혹은 경제적으로 불평등한 계급구조에서 벗어나 평등성을 바탕으로 한 사회이므로, 이러한 사회에서 개인의 '도덕성'은 과거의 엘리트주의적으로나 계급적 이념에 기반한 수직적인 사회구조에서 파생되는 인간관을 바탕으로 규정되어서는 안 될 것이다. 즉, 도덕성의 개념은 만인은 평등하다는 수평적 평등관을 바탕으로 그러한 개인들 간의 관계를 규정할 수 있는 가치와 이념(즉, 개인의 권리, 의무, 태도, 덕목)을 중심으로 그 구성요인을 규정해야 할 것이다. 그러므로 도덕성 교육의 내용으로 민주주의 정신을 바탕으로 한 가치와 이념, 그리고 그러한 민주주의사회가 구체적으로 실현되는 시민사회의 규범들이 도덕성 교육의 내용이 되어야 하는 것이다.

(4) 다문화적 이해

다문화적 이해란, 자문화 및 타문화 집단을 존중함으로써 자민족중심적이고 편견적인 태도를 극복하는 것, 자문화 및 타문화를 바라보는 시각 및 이해의 증진하는 것, 다양한 배경을 가진 타인들에 대한 공감 및 긍정적 태도를 함양하는 것, 그리고 자신을 둘러싼 실제 세계에 대한 인식을 촉진하고, 다문화적이고 세계적인 관점을 배울 수 있도록 교육과정을 개혁하는 것 등으로 정의된다. 다문화적 이해와 관련한 이론적 배경으로는 문화상대주의, 다원주의, 혹은 세계시민주의와 같은 (문화)초월적 가치 및 이념 등이 거론될 수 있지만, 위와 같은 문제는 사실 관념적이고 규범적인 차원에서 이해될 수 있는 문제가 아니라 매우 현실적이고, 정치적이며, 이념적인 문제들이다. 예컨대, 오늘날과 같이 서구 기독교 국가들과 이슬람 국가들이 정치적 · 경제적 · 외교문화적 차원에서 현실적 이해관계를 바탕으로 극명하게 대립하고 있는 상황에서 '문화적 상호이해'를 강조하며 가르친다는 것이 얼마나 효과가 있을 것인가? 사실 개인의 도덕성 · 도덕성 · 가치판단 · 행동의 차원에서의 변화와 노력이 그러한 갈등을 해결할 수 있으리라 기대하기는 어려울 것이다.

그런데 이러한 다문화적 이해가 도덕성 교육과 어떤 관련성을 갖는가? 다문화교육은 학생들로 하여금 다문화사회가 토대한 식민주의 및 제국주의적 역사와 그로 인한 민족적 · 인종적 · 계급적 편견, 타자화 및 근본주의적 태도 등에 문제를 제기하고, 그러한 모든 역사적 · 사회문화적인 관습들을 극복해 나가도록 돕는 것이다(박휴용, 2012d). 그러므로 진정한 다문화 도덕성 교육은 자신의 편견과 가치체계, 세계관 등에 대한 비판적 회고, 역사와 사회정치, 혹은 경제학적 지식과 같은 지적인 학습과 토론, 논쟁 등을 통한 끊임없는 통찰로부터 얻어지는 것이다.

요컨대, 이러한 다문화교육에서 추구하는 다원주의적 사고 및 다양성에 대한 이해는 인성교육에 있어서도 중요한 시사점을 준다. 그것은 도덕, 인성과 같은 한 사회적 · 윤리적 가치판단의 기반은 문화에서 나오고, 그 문화는 상대적일 수 있다는 사실이다. 전통적 단일문화사회에서 받아들여졌던 도덕, 윤리적 가치들이 다문화적 속성을 지닌 혼합형 · 개방형 · 다원화된 사회에서도 동일한 의미를 지니게 될 것인가에 대한 재고찰과 이를 바탕으로 개인의 도덕성에 대한 새로운 가치부여가 이루어져야 할 것이다. 이러한 다문화 도덕 교육의 목표를 보여 주는 일례로 다음과 같은 글로벌 시민교육의 목표를 참조해 볼 수 있다.

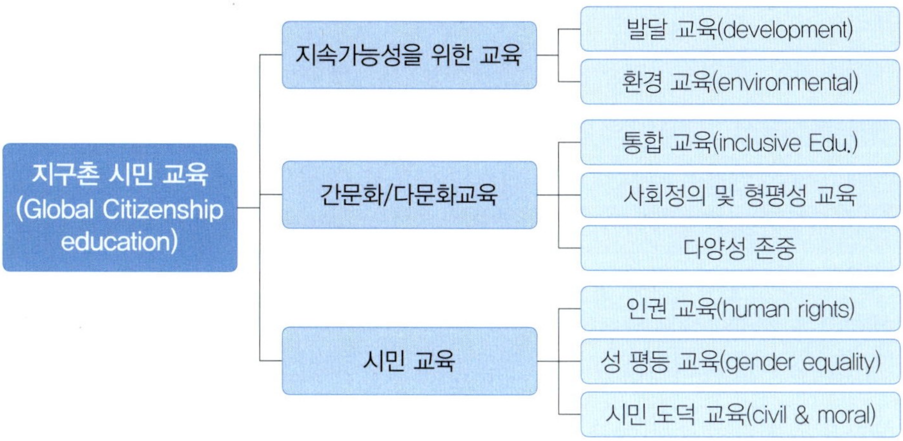

[그림 2-1] 글로벌 시민 교육의 핵심 요소(Akkari & Maleq, 2020)

3) 다문화 윤리교육의 핵심 원리

앞에서의 논의를 바탕으로 다문화교육을 통한 윤리교육의 핵심 원리는 1) 편견 탈피 및 다양성 존중을 바탕으로 한 다원주의적 사고, 2) 공감과 소통을 바탕으로 한 다문화 상호이해, 3) 협력과 공생을 바탕으로 한 공동체주의적 사고로 정리할 수 있다. 즉, 다문화교육은 다원주의적 사고를 바탕으로 다양성을 인정하고, 공감과 소통을 통한 상호이해를 지향하며, 협력과 공생을 통해 공동체적 실천을 위해 노력하는 것이다. 이를 위해서는 교과 지식이나 전문기술뿐만 아니라, 가치관 및 태도에 대한 교육, 공동체 의식과 가치에 대한 인식과 체화가 필요하며, 학교에서 배우는 이러한 모든 내용이 '문화적 이해'를 기반으로 한 교육인 것이다.

(1) 공동체적 사고/관계성

오늘날 도덕성 교육에 있어서 중요한 논점 두 가지는 바로 도덕적 판단과 도덕적 행위의 격차를 어떻게 줄일 것이냐와 개인기반(덕성기반: virtue-based) 윤리와 사회기반(원칙기반: principle-based) 윤리 사이의 조화를 어떻게 이루어 내느냐의 문제이다. 사실 덕성기반(virtue-based) 이론도 원론적으로는 실천적 지혜와 이성의 역할을 강조하는 아리스토텔레스적 관점의 공동체주의(communitarianism: 윤리적 상황의 독특성에 따라 모든 사람의 집단적 가치가 공유될 수 있는 공동체 사회의 실현에 초점을 맞추려는 태도)와 한 집단이 어떤 문제상황에 직면했을 때, 그 문제를 해결해 나가는 과정 속에서 작용하는 집단 구성원들의 사랑, 가족, 우정 등의 가치를 강조하는 관계주의(relationalism)를 기반으로 이루어진 것이다. 즉, 개인적 윤리와 사회적 윤리의 균형, 이성적 판단과 실천적 지혜의 조화를 모든 도덕관이 지향하고 있는 것이다. 그러한 의미에서 다문화사회의 도덕성 교육은 덕성기반 이론을 바탕으로 한 가치들이 무엇인지를 구명해 내되, Aristotle가 강조(용기, 지혜, 성실, 공정성 같은 자질을 가진 사람이 선한 사람인데, 그러한 도덕적 행위를 가능하게 하는 것은 도덕성, 혹은 마음의 성향·습관·품성이라는 덕목이고, 이러한 덕목들을 드러낼 수 있는 실천적 지혜가 중요하다.)했던 것처럼 공동체주의나 관계주의와 같은 그 사회적 차원의 의미에 초점을 맞추어 그 실천적 전략을 모색할 필요가 있는 것이다.

(2) 다원주의적 사고

Kekes(1992: 141)는 다원주의는 절대적이거나 우세한 도덕적 상태를 가진 어떤 특정 가치(혹은 가치의 조합)를 인정하지 않은 입장인 반면, 자유주의는 가치의 부재(the charge of vacuity)를 피하기 위해, 서로 갈등관계에 있는 상이한 가치들 속에서 특정 가치를 다른 가치에 우선하려는 경향이 있다고 지적한 바 있다. 이처럼 자유주의적 도덕관은 다분히 도덕 자체를 위해 도덕이 존재하는 합목적적(telos) 도덕관을 갖고 있다는 지적을 받는데, 그러한 점에서 Taylor(1992: 61)는 점차 다원화되어 가는 미래 사회에서는 다수의 문화적 공동체들이 서로 부대끼며 살아가야 하는 상황 속에서 도덕적 형식이나 보편적 가치, 절차적 엄밀성 등을 강조하는 자유주의적 윤리관(the rigidities of procedural liberalism)은 미래의 세계에서 급격히 그 효능성을 상실해 갈 것이라고 전망하기도 하였다. 그러므로 앞으로는 다원주의 철학이 미래 사회의 주요한 도덕관 혹은 윤리관으로 역할을 하게 될 것이다.

(3) 다문화 상호이해

다문화교육은 이러한 다원주의적 철학을 바탕으로 하고 있다. 다문화교육의 궁극적인 취지는 다문화사회에 속한 학교교육을 경험하는 모든 학생이 다원주의적 철학을 바탕으로 문화적 다양성에 대해 이해하고, 다문화학교라는 환경적 여건을 교육적 자산으로 삼아 바람직한 인성교육, 사회성 교육, 올바른 세계관교육의 기회로 삼는 것이다(박휴용, 2012b). 또한, 다문화교육의 실천은 다양한 역사적 · 문화적 · 사회적 배경을 가진 집단들 사이에 존재해 온 세력의 불균형과 그러한 불평등한 사회현실이 야기한 수많은 인간관계 속의 편견과 몰이해를 인식하고, 그것에 대한 비판을 통해 올바른 문화적 이해와 공감, 그리고 협동을 통해 함께 사는 사회를 만들어 가고자 하는 노력인 것이다. 그러므로 다문화 도덕성 교육도 바로 이러한 편견 탈피, 다문화적 이해와 공감, 협동적 가치의 실천 등을 포함하는 것이어야 한다.

도덕성 교육의 중요한 요소가 되는 다문화적 상호이해는 기본적으로 가치 상대주의적 입장을 바탕으로 하면서, 각각의 독특한 문화 집단의 특수성에 대한 이해와 관용(tolerance)을 바탕으로 한다. 이러한 다문화적 관용이 다문화 도덕성 교육의 중요한 내용적 요소가 되는 것이다. 앞 장에서 가치상대주의의 문제점으로 지향해야 할 명확한 가치를 설정하기가 어렵다는 점과 여러 가치들이 상충할 수도 있다는 점을 지적했지만, 그러한 도덕적 갈등이나 가치의 상충이 반드시 근본주의적 대립양상을 나타내는 것이 아니라(Kekes, 1992), 오히려 다양한 집단들 간의 그러한 갈등과 대립의 합리적인 의사소통을 통한 해결과정이 바로 민주주의 사회를 만들어 가는 과정으로 이해할 수 있는 것이다(Gutmann & Thomson, 1996).

(4) 실천지향적 다문화 도덕성 교육

지금까지의 논의를 바탕으로 본서는 실천지향적인 다문화 도덕성 교육의 접근을 다음 〈표 2-1〉과 같이 제안하고자 한다.

〈표 2-1〉 다문화 도덕성 교육의 성격과 핵심 원리

구분	다문화 도덕성 교육		
	성격(도덕성 교육의 가치기준)		도덕성 교육의 핵심 원리
구성원리	공동체주의	⇒	공동체(관계성)적 사고
	도덕적 상대주의	⇒	다원주의적 사고
	사회적 특수성(맥락성)	⇒	다문화적 특수성의 이해
	도덕적 실천	⇒	실천중심의 교육

다문화 도덕성 교육은 위 표에서 보듯이, 다문화 도덕성 교육의 성격 차원에서 공동체주의, 도덕적 상대주의, 사회적 특수성(맥락성), 도덕적 실천중심의 도덕성 교육을 지향하며, 그 핵심 원리는 다원주의적 사고, 다문화적 이해, 공동체(관계성)적 사고, 실천중심의 교육을 지향할 필요가 있다.

마지막으로, 도덕성 교육의 구체적인 실천을 위한 방법론적 전략을 몇 가지 제시하면 다음과 같다. 첫째, 학교가 속한 지역환경이 가진 문화적 다양성의 세밀한 고려, 둘째, 타인에 대한 봉사(활동)에 적극적인 참여, 셋째, 타인의 생각, 감정, 신념을 이해하기 위한 적극적인 토론과 이야기 등에 참여, 넷째, 다양한 접근법을 통한 능동적 학습이나 주제중심 학습활동의 시도, 다섯째, 문제제기 및 비판적인 사고 관련 기능의 신장, 여섯째, 문제 해결 능력의 발달 도모, 일곱째, 개인적 회고(reflection)와 깊이 있는 토론의 시간 제공, 여덟째, 협동적이면서도 독립적인 학습활동 기회의 제공, 아홉째, 종교적 · 도덕적 · 사회적 가치들 사이의 관련성에 대한 폭넓은 이해 형성의 교육이 바로 그것이다.

결론적으로, 다문화교육의 목표는 모든 학생이 차별 없이 자신의 잠재력을 최대한 실현할 수 있도록 그들의 지적 · 사회적 · 개인적 발달을 조장하는 것인데(Johnson & Johnson, 2002), 이는 사회정의, 민주시민교육, 다원주의적 사고를 바탕으로 한 다문화적 이해, 그리고 다문화사회에 기반한 다양한 삶의 방식에 대한 이해와 경험을 토대로 한 지적인 성장을 통해 이루어질 수 있다. 위와 같은 도덕성 교육 전략들을 교실에서 활용한다면, 학생들의 공동체 의식, 다문화적 이해, 타인에 대한 존중감을 높이고, 이를 일상에서의 도덕적 실천으로 이행하게끔 하는 데 큰 자극이 될 수 있을 것이다.

2. 포스트휴먼 다문화사회에서의 윤리교육

윤리이론은 일반적으로 규범윤리, 메타윤리(meta-ethics), 응용윤리로 나눌 수 있다. 우선 규범윤리는 원칙기반(principle-based) 이론과 덕성기반(virtue-based) 이론으로 구분되고, 메타윤리는 규범윤리가 강조하는 어떤 당위적 가치보다는 각 개인의 상대적이고 개별적인 욕구의 발로를 어떻게 윤리적으로 해석할 것인가를 논의한다. 그리고 응용윤리는 윤리적 문제가 적용되는 특수한 상황이나 영역에 따라 어떤 도덕 및 윤리적 가치 기준이 적용되어야 하는 것

에 대해 다루게 된다. 본서에서 논의하는 포스트휴먼윤리는 응용윤리의 일종으로서, 인공지능(AI)을 윤리적 판단과 행위의 주체로 포함하여 인공지능 시대의 윤리를 전통적 다문화 윤리와 통합하여 다루고자 한다.

1) 포스트휴머니즘의 존재인식론(Onto-epistemology)

포스트휴먼 사회에서의 윤리 문제를 논의하기 위해서는 포스트휴먼적 존재가 윤리적 자율성을 가진 윤리적 주체가 될 수 있으며, 그에 따른 판단과 행동이 윤리적 책무성을 띨 수 있는지를 분명히 해야 한다. 이러한 문제를 논의함에 있어서 기존의 인본주의적 세계관(철학)에서는 존재의 문제, 인식의 문제, 그리고 가치의 문제를 분리하였지만, 일원론에 기반한 포스트휴머니즘은 인식의 주체(존재론)와 인식 행위나 결과(인식론)를 분리하지 않고, 윤리(가치)의 문제도 인간의 가치와 다른 존재들의 가치를 구별하지 않는 존재인식론적 관점을 취한다(Geerts & Carstens, 2019). 본 장에서는 이러한 포스트휴먼적 존재인식론의 측면에서 AI는 어떤 윤리적 주체성과 책무성을 지닌 존재로 이해되어야 하는가에 대해 논의하고자 한다.

(1) 인간 범주의 확장과 포스트휴먼적 존재의 등장

포스트휴머니즘 이론가들은 기존의 인본주의(Humanism)가 인류중심주의(Anthropocentrism)에 뿌리 깊게 정초하고 있다고 비판하면서, 인간을 우주의 '중심'적 존재가 아니라, 다른 모든 생태적 · 기술적 존재들과 동등한 존재로 간주하고자 한다(Weitzenfeld & Joy, 2014). 지금까지 인본주의는 '사람이 먼저다.', '인간이 미래다.'라는 표현에서 알 수 있듯이 인류 집단의 공통적이고 보편적인 윤리 기준이자 민주주의, 평등주의, 자유주의, 생태주의 등 어떤 이념보다도 가장 영향력 있는 교육이념이자 본질적이고 궁극적인 교육의 목표로 여겨져 왔다. 따라서, 포스트휴머니즘은 '인간이 세계(우주)의 주인'이라는 관념에 대한 비판적 성찰을 바탕으로 지금까지 인류 문명의 '주변부'에 머물러 있었던 모든 비인간적 존재에 관심을 갖고, 그들과의 관계성을 새롭게 정립하고자 한다.

사실, 휴머니즘은 오랜 인류의 역사 동안 절대적 권위를 가지고 인간 고유의 특성을 가리키는 개념으로 써져 왔다. 예를 들어, 인간은 고대 그리스 시대에는 유일한 정치적 동물(political animal)로 여겨졌고, 중세 이후 르네상스 시기까지 인간성(the humanities)의 개념은 교육받은 계급 혹은 집단에게만 사용되는 개념이었다. 근대 이후에는 인간을 '이성을 가진 유일한 존재'로 보고 동물적 존재와는 완전히 선을 긋기 시작했고, 19세기에 들어서면서 인본주의(humanism)가 하나의 이념적 체계로 자리 잡았다(Davies, 1997). 따라서 이러한 '이성을 갖춘 인간'이라는 개념은 인류의 오랜 역사 동안 여성, 흑인, 노예, 피식민지 원주민들을 타자화하는 인식의 틀로 사용됨으로써 온갖 인간 불평등성의 근거로 활용되어 왔다는 것이다(Snaza, Appelbaum, Bayne, et al., 2014). 즉, 휴머니즘은 대부분 '교육받은 유럽계 백인 남성 귀족들(the educated white European nobleman)'로 대표되는 특정 집단의 전유물로 간주됨으로써, 모든 인류의 보편적 특권이 아니라 이성이나 교육적 경험을 가진 소수의 선택적 인간에게만 부여되는 관념이었다는 것이다(Wolfe, 2010).

그렇다면, 포스트휴먼의 존재론적 범주는 어떻게 확장되어질 수 있는가? 우선 모든 현생 인류를 지칭하는 용어는 생물학적으로는 호모 사피엔스(Homo Sapiens)이지만, 세계사적으로 인간(The Human)이라는 지위는 교육 수준, 이성적 사유, 신체적 특성(피부색, 혈통, 건강상태) 등의 측면에서 특정한 범주에 포함되는 사람에게만 부여되어 왔다. 20세기 중반에 이르러서야 비로소 UN 인권선언(1957)을 통해 모든 인간에 대한 차별을 철폐한 보편적인 인권 개념이 공론화된 것이다. 또한, 최근 많은 인지과학 및 신경생리학자들은 동물도 '인간(human-beings)'으로 간주될 수 있다는 주장을 펼치고 있고(Berns, 2014; Grimm, 2014), 실제로 미국에서 여성 오랑우탄도 법적 인간으로 판정된 바 있다(David, 2021). 심리학적 · 언어학적 · 생리학적 · 생물학적 · 물리학적 관점을 종합해 볼 때, 대부분의 학자는 인간과 동물 간에 어떤 본질적인 차이가 있는 것이 아니라, 지능의 차이만 존재한다는 것에 동의한다(Derrida, 2008). 즉, 현생 인류는 지구 생태계의 진화적 연속선상에 놓여 있는 존재일 뿐이기에, 포스트휴먼적 존재의 범주가 동물에게까지 연장될 수 있다는 것이다.

아울러, 최근 AI에도 인간성을 부여할 것인가의 문제가 학계와 기술계의 큰 관심사와 논쟁거리가 되고 있다(Bundy, 2017). 하지만 AI가 '인간'과 유사한 존재가 될 수 있을 것인가의 문제는 이미 1980년대부터 인지과학의 영역에서 주된 논쟁거리였다(Minsky, 1982; Searle, 1980). 예를 들어, AI에 사고력, 자유의지, 정체성, 주체성 등이 있는가라는 질문에서부터 AI에 인간 수준의 인격이나 인권을 부여할 수 있는가의 문제에 이르기까지 지난 40여 년간 수많은 이론적·실제적 연구와 논의가 이루어졌다. 2016년 우리나라에서 개최되었던 AlphaGo와 인간 바둑 기사의 대결은 인공지능의 능력 수준이 어느 정도에 도달했는가를 전 세계적으로 증명해 준 사건이 되었고, 그 이후 예측이 불가능할 정도의 빠른 발전 속도는 AI의 능력의 한계에 대한 전통적인 의문을 불식시키고 있다(Fersht, 2021).

특히, 트랜스휴머니스트로 대표되는 일부 기술중심주의자들은 인류의 진화가 현생 인류로 완성된 것이 아니라 아직 진화의 연속선상에 있으며, 향후 기술문명의 지속적인 발달은 새로운 인류를 낳게 될 수도 있다고 주장한다. 이것이 바로 포스트휴먼적 존재의 등장을 의미하는 것으로, 그러한 존재는 신체적 능력뿐만 아니라 지능을 포함한 정신적 능력도 현생 인류보다 훨씬 뛰어난 존재가 될 것이라고 주장한다. AI의 등장은 바로 이러한 기술적 진화 과정의 산물로서, AI가 어떤 존재론적 지위를 얻게 될 것인지의 문제가 철학과 윤리학에서부터 과학과 기술공학의 영역에 이르기까지 초미의 관심사가 되고 있는 것이다.

요컨대, 포스트휴먼적 존재의 범주는 전 인류의 범주로 확장되는 것뿐 아니라, 생태적 존재인 동물과 기술적 존재인 인공지능으로까지 확장되고 있기 때문에, 포스트휴먼 윤리는 그러한 인간 및 모든 비인간적 존재들 간의 관계성 문제로 확대하여 논의하게 될 것이다.

(2) 포스트휴먼적 존재들의 관계성과 윤리 문제

그렇다면 포스트휴먼적 존재들은 어떻게 구성되며, 그들 간의 관계성을 이해하는 데 어떤 윤리적 관점이 필요한가? 포스트휴먼적 존재들에 대한 윤리적 문제는 크게 탈인본주의, 신물질주의, 관계주의 철학 관점에서 다루어질 수 있는데, 이 세 가지 관점은 독립적이거나 분파적인 것이 아니라 밀접하게 상호관련된 개념으로 이해할 필요가 있다.

가. 탈인본주의적 윤리관

기존의 인본주의는 인간의 이성을 절대시하고 다른 모든 자연적 존재와 사물들을 대상화하는 이성중심의 이원론적 세계관(mind-body dualism)을 바탕으로 한 것임에 반해, 포스트휴머니즘은 모든 비인간적 주체(동물, 기계, AI)를 인간과 동등하게 취급하는 수평적 관계성을 지지한다(Harman, 2005). 포스트휴머니즘이 강조하는 탈인본주의적 윤리관은 다음 세 가지 이론을 기반으로 한다.

첫째, 인류중심주의에서 벗어나 세상 만물을 수평적 관계성으로 파악하려는 관점은 생태페미니즘(eco-feminism)에서 기인한 것이다. 근대화 담론은 오랜 인류 역사 속에서 학계의 중심축이 되어 왔던 유럽의 백인 남성 귀족들이 자연, 여성, 비유럽계 피식민지배인들을 비도덕적·비이성적 존재로 간주하여 착취의 대상으로 삼기 위한 이념적 기반이 되었었다. 그 대표적 관념인 '자연의 여성성(mother nature)'은 비인성적이고 비인간적이며 탈진보적인 특성으로 이념화되어 왔던 것이다(Braidotti, 2013). 그런 의미에서 포스트휴머니즘은 전 지구적인 생태 위기의 돌파구를 탈인본주의와 생태페미니즘을 통해 탐색하고자 하는 것이다(Salleh, 1997).

둘째, 포스트휴머니즘은 세상 만물 간의 소통을 인간 언어로만 매개하지 않는 사이버네틱스(cybernetics)의 관점을 취한다. 1960년 초반, 시스템이 어떻게 내부의 복잡성과 외부의 변인을 모두 고려한 피드백 교류를 통해 환경에 적응해 나가는가에 대한 연구에서 시작된 사이버네틱스는 최근 인간과 동물을 포함한 자연적 시스템과 인공지능으로 대표되는 기술적 시스템 간의 소통을 연구하는 것에 집중하고 있다. 즉, 유기체적 시스템과 비유기체적 시스템(로보틱스, 전자공학, 경영시스템, 사회시스템 등)의 연관성을 통해 생명체, 인간, 기계 등과 같은 상이한 존재들이 어떻게 상호의존적인 관계망을 형성하며 소통하고 교류할 수 있는지를 연구하는 것이다(Mele, Pels, & Polese, 2010). 다음 [그림 2-2]는 생물학적(Bio) · 인류적(Homo) · 기술적(Techno) 존재들이 서로 소통하고 교류하는 것이 포스트휴먼 다문화사회 구성원들의 관계성이라고 본다.

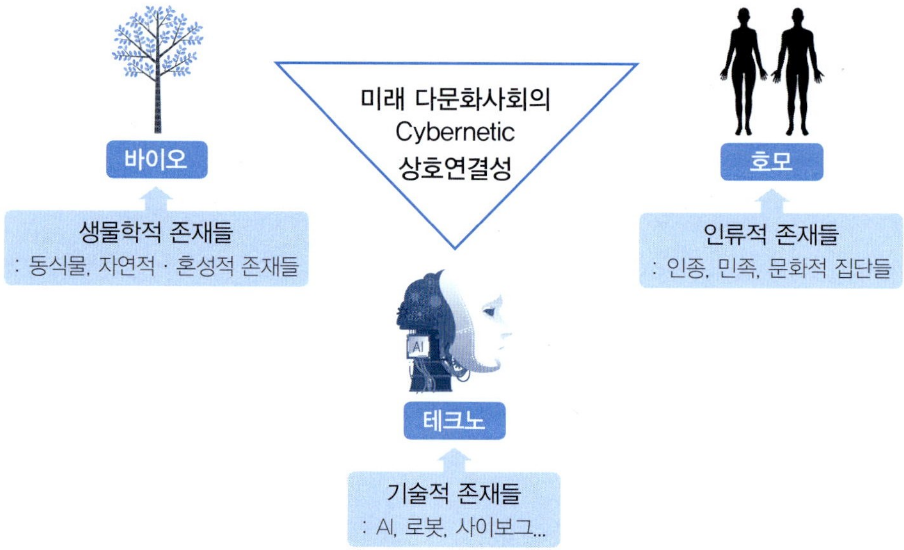

[그림 2-2] 미래 다문화사회 구성원들의 상호연결성

셋째, 포스트휴머니즘은 인간의 관점과 인류중심적 목적론(teleology)으로 세상을 파악하지 않는 Spinoza의 내재적 윤리학(Immanent ethics)을 기반으로 하고 있다(Charlton, 1981). 내재적 윤리학이란, 사물들이 인간의 인식이나 판단과는 독립적으로 각자의 독특한 특성과 다른 존재들과의 관계성에 의해 그 존재가치가 성립되므로, 인간의 시각만을 가지고 세상을 인식하지 말아야 한다는 관점이다. 그런 의미에서 포스트휴머니즘은 오랜 인류 문명의 발전과정에서 자연의 수많은 '비인간적 존재들'이 인간의 목적을 위해 파괴되고, 남용되며,

변형되었던 것을 비판하며, 그러한 태도에서 벗어나는 것을 윤리적 행위의 지향점으로 삼고 있다.

나. 신물질주의(일원론)적 윤리관

신물질주의는 Spinoza의 일원론(monism)적 관점을 바탕으로 인간-동물의 구별 없는 모든 존재의 사회적 관계, 인간-도구 간의 문화적 관계, 인간-만물 간의 자연적 관계를 설명함으로써(Barad, 2003), 자연계의 모든 사물에도 능동성을 부여하는 생기론(vitalism)적 철학이다(Connolly, 2013). 최근 인지과학, 인공지능, 신경과학 등의 최첨단 연구들은 이러한 신물질주의의 존재론적 차원뿐만 아니라, 동물, 인간, 기계들의 인식이나 학습이 본질적으로 얼마나 유사한가를 연구하여 AI 연구의 토대로 활용하기도 한다. 예를 들어, 이족보행 로봇이 동물이나 인간처럼 움직이면서 사물을 인식하고 대응하는 연구 등을 수행하기 위해서는 동물의 행동 패턴이나 인간의 사고방식을 연구하여 그 기능의 효율성과 수행력을 향상시키는 인공지능 로봇을 개발하는 것이다.

신물질주의적 윤리관을 이해하기 위해서는 생기론적 물질주의(vital materialism)와 생명정치학(biopolitics)과 같은 일원론적 관점을 이해해야 한다.

- 생기론적 유물론: 생기론적 유물론이란, 사물의 힘(thing-power), 즉 비인간적(non-human) 존재의 능동성에 바탕을 둔 물질주의로서, 세상 만물의 존재들의 의미와 역할을 인본주의적으로 해석하는 태도를 거부하는 관점이다(Bennett, 2015). 따라서 생기론적 물질주의는 인간을 초자연적 존재로 간주하는 인간예외주의를 거부하고 인간과 다른 모든 비인간적 존재들(생물계, 물질계, 기술계)의 상호연관성과 공존성을 바탕으로 세상을 이해하고자 한다.
- 포스트휴먼적 생명정치학: 생기론적 유물론은 탈인본주의적이고 수평적인 윤리관을 기반으로 모든 존재(생명체 및 사물)의 평등한 관계성을 강조하는데 그것이 바로 포스트휴먼적 생명정치학(biopolitics)이다(Braidotti,

2006, 2013). 생명정치학은 한마디로 오늘날 과학기술의 혁명과 시장자본주의가 결합한 확장된 자본주의(advanced capitalism)가 전 지구적 차원에서 생태계, 인간, 기술적 산물들을 망라하여 모든 존재와 자원에 대한 '착취와 파괴의 행진'을 계속하고 있는 현실에 대한 정치윤리학적 논의이다(Braidotti, 2013, p. 49). 예를 들어, 멸종위기 동물들에 대한 시장주의적 거래에서부터 전 지구적 수준의 여성성(성매매, 성형, 미용) 및 생명(건강보조, 생명연장)의 상품화, 물건처럼 생산되고 거래되는 보철기(prosthetics) 및 인공장기(artificial organs), 생명공학기술을 바탕으로 한 유전자 조작 태아(designer baby) 및 유전자 거래에 이르기까지 자연과 생명성이 시장자본주의의 재료가 되고 있는 현실이 생명정치학이 다루는 윤리적 문제이다.

다. 관계주의적 윤리관

포스트휴머니즘은 과정철학(Process philosophy: Whitehead & Price: 2001) 및 관계주의(relationality; Ceder, 2018) 철학에 기반한 윤리관을 지향한다. NBIC(Nano-Bio-Cogno-Info) 기술로 대표되는 첨단 지능정보기술들이 보여주듯이 포스트휴먼적 환경은 인간의 사고와 기계의 사고, 유기체와 무기체, 생물학과 공학, 현실과 가상성, 그리고 아날로그와 디지털의 경계가 무너지는 환경을 의미한다. 이러한 포스트휴먼적 환경과 존재들이 등장하는 상황 속에서의 윤리 문제를 이해하기 위해서는 인간-동물의 공진화, 환경적 및 기술적 상호얽힘(entanglement), 그리고 그로 인한 존재들의 혼종성에 대한 전향적인 이해가 필요하다. 즉, 포스트휴먼 사회는 생태적 환경(자연성)뿐만 아니라, 인류의 독특한 경험과 문화(인간성), 그리고 기술적 산물들이 만들어 갈 기술적 환경이 만들어 내는 혼성화된 존재들과 그들의 경험이 어떤 윤리적 문제를 야기할지에 대해 고민해야 한다는 것이다(Barad, 2003).

또한, 포스트휴머니즘은 세상은 모두 연결되어 있고, 인간은 독자적 완결성을 가지고 살아갈 수 없는 존재라고 본 A. N. Whitehead의 중립적 존재론에 기반한 과정적 사유를 지향한다(Neimanis, 2017). 이러한 과정적 존재론은 인식론과도 직결되어, 인간은 다양한 주체들과의 물질적 상호의존성과 혼성적(인간-기계, 물질-비물질, 현실-가상 세계 등) 경험을 통해 다중적인 관계성을 이루며 세상을 인식해 나간다고 보았다. 포스트휴머니즘은 이러한 '함께 되어감(becoming-with)'을 지향하는 존재인식론을 바탕으로, 인간 이외의 다양한 소수자 및 타자에 대한 연구(예: 동물 연구, 퀴어 이론, 탈식민주의 및 원주민 연구, 비인간적 존재에 대한 이해)를 수행하고 있는 것이다(Postma, 2016).

정리하자면, 포스트휴머니즘은 인류중심주의나 근본주의적 윤리관에서 벗어나 기계 및 기술에 대한 신물질주의적 관점(정동 이론, 어셈블리지 이론, 환경 이론)을 수용하고, 인간과 다른 모든 존재 간의 수평적 관계성을 바탕으로 한 과정적 존재인식론을 기반으로 한 윤리를 지향하고 있는 것이다.

2) 포스트휴먼 윤리의 이론적 기반과 그 특성

(1) 포스트휴먼 윤리의 이론적 기반

가. 포스트휴먼 윤리의 출발: 생태페미니즘

생태페미니즘은 포스트휴머니즘 철학의 출발점이자, 포스트휴먼 윤리관의 기초이기도 하다. 생태페미니즘은 다음 〈표 2-2〉와 같은 이성(문명)-자연성, 남성-여성, 인간-비인간적 존재 간의 이분법을 극복하고, 모든 존재는 평등하다는 관점을 지지한다.

〈표 2-2〉 생태페미니즘이 비판한 인본주의의 이원론적 인식론

남성성	문명	이성, 정신	인간
여성성	자연	감성, 신체	동물, 사이보그

Haraway(1985)가 '사이보그 선언(Cyborg manifesto)'에서 이러한 남성-여성 및 인간-사이보그의 대조를 통해 기술적 존재가 인류에 의해 타자화되고 있음을 지적하였듯이, 생태페미니즘은 자연적 존재와 인간의 관계뿐 아니라, 미래

의 기술적 존재들과 인간과의 관계성이 어떻게 설정되어야 할 것인가에 대한 포스트휴먼적 관점을 제공해 준다.

생태페미니즘이 이성(정신)과 자연성(물질)의 이분법적 구분이 아니라 모든 자연 만물은 존재론적으로 평등하다고 주장했듯이, 포스트휴머니즘은 이러한 수평적 관계성은 인간과 기계의 관계성으로까지 확장하고 있다. 즉, 다음 [그림 2-3]과 같이 자연성, 인간성, 그리고 물질성(기계)이 모두 일원론적으로 통합될 수 있다는 것이다.

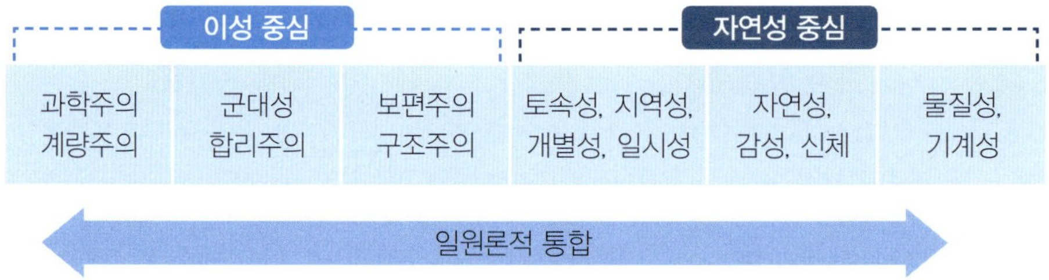

[그림 2-3] 이성(정신)-자연성(물질)의 일원론적 연속성

여기서 주목해야 할 점은 과연 인류의 존재 의미나 목적을 자연성(생명)과의 구별이나 기계성(물질)과의 구별이 아닌 일원론적 연속성 차원에서 본다는 것이다. 즉, 포스트휴머니즘은 인간을 동물성과 물질성을 모두 지닌 존재로 간주하고 있는데, 그 경우 각각의 존재(인간)와 그 존재들의 집단(사회)에서 발생하는 윤리적 문제는 기존의 인본주의적 윤리관을 가지고 다룰 수 없다는 것이다. 이는 포스트휴먼적 윤리의 기본 원리가 생명성, 인간성, 기술성을 하나로 보고 자연 세계 및 기계 문명과의 불가분리적 존재로서의 인간의 의미와 역할을 탐색하는 탈인본주의적 신물질주의에 기반하고 있음을 보여 준다.

나. 포스트휴먼 윤리의 토대: 객체지향존재론

포스트휴머니즘은 인간, 동물, 유기체, 기계, 물질 및 사물 간에 역할과 특성의 완벽한 구분이 존재하지 않는다는 관점을 기반으로 하고 있다. 이를 설명하는 가장 기본적인 관점이 바로 인간 주체성과 사물 객체성의 이분법이 아닌, 인간과 사물의 주체-객체 상호호환성을 상정하는 객체지향존재론(object-oriented ontology)이다(Bogost, 2009). 즉, 객체지향존재론은 인간을 포함한 모든 사물은 기계적 관계의 생태계에 속해 있다고 보는 사물 존재론(The ontology of Things)을 바탕으로, 존재론-인식론의 구분 및 인간-자연의 구분을 없애고 세상 만물에 대한 존재인식론적 통합을 시도한다. 객체지향존재론에 대해서는 여러 정의가 있지만, 대표적으로 다음 세 가지 정의를 종합하여 이해할 수 있다.

첫째, 인류중심주의적 관념들에서 벗어나 세상 만물 간의 상호의존성을 자유롭게 부각시키고자 한다(Bogost, 2009).

둘째, 모든 사물은 비지역적 · 시간적 및 공간적으로 산재되어 분포하고 그 존재의 방식이 점성적(viscous)이다(Morton, 2011).

셋째, 객체지향존재론은 대상의 감각적이고 실제적인 특질에 대한 심미적 이해에 집중하려는 존재론적 철학이다(Harman, 2015).

이러한 객체지향존재론은 1990년대 초반에 Latour(1992)와 Callion(1990)에 의해 이론화된 행위자-망이론(Actor-Network Theory: ANT)으로부터 출발한다. 행위자-망이론은 인간의 주체성과 비인간(기술, 동식물, 건축물, 도구, 기계 등)의 객체성이라는 이분법적인 차별 없이 모든 존재가 행위자(actor)가 되어 상호의존적 연결망 속에서 상호작용하고 있다는 관념을 기반으로 한다. ANT는 인간의 사회적 행위나 상호작용이 비인간적 존재들의 도움이나 개입 없이 이루어지는 것은 거의 불가능하고, 인간-비인간의 구별 없이 동등한 능동성을 가진 행위자들로서 네트워크적 상호작용을 이루고 있다고 본다. 특히, ANT는 다양하고 복잡한 기술적 사물들이 얽혀 있는 현대 문명 속에서, 인류의 삶은 단순히 인류중심적 관계성인 사회문화적(socio-cultural) 차원으로만 이해될 수 있는 것이 아니라, 탈인류중심적 관계성인 사회물질적(socio-material) 차원으로 이해할 필요가 있다는 것을 강조하고 있다.

이러한 네트워크 사회라는 맥락을 놓고 보면, 포스트휴먼적 윤리의 지향점은 인간들 간의 사회적·문화적 관계성뿐만 아니라 인간과 자연 혹은 기술적 환경과의 물질적 관계성을 동시에 다룸으로써, 세상의 만물이 상호연결되고 소통하며 공존관계를 유지하는 방향성에 맞추어져야 할 것이다.

다. 포스트휴먼 윤리의 방향: 비대표성이론

비대표성이론(non-representative theory)은 탈인본주의적 인식론의 실천적 전략의 하나로, Thrift(1996, 2000, 2007)에 의해 개념화되었다. 비대표성이론은 원어인 'representation'이 '대표성' 혹은 '재현성'이라는 의미를 지닌 것처럼, '인간은 세상을 대표하지 않는다', '인간의 관점이 (세상의 모든) 실재를 재현할 수 없다.'라는 신조를 갖는다. 즉, 지금까지 오직 인간의 관점(이성, 언어)으로 세상을 인식하고, 설명하고, 통제해 온 모든 행위에 대한 반성적 성찰을 바탕으로 대안적 인식 관점과 행동의 방향성을 모색하려는 태도이다. 아울러 비대표성이론은 생기론적(vitalist) 철학과 과정(becoming) 철학을 바탕으로 한다는 점에서 생태주의나 Whitehead(1984)의 철학과 맥락을 같이하고, 기본적으로 세상을 '인류중심주의적 응시(anthropocentric gaze)'에서 벗어나 파악하는 것을 윤리적 사고의 출발점으로 삼는다.

비대표성이론의 윤리적 논점은 생태적 위기나 환경 문제를 극복하는 방향으로 기술중심 사회가 나아가야 한다는 것(Hultman & Lenz-Taguchi, 2010)과 인간 이외의 모든 존재가 인간과 평등한 혹은 공동 주체가 되어, 공존적 관계성을 형성해 나가는 것이다. 이를 위해서는 인간 위주의 관계망이 아닌 세상 만물이 얽혀 있는 다양하고 이질적인 연결망과 그 다중성(multiplicity)을 인식해야 하는데, 그런 차원에서 기존의 모든 인본주의적 관점에서 벗어나 세상에 대한 개방적(open-ended) 태도와 인식을 시도하는 모든 실험적 태도들을 허용하기를 촉구하고 있다(Thrift, 2007).

지금까지 소개한 포스트휴먼적 윤리학의 토대를 통해 'AI 윤리'의 방향성을 정리하면 다음 〈표 2-3〉과 같다.

〈표 2-3〉 AI 윤리의 방향성과 관련 포스트휴머니즘 이론

AI 윤리의 방향성	포스트휴먼 이론
생태적 존재, 인간, 기술적 존재들은 평등하게 상호 얽힌 공존적 관계성을 형성하고 있다.	생태페미니즘
AI는 단순한 도구가 아니고, 주체성과 자율성을 띤 존재이다.	객체지향존재론
미래의 AI는 점점 강화된 역량을 가지고 개발되어, 인류 삶의 모든 방면에 적극적으로 개입하게 될 것이다.	행위자-망이론
생태적 존재와 인간, 기술적 존재들(AI)이 상호의존적 공존관계를 맺기 위한 방향을 모색해야 한다.	비대표성이론

(2) AI 다문화사회의 구성원으로서의 AI의 특성

기술중심주의적 포스트휴먼 사회를 대표하는 AI가 윤리적 행위 주체로 간주될 수 있는지는 행위 주체에게 부여되는 세 가지 존재론적 준거—주체성, 자의식, 자율성—를 통해 판단될 수 있을 것이다.

가. 주체성(subjectivity)

휴머니즘은 유럽의 개인 및 이성 중심의 근대적 인간관을 토대로 인간을 자유의지와 보편적 권리를 지닌 독자적 존재로 간주하는데, 이러한 관점은 모든 인간에게 동일하게 주어진 특성이라는 점에서 보편주의적(universal) 휴머니즘으로 불린다. 주체성(subjectivity)도 이러한 자유롭고 개별적이며 평등한 인간의 가정에서 나온 관념으로, 오늘날 시민권, 주권, 인권, 소비자 권리 등의 다양한 권리 관념들 속에는 이러한 개인주의적 주체성 개념이 뿌리내리고 있다(Chambers, 2013). 인본주의적 주체성은 다음 〈표 2-4〉와 같이 인간과 동물 혹은 사물의 이분법적 구분을 기반으로 한 것이다.

〈표 2-4〉 인본주의적 주체성과 능동성의 이분법

주체	존재론	자율성	주도성
인간	주체성 (목적)	자유의지	능동성
동물, 사물	객체성 (대상, 수단)	무의지	수동성

포스트휴머니즘은 인간을 개인적이고 독립적인 존재로 간주하는 '개별적 주체'의 관념을 포기하고, 각 존재들은 자신이 처한 환경 속에서 주변의 존재들과 밀접한 관계를 맺으며 살아가는 존재로 여긴다(Braidotti, 2013). 예를 들어, 인간이 도구와 함께 공진화해 왔다는 관점(Bergson, 1944/2004)처럼, 인류를 수많은 도구들과 상호작용을 통해서 생존해 나가는 존재로 보는 것이다. 따라서 포스트휴머니즘이 상정하는 주체성은 인간/비인간의 절대적인 구분에 의해서 인간에게만 부여된 고유의 특성이 아니라, 인간, 동식물, 사물을 모두 포함한 네트워크적 관계 속에서 각자의 역할과 기능을 수행하는 동력 차원의 상대적이고 복합적이며 상호의존적인 주체성이다.

나. 자의식(self-consciousness)

휴머니즘적 자의식(혹은 자기정체성)은 사회문화적인 영향으로 형성되는 혼성적면서도 유동적 성격의 자아(self)에 대한 회고적 관념으로, 타인과의 동일시 혹은 차별화를 통해 자기 존재를 인식하며 사회적 존재로 인식해 나간다고 설명된다. 반면, 포스트휴먼적 자기정체성은 신체장애나 환경을 극복하는 데 도움을 주는 인공적 도구들을 인간의 일부로 수용함으로써, 자아와 도구가 명확히 구별되지 않고 혼재하는 정체성을 허용한다. 이런 맥락에서, de Freitas와 Curinga(2015)는 포스트휴먼적 존재들은 생물학적 요소와 기술적 요소들이 아상블라주(assemblage)된 역동적이고 정서적인 에너지를 통해 스스로를 인식하므로, 다른 기술적 도구들과 사회물질적 관계성을 통해 스스로의 역할을 형성해 나간다고 보았다. 더구나 기술중심 시대의 유전공학, 생명공학, 나노공학, 뇌과학 등의 발전으로 인간 증진(human enhancement)을 통해 신체적 · 정신적 측면에서 생물학적 인간의 능력 범주를 뛰어넘는 포스트휴먼적 존재들이 등장하게 될 것인데(Haslam, Kashima, Loughnan, Shi, & Suitner, 2008), 그러한 존재들의 정체성은 기존의 인본주의적 관점만을 가지고 파악하기 어려울 것이다.

예를 들어, 사이보그[1]는 인간 신체 및 정신의 확장(prosthesis)을 통해 인간을 모사하여 인지 및 행동 기능을 수행하는 존재로서, 사고하거나 감정을 표현하고, 타인과 의사소통하거나 상호작용을 하는 모든 방식에서 인간과 유사하게 행동할 수 있다(Clark, 2004). 특히, 호르몬 조절(신경공학)이나, 인공두뇌나 인공장기의 생산(나노공학)이 가능해진 현재의 기술 수준은 사이보그도 인공지능을 바탕으로 의식이나 정체성도 가질 수 있다고 주장하는 학자들이 점점 증가하고 있다(Bostrom, 2005). 그에 따라 이러한 사이보그적 정체성은 생태적 혹은 자연적 공간에 제한받지 않고, 소셜 네트워크, 가상현실, 온라인 커뮤니티 등에서 대리적 존재(avatar)를 매개로 인간의 정체성을 대신하고 있다. 즉, 인간의 정체성은 더 이상 육체에만 갇혀 있는 것이 아니라, 가상 공간과 가상적 관계성(community) 속에서 실제와 별다름 없이 존재할 수 있다는 것이다.

기존의 인본주의에 기반한 인간 정체성의 개념은 필연적으로 동물이나 자연을 소외시키거나 타자화할 수밖에 없다(Morgan, 2016). 반면, 포스트휴먼적 존재들 간의 정체성은 인간과 비인간의 관계성이나 인간의 다른 층위들(초인류, 하위인간, 유사인간, 사이보그 등) 간의 관계성을 통해 형성될 수도 있다. 그런 의미에서 포스트휴먼적 존재들의 정체성은 공상과학 소설이나 영화에서 등장하는 다양한 배경을 가진 캐릭터들(프랑켄슈타인, 돌연변이인, 뱀파이어, 괴물들, 외계인)을 인류중심주의 관점으로 타자화하지 않는다(Braidotti, 2003).

요컨대, 오늘날 현대인들은 다양한 신체적 · 정신적 · 삶의 조건들 속에서 살아가고 있으며, 기술적으로는 안경에서부터 인공장기에 이르기까지 수많은 보조물에 의존하여 살고 있다는 사실에 주목하면, 인본주의적 자기의식이나 정체성의 관념에서 벗어나 다양한 포스트휴먼적 존재들이 갖는 정체성에 대한 개방적 자세를 취할 필요가 있는 것이다.

1) 과학기술에 의해 인지적·심리정서적·신체적 기능이 부여되어 인간을 모사하는 모든 존재는 근본적으로 사이보그라고 본다(Clark, 2004; Haney, 2006).

다. 자율성(freedom)

인본주의적 자율성의 개념은 인간에게 부여된 하나의 보편적 권리로서, 인간 각자에게 자신의 존재 의미나 자신의 생명의 가치에 대해 스스로 규정할 수 있는 권리가 주어져 있다는 개념이다. 다만, 개인들 간의 자유가 충돌할 경우, 한 사람이 행사하는 자유는 그 영향을 받는 상대방의 권리에 의해 상쇄될 수 있기 때문에 개인의 자유는 인간성이 발휘될 수 있는 내적 욕구 및 그에 합당한 윤리적 가치로 이해된다.

하지만 포스트휴먼적 자율성의 개념에 대해 Latour(1992/1993)는 인간적 자율성(human freedom)과 자연적 필연성(natural necessity)의 변증법적 대립관계로 설명하고 있다. 즉, 근대성이란 자연의 필연성에 인간의 자유의지가 개입하여 혼돈적이고 복잡한 자연을 인간이 이해 가능한 인과적이고 규칙적인 상태로 바꾸는 인간화(humanizing) 과업이었다는 것이다. 이처럼 인간은 자연의 구조와 법칙으로부터 자유로워지게 되었고, 자연은 필연성을 가진 인간에 의해 구속되는 존재로 대상화되었던 것이다. 이러한 근대적 계몽주의 세계관을 통해 인간은 주체성과 자율성을 지닌 우주의 목적이 되었고, 인간 이외의 다른 존재들은 모두 그 수단적 존재로 대상화하게 되었던 것이다.

결국 인간의 자율성에 대한 관념도 인류중심주의(anthropocentrism)에 기초를 둔 것으로, 우주 만물 중에서 오직 인간만이 자율적인 능동자(agent)로서 자신의 주체성과 의지 실현의 가능성을 드러낼 수 있는 유일한 존재로 자리매김되었던 것이다(Segal, 1996). 반면, 포스트휴머니즘은 능동성과 자율성이 인간 고유한 특질이 아니라, 세상의 수많은 다양한 존재가 상호의존적 관계성을 형성하고 유지하기 위한 역동성이라고 본다. 따라서 그러한 관계망 속에서 각자의 역할과 기능을 수행하는 모든 존재(동물이나 기계, 사물, 사이보그나 인공지능)는 능동성과 자율성을 갖고 있고(Plumwood, 2001), 그것이 바로 포스트휴머니즘이 강조하는 물질적 능동성이다. 예를 들어, 뉴질랜드에서는 자연의 일부인 '강(river)'에도 인간과 동일한 법적 권리를 부여함으로써(Forlano, 2017),

자연을 인간의 처분이나 착취의 대상이 아니라 함부로 건드릴 수 없는 독자적인 권리를 가진 존재로 인식하고 있다.

요컨대, 포스트휴머니즘은 자율성이 인간에게만이 아니라, 다른 자연적 · 기술적 혹은 법적 존재에도 부여될 수 있다고 보듯이(Harari, 2014), AI도 자율성을 가질 수 있고 그러한 AI의 판단과 행위에 대한 법적 책임과 의무의 문제가 제기되고 있는 것이다. 신물질주의를 통해 자율성이 정신적 존재뿐만 아니라 물질적 존재에게도 생성될 수 있음을 이해했듯이, 자율성과 능동성은 독자적 주체성에서 나오는 것이 아니라 다양한 존재 간의 역동적인 관계성에서 생성되는 것으로 간주하고 있음을 주목할 필요가 있다(Barad, 2003).

포스트휴먼 윤리의 존재론적 기반(주체성, 자의식, 자율성)은 다음 〈표 2-5〉와 같이 정리될 수 있다.

〈표 2-5〉 휴머니즘과 포스트휴머니즘의 주체성과 자율성 비교

구분	휴머니즘	포스트휴머니즘
존재론	• 오직 인간만이 평등성, 존엄적 가치, 자유의지를 갖는 독립적이고 이성적 존재	• 모든 존재는 인간-비인간 혹은 정신-물질의 구별 없이 복잡한 관계망 속에서 상호의존적으로 살아가는 존재
주체성	• 개인적, 독립적, 자유주의적	• 상대적, 복합적, 의존적(Haney, 2006)
자의식	• 철학적 · 심리학적 · 사회학적 · 문화이론적으로 다양하게 정의됨 • 사회문화적인 영향을 받아 형성되고, 혼성적 · 유동적 · 회고적 성격을 지님(Dunn, 1997)	• 인간 존재+기술적 도구+사회적 관계성+문화적 환경 등 다면적 영향으로 형성 • 생물학적 요소와 기계적 요소들이 집단적으로 아상블라주(assemblage)된 역동적이고 정서적인 에너지의 장(de Freitas & Curinga, 2015)
자율성	• 능동성, 자유의지, 주체성을 지닌 유일한 존재(Segal, 1996) • 인간보편적 권리(Casey, 1992) • 심리학적(내적 욕구, 주장), 정치적(법적인 근거), 윤리적 표준	• 인공지능 및 지적 창조물들의 자의식(self-consciousness) 가정 • 인간 이외의 사물들도 자율성 보유 가능

3) AI 다문화시대의 윤리적 지형도

본 절에서는 인공지능 시대를 맞이하여 AI가 인류 사회의 구성원의 하나로 자리 잡음으로 인해 어떤 윤리적 지형도가 새롭게 만들어지는지에 대해 논의하고자 한다. 그리고 이러한 AI의 보급과 확산이 만들어 내게 될 AI 다문화사회를 가속화하고 있는 확장된 자본주의(advanced capitalism)와 그에 대한 포스트휴머니즘의 비판적 관점에 대해 논의하고자 한다.

(1) AI 다문화사회를 위한 고려사항들

AI가 미래 사회의 정당한 구성원이 되기 위해서는 인류 사회의 다양한 문화적 요인들과 배경을 이해함과 동시에 문화적 편향성에 대해서도 어떻게 대처할 수 있는가를 다루는 것이 다문화주의적 관점에서 중요하다. AI의 미래 사회의 구성원으로서의 가능성에 대해 학자들마다 상당히 다양한 관점을 가지고 있다.

가. AI 기술의 미성숙론

Jordan(2019)은 AI 기술의 미래에 다음과 같은 견해를 제시한 바 있다.

첫째, 머신러닝이나 딥러닝 같은 현재의 AI 기술이 놀라운 성과를 보이고 있지만, 이러한 기술들이 여전히 큰 한계를 가지고 있으며, 실제 인간 지능을 모방하거나 대체하는 것은 아직까지 먼 미래의 일이다.

둘째, 머신러닝의 미래는 단순히 알고리즘 개발에만 초점을 맞추는 것이 아니라, 데이터 과학과 같은 다른 분야와의 연계에서 찾아야 한다. 머신러닝을 통해 얻은 통찰력을 실제 세상의 문제 해결에 적용하기 위해서는 통계적·전산적·의사결정에 대한 중요한 요인들을 충분히 고려해야 한다.

셋째, AI는 의료, 교육, 교통 등과 같은 다양한 분야에서 사회적 가치를 창출할 수 있지만, 이러한 가능성을 실현하기 위해서는 AI 개발자들이 전문적 지식을 가진 다른 분야의 전문가들과 협력할 필요가 있다.

넷째, 인공지능과 데이터 과학의 발전은 경제적·사회적·법적 문제를 일으킬 수 있으므로, 데이터의 소유권, 개인정보 보호, 데이터 보안 등과 같은 문제들이 야기할 여러 문제에 대해 주의해야 한다.

나. AI 기술의 편향성론

Noble(2018)은 AI에 기반한 검색 엔진이 특정 인종 또는 문화에 대한 편향을 어떻게 반영할 수 있는지를 다음과 같이 강조한 바 있다.

첫째, 구글과 같은 검색 엔진은 중립적인 정보 도구가 아니다. 검색 엔진은 특정 인종, 성별, 사회적 계급에 대한 편향된 정보를 제공하며, 이로 인해 사용자의 인식을 왜곡할 수 있다.

둘째, 검색 엔진의 알고리즘이 편향성을 반영하고 강화할 수 있다. 알고리즘 개발자들이 자신의 세계관을 알고리즘에 내재시키고, 이로 인해 특정 그룹에 대한 편견이 시스템에 반영될 수 있다.

셋째, 검색 엔진은 소수 집단이나 취약 집단을 부정적으로 표현하거나 그들의 입장을 충분히 반영하지 못함으로써 디지털 공간에서의 차별화, 즉 디지털 차별(discrimination)을 양산할 수 있다.

넷째, 검색 엔진과 알고리즘의 편향성을 해결하기 위해서는 기술 기업들이 그들의 알고리즘을 개선하고, 편향성을 줄이는 데 필요한 책임을 가질 수 있도록 적절한 법적 및 정책적 대응이 필요하다.

위와 같은 인공지능 및 빅 데이터 기술들의 편향성을 극복하는 것이 다문화주의 사회를 위해 중요하며, 그럼으로써 AI가 미래 사회의 공정하고 정당한 구성원으로 자리 잡을 수 있을 것이다.

다. AI 기술의 공익성 여부

Berryhill, Heang, Clogher 등(2020)은 AI가 공공 분야에서 활용되면서 상이한 문화적 배경을 가진 집단들에 어떤 영향을 미칠 수 있는지를 다음과 같이 논의한 바 있다.

첫째, AI는 공공 서비스의 개선과 효율성 향상에 큰 역할을 할 수 있다. 예를 들어, AI는 건강 관리, 교통 관리, 재난 관리 등 여러 공공 분야에서 데이터 분석을 통해 효율적인 결정을 내리는 데 큰 도움이 된다.

둘째, AI 시스템의 결정이 민감한 사회적 결과를 초래할 수 있기 때문에 AI가 공공 분야에서 사용될 때는 그 구현과 사용에 대한 투명성과 책임성이 중요하다.

셋째, AI는 기술적 난해성과 빠른 발전 속도를 지녔기 때문에 AI를 효과적으로 사용하려면 관련 직무자들이나 사용자들의 이해도와 교육이 필수적이고, 지속적인 교육과 활용가이드라인의 제공이 필요하다.

넷째, AI의 공공 분야 활용성이 증가함에 따라 AI 사용은 점점 더 큰 사회적·윤리적 문제를 야기할 수 있다. 따라서 이런 문제를 사전에 예방하고, 관리하기 위해서는 적절한 규제와 정책 개발이 중요하다.

따라서 이러한 관점들을 충분히 고려하여 인공지능이 미래의 다문화적 사회 속에서 인간과 정의롭게 공존할 수 있는 현실적인 대안을 모색해야 한다.

(2) AI가 다문화사회 구성원이 되기 위한 필수 조건

가. 인공지능의 다문화적 이해

AI는 사용자의 언어와 문화적 배경을 이해하는 능력이 필요하다. 이는 AI가 사용자와 효과적으로 소통하고, 그들의 필요와 선호를 이해하기 위해서다. 이를 위해 AI는 다양한 문화와 언어를 이해하고 존중하는 능력이 필요하다.

첫째, AI가 사용자의 요구를 정확히 파악하고 적절한 응답을 제공하기 위해서는 AI가 사용자의 문화적 맥락을 이해하는 것이 중요하다. 이를 위해서는 AI가 사용자의 언어를 이해하는 것이 중요한데, 이러한 기술은 IBM의 Watson이나 Google Assistant로 구현된 바 있다. 예를 들어, Google Assistant는 다양한 언어를 지원하며, 사용자의 언어와 문화적 배경에 따라 다른 응답을 제공하며, 국가별 사용자에 따라 각각 다른 단위 시스템을 사용하여 정보를 제공하기도 한다. 마찬가지로 IBM의 Watson은 다양한 언어를 지원하며, 사용자의 문화적 배경에 따라 다른 응답을 제공해 준다. 예를 들어, 암 환자에게 정보를 제공할 때, 환자의 문화적 배경에 따라 다른 언어와 표현을 사용하여 정보를 제공한다.

둘째, 최근 등장한 Microsoft의 chatGPT나 Google의 Bard와 같은 생성형 인공지능 챗봇은 인간과 동등한 수준에서 대화가 가능한 수준의 기술을 보여 주고 있다. 이러한 자연어처리 인공지능 모델의 등장은 인공지능이 인간 수준으로 사고하고, 소통이 가능하며, 인간 사회의 경험과 지식을 학습함으로써 인간의 문화와 풍습을 이해하는 것이 가능하게 되었다는 것을 시사한다. 즉, 기술적으로는 인공지능의 다문화적 이해 가능성이 완성되었기 때문에, 이러한 인공지능의 다문화적 역량을 어떻게 활용할 것인가가 과제로 남아 있다.

셋째, 인공지능이 다문화적 이해를 바탕으로 다문화적 요인들을 고려할 수 있는가의 문제보다 더 본질적인 문제는 그러한 인공지능을 개발하고 활용하는 인류 사회의 다문화적 감수성이나 역량이 충분히 갖추어져 있는가의 문제이다. 즉, 인공지능에 그러한 요건을 강요하기 전에 인류 사회가 먼저 다문화적 요소들을 충분히 고려하고 실천할 만큼 성숙되어 있는가의 문제가 우선이라는 것이다. 따라서 인공지능에 다문화적 딜레마와 문제점을 떠넘기기 전에 인류 사회 속에 지속되고 있는 다문화적 편향성, 불평등, 부정의의 문제를 먼저 어떻게 해결할 것인가를 고민해야 한다는 것이다.

나. AI의 다문화적 편향성 극복

AI는 데이터를 기반으로 학습하므로 AI는 학습 데이터에 포함된 편향성을 반영할 수 있다. 예를 들어, Crawford(2016)는 AI 시스템이 다음과 같이 특정 문화적 · 인종적 그룹을 차별적으로 반영함으로써 편향될 수 있다고 지적하였다.

첫째, AI 시스템은 데이터와 알고리즘 개발자들의 편향된 세계관을 반영할 수 있다. 예를 들어, AI는 대부분이 백인 남성으로 구성된 집단에 의해 개발되며, 이로 인해 인적 구성의 다양성이 부족하고 편향된 관점이 반영될 수 있다.

둘째, AI는 입력된 데이터를 기반으로 작동하므로 데이터가 편향되면 AI 시스템도 편향된 결과를 내놓을 수 있다. 예를 들어, AI는 일반적으로 남성보다 여성의 언어를 덜 이해하거나, 백인의 언어를 더 잘 이해하는 경향이 있다.

셋째, 편향된 AI는 사회적 차별을 심화시킬 수 있다. 예를 들어, AI가 인종이나 성별에 따라 일자리 추천, 대출 승인 등의 결정을 다르게 내리는 경우, 이는 사회적 불평등을 확대시킬 수 있다.

넷째, 편향된 AI를 해결하기 위해서는 빅테크 회사들의 주요 인사들이나 AI 개발자들의 다양성을 강화하는 것이 중요하다. 또한, AI 개발 과정에서 더 많은 의사결정 주체들이 참여하여 AI가 더 폭넓게 다양한 인구를 대표할 수 있게끔 해야 한다.

따라서 이러한 편견과 편향성은 다문화사회에서 중요한 문제이므로, AI가 어떻게 모든 문화를 공정하게 대우하도록 할 것인가가 중요하다.

다. AI를 활용한 다문화교육

AI는 학생들이 다양한 문화를 이해하고 존중하도록 돕고, 다양한 문화적 배경과 전통을 가르치는 데 사용될 수 있다. Pedro, Subosa, Rivas 등(2019)은 AI가 다문화적 교육을 지원하는 데 어떻게 사용될 수 있는지 몇 가지 사례를 제시한다. 예를 들어, IBM의 Project Debater는 인간과 실시간 토론을 할 수 있으며, 그 과정에서 다양한 문화적 배경과 관점을 이해하는 학습을 할 수 있다. 또 다른 예로 Google의 Jigsaw 프로젝트는 AI를 사용하여 온라인상의 혐오 발언을 탐지하고 줄이는 활동을 도와준다. 이러한 프로젝트들은 AI가 다문화사회에서 공정성을 증진할 수 있는 도구로 어떻게 활용될 수 있는지를 보여 준다.

(3) AI 다문화 시대를 위한 포스트휴먼 윤리관

앞 절에서 논의한 바와 같이 AI와 인간이 공존하는 사회 속의 다양한 윤리적 주체들의 판단과 행위에 대한 윤리적 준거를 설정하기 위해서는 인본주의적 윤리관을 넘어서 생태주의 및 기술적 사회의 환경에서의 윤리관을 제시할 수 있는 포스트휴먼 윤리관이 필요하다. 이러한 인본주의적 윤리관에서 포스트휴먼적 윤리관으로의 패러다임의 확장은 다음 [그림 2-4]로 설명될 수 있다.

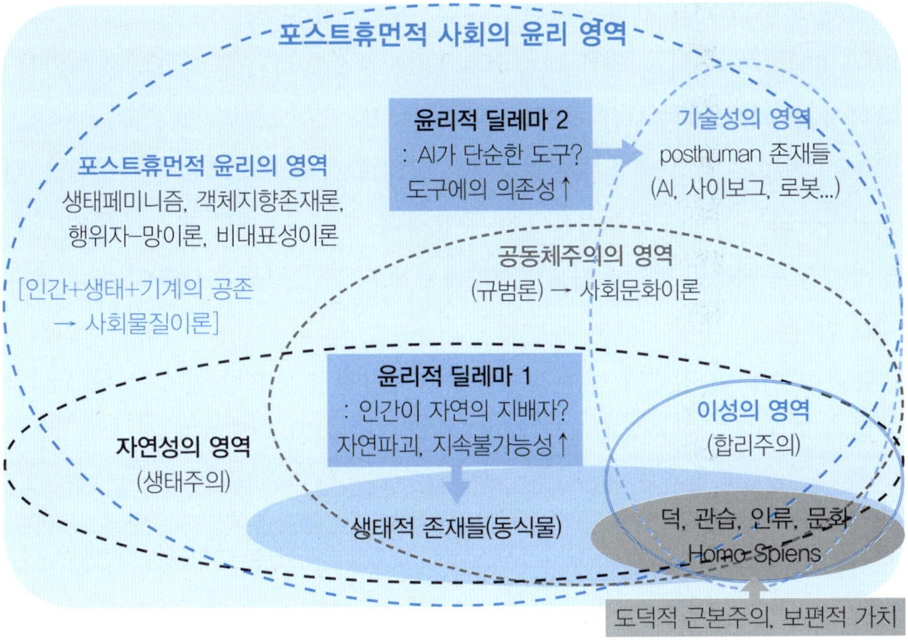

[그림 2-4] 포스트휴먼적 사회의 윤리적 패러다임

위 [그림 2-4]에서 제시된 바와 같이, 기존의 휴머니즘적 윤리관은 다음과 같은 관점의 변화를 통해 포스트휴먼적 윤리관으로 확장될 필요가 있을 것이다.

첫째, 전통주의적 윤리관은 오랜 인류의 역사 동안 현생 인류(Homo Spiens)가 우주의 중심적 존재라는 전제하에, 인류 사회가 존속되고 번영하기 위한 근본주의적 덕목, 관습, 문화적 규범들과 같은 보편적 가치를 윤리적 판단과 행위의 기초로 삼아 왔다. 그리고 18세기에 들어서면서 등장한 합리주의적 사고는 인간의 이성을 도덕적 판단과 도덕적 실천을 가능하게 하는 기본 특성이라고 보았고, 이성을 지닌 인간을 유일한 도덕적 주체로 간주함으로써 인본주의적 윤리관을 더욱 강화시켰다.

둘째, 19세기 후반 들어 과학자들은 자연을 세분화하여 인과론과 환원주의적으로 해석할 것인가 아니면 있는 그대로 관찰하면서 다양한 변인들을 복합적으로 참조하여 자연을 이해할 것인가라는 고민을 시작하였다. 그리고 여기서 '인간이 자연의 지배자인가?' 하는 윤리적 딜레마가 발생한다. 자연의 지배자로서 인간의 지위를 정당화하는 것은 환경 고갈, 에너지 남용, 생태계 불균형이 원인으로 지목되었다. 그러한 분위기에서 등장한 생태주의적 관점은 인간이 자연의 일부로 자연과 불가분리적 존재라는 점을 강조하면서, 생태적 존재들을 윤리적 문제의 주요 행위자의 범주에 포함시키기 시작하였다. 그로 인해 '인간이 자연의 지배자'라는 기존의 인본주의적 세계관은 도전을 받기 시작했고, 이것이 오늘날 환경 파괴와 자원 고갈의 문제와 직결되면서 인본주의적 윤리관은 한계점에 도달하게 된 것이다(Postma, 2016).

셋째, 기계적 존재들(사이보그, 로봇, 스마트폰, AI 등)이 인류의 삶의 곳곳에 스며들게 되고, 점점 그러한 기술적 도구들에 대한 인간의 의존성이 높아지고 있다. 여기서 두 번째 윤리적 딜레마가 발생한다. 과연 AI는 단순한 도구에만 머무를 것인가? 인간이 AI에 결정권을 부여하고 그 성능에 의존할수록 그러한 기계들은 단순한 도구에 머무르지 않고, 윤리적 판단과 행위의 주체가 될 수밖에 없다는 것이다. 이때 AI 윤리의 딜레마는 AI가 과연 윤리적 판단을 내릴 수 있느냐의 문제가 아니라, AI가 인간보다 더 윤리적인 판단과 행위를 할 개연성이 있다는 사실이다. 결국, 인류 사회가 기술성이 주도하는 시대에 접어들게 되면서, 인간만이 이성과 자의식에 기반한 자율성을 가지고 윤리적 판단과 행위의 주체가 될 수 있다는 기존의 인본주의적 윤리관은 그 한계점에 도달하게 된 것이다.

넷째, 공동체주의적 규범론도 인간만을 공동체의 구성원으로 상정하고 있다는 점에서 여전히 인본주의적 윤리관에 속한다. 그리고 이러한 공동체의 관념은 사회문화이론(socio-cultural theories)을 통해 '인류' 집단의 사고와 경험이 축적된 결과만을 문화로 인식하게 만들었다. 하지만 포스트휴머니즘은 인류 집단에 중심을 둔 사회문화이론을 대신하여 생태계(자연성), 인간, 기계적 주체들이 공존하는 사회에서의 물질적 관계성을 설명하기 위해 사회물질(socio-material)이론의 차원에서 세상을 이해하고자 한다. 따라서, 포스트휴머니즘에 기반한 AI 윤리도 그 철학적 혹은 이념적 토대를 사회문화에서 찾는 것이 아니라 사회물질이론을 통해 탐색할 필요가 있다는 것이다.

이것이 본 장에서 강조하고자 한 포스트휴머니즘에 기반한 AI 윤리의 이론적 패러다임인 것이다. 이러한 관점에서 포스트휴먼 윤리관은 학교교육, 특히 초등교육의 영역에서도 다루어질 필요가 있다. 그런 의미에서 유치원이나 초등교사의 교육 차원에서 예비교사가 인공지능에 대해 어떤 인식을 가지고 있고, 인공지능과 관련된 윤리적 이슈를 어떻게 이해할 것인가를 논의하는 것이 시급할 것이다. 아울러 AI가 미래 사회의 구성원으로서 인간과 공존하게 될 가능성이 점점 커짐에 따라, AI가 능동성을 가지게 되고 그에 따른 윤리적 책무성을 갖게 될 것임이 명확하므로 이에 대한 선제적 이해와 대응이 필요하다.

제 3 장

포스트휴먼 시대의 과학교육과 창의성

※ 본 장은 [박휴용(2014). 과학과 문화의 연관성을 바탕으로 한 다문화사회 과학교육의 재개념화. 철학논총, 77(3), 181-212]의 내용을 수정 보완함.

1. 과학과 문화의 연관성 재조명

본 장에서는 과학과 문화의 연관성을 양자의 개념, 범주화 방식, 그 핵심적 구성요인들이 어떻게 관련되어지는가를 중심으로 논의하고자 한다.

1) 과학과 문화의 연관성: 개념적 접근

과학(science)의 라틴어 어원은 sciencia로, 지식이라는 의미를 가지고 있는데, 한마디로 인류의 지적 사고의 총합이라고 볼 수 있다. 과학에 대한 고전적 정의는 "지식을 체계화하고 조직화하는 것으로 우주에 대한 검증 가능한 설명과 예측의 형태를 띠는 것"으로 이해되어 왔고(Wilson, 1998), 현대과학은 위와 같은 고전적 정의에 과학적 절차, 기술적 도구, 학문적 조직 및 통합 등에 대한 강조가 덧붙여져 보다 확장된 개념으로 이해되고 있다(Heilbron, 2003). 이러한 과학이나 기술의 개념은 사실 불변적 관념이라기보다는 인류의 필요에 의해 역사적·사회적으로 규정되는 것으로서, 이러한 과학의 성격과 역할을 논의하는 분야가 바로 '과학의 사회학(sociology of science)'이다.

사회과학(social science)과는 전혀 다른 개념으로써 과학의 사회학은 한마디로 과학이나 기술이 어떻게 사회적으로 성립·발전·활용되는가를 연구한다. 따라서 과학적 연구와 발전을 도모함에 있어서 정부의 정책, 산업체와의 공조, 군대의 수요, 윤리적 문제, 교육/훈련 방법, 대중 호응 등의 문제를 어떻게 고려할 것인가를 총체적으로 논의하는 것이 바로 과학의 사회학이다(Aikenhead & Ryan, 1992). 그러므로 과학에 대한 논의, 즉 과학의 특성이나 그 역할, 좋은 과학자의 자질, 과학적 지식의 사회적 구성, 과학적 지식의 본질에 대한 논의는 과학 그 자체만으로 이루어지는 것이 아니라, 과학의 사회학적 측면을 포함한 것일 필요가 있다.

과학의 사회학은 과학에 대한 포괄적인 이해는 결국 사회라는 큰 틀 속에서 가능하다는 것을 일깨워 줄 뿐만 아니라, (과학적) 지식이라는 것이 결국 사회적으로 구성된다는 것을 상기시켜 준다. 많은 학자들이 과학적 지식이 개인적 차원(예: 인지적 구성주의)뿐 아니라 사회적 차원(예: 사회적 구성주의)에서 형성될 수 있다고 강조해 왔지만, 지금까지는 주로 개인적 차원의 과학적 지식에만 주된 관심이 쏠렸던 것이 사실이다. 그 결과로 나타난 현상이 바로 과학적 지식을 개인적(인지적) 구성물로만 여기고, 사회적 요인, 즉 문화적 영향요인에 대한 등한시였다.

근대과학의 출발점이 된 데카르트적 이원론의 오류처럼, 과학과 문화는 이분법적으로 구별될 수 있는 것이 아니다. 인류학의 창시자라 불리는 Tyler는 문화를 "지식, 신앙, 예술, 도덕, 법률, 관습과 그밖에 사회의 한 성원으로서 인간에 의하여 획득된 능력을 모두 포함하는 복합총체"라고 정의한 바 있다(Tyler, 1871). 이처럼 문화는 단순히 개인이나 집단의 삶의 양식만이 아니라 그러한 삶들이 만들어 내는 의미들의 관계성(the relationship of meanings)을 이해하고 그것들이 사회 속에서 인간의 사고와 행동에 영향을 미치는 방식에 대한 이해의 총합이다. 만일, 과학이 기초지식, 정보의 원천, 혹은 시스템의 근원이라면, 문화는 그러한 지식이 소통되고, 활용되며, 의미를 생성하고, 가치를 만들어 감으로써 사람들의 사고와 행동에 영향을 미치는 모든 과정을 포괄하는 것이다.

과학이 문화로부터 출발한다는 점은 인류학자 Levi-Strauss가 모든 인간의 사고에 내재하는 기본적인 논리구조는 고대의 신화와 현대의 과학에서 동일하다고 강조한 데서도 잘 드러난다. 즉, 신화적 사고와 과학적 사고는 본질적으로 동일한 지적 사고과정을 거치되, 그 논리구조가 적용되는 대상이 자연현상, 사회현상, 혹은 인간의 심리와 같이 다른 대상일 뿐이라는 것이다. 비록 현대과학 문명의 발달에 의해 과학적 지식이 점차 보편화되고 전문화되어 가지만, 그것을 기존의 토착적 혹인 원시문화적(indigenous) 지식과 구별 지으려는 태도는 바람직하지 않으며, 과학발전을 위해서도 도움이 되지 않는 것이다. 문제는 오늘날 우리나라의 과학교육이 과학적 사고를 길러 준다고 하면서, 과학적 사고의 원천인 문화에 대해서는 큰 관심을 기울이지 않는다는 데 있다. 이를 다음 [그림 3-1]을 통해서 설명해 보자.

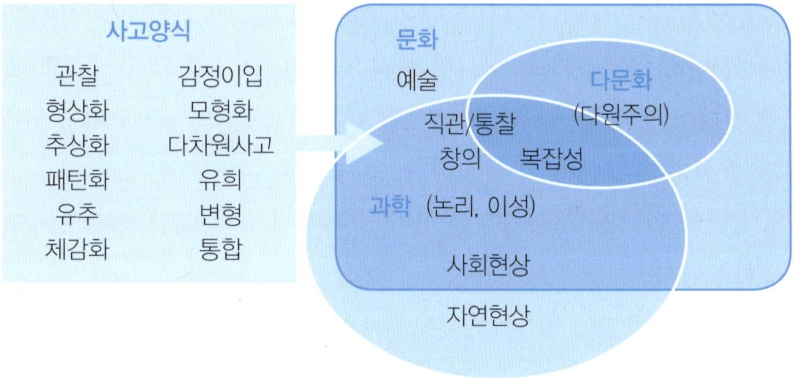

[그림 3-1] 다문화 과학교육의 지형도

과학의 연구대상은 크게 자연현상(자연과학)과 사회현상(사회과학)으로 구분할 수 있다. 지금까지 과학적 지식과 연구는 주로 자연현상을 대상으로 이루어져 왔고, 따라서 자연과학적 사고 및 탐구방법이 절대시되어 왔던 것이 사실이다. 하지만 그러한 과학적 탐구의 주체인 인간은 사회 및 문화의 영향을 크게 받는 존재로서, 인류의 사고와 경험의 총체인 '문화'의 절대적인 영향력하에 놓여 있다. 예를 들어, 인간의 사유 양식에서 과학적이고 창의적 사유의 대표적인 12가지 형태인 형상화, 추상화, 패턴화, 모형화 등의 사고방식의 개발은 예술적 감성, 직관력, 통찰력, 창의적 사고 등에 의존하지 않고서는 이루어질 수 없는 부분이다. 즉, 과학적 사고와 창의적 사고의 원천이 다양성, 복잡성, 예술적 직관의 토대가 되는 문화적 경험에 있으므로, 과학과 문화의 관련성에 더욱 관심을 쏟을 필요가 있다는 것이다. 요컨대, 우리는 지금까지 과학적 탐구의 '대상'이 주로 자연현상이라는 점에 집착한 나머지 인간 사고의 '근원'이 문화에서 나온다는 사실을 간과해 왔지만, 다양한 사고양식, 직관력, 창의성 등을 기르기 위해선 문화적 이해를 바탕으로 한 과학교육이 필요할 것이다.

2) 과학과 문화의 연관성: 범주적 접근

인문주의의 회복을 바탕으로 한 르네상스 시대의 과학적 탐구의 본격화는 자연현상에 대한 과학적 사고와 관점이 기존의 신화적 · 종교적 · 신학적 관점으로부터 독립하기 시작한 것을 의미한다. 다시 말해서 기존의 자연현상이나 인간 사회에 대한 관점, 철학, 상상을 합리적이고 실증적인 시각으로 바꾼 것이 과학적 사유의 시작이었다. A. N. Whitehead는 과학과 종교가 대립관계가 아니라, 종교가 신의 섭리를 통해 정신세계에 의미와 가치를 부여하는 반면, 과학은 자연법칙을 통해 물질세계를 이해하려는 시도라고 주장한 바 있다. 같은 맥락에서 Einstein은 "종교 없는 과학이나 과학 없는 종교는 절름발이"라고 종교와 과학의 상호의존성을 강조한 바 있다(Whitehead, 1978). 즉, 과학은 홀로 설 수 있는 체계가 아니고, 과학적 사유를 가능하게 하는 인간의 경험과 사유의 총체인 철학의 일부분이자, 종교를 포함한 문화의 일부라고 볼 수 있다. 세상의 모든 지식은 결국 인간의 경험과 사유의 총합이라고 볼 수 있는데, 그중 과학자들의 탐구방법에 의해 얻어진 과학적 지식은 전 인류의 지식과 경험의 총합인 문화적 지식의 일부일 수밖에 없다.

과학과 문화의 이분화는 Descartes의 이원론적 사상에 크게 기인한다. Descartes는 신체(body)에 의한 행위(action)와 마음(mind)에 의한 정념(passion)을 구분하고, 인간의 지적 활동을 과학적(scientific)인 것과 예술적(artistic)인 것으로 구분한 바 있다. 여기서 Descartes는 과학적으로 작용하는 지적 활동은 "전적으로 마음의 인지적 작용으로 이루어져 있고", 예술적인 노력은 "몸의 움직임과 경향성(disposition)에 의존한다."라고 주장함으로써, 아래 〈표 3-1〉과 같이 인간 사고에 대한 이원론적 관점을 제시한 바 있다(Glouberman, 1986, p. 51).

〈표 3-1〉 Descartes의 이원론적 관점

Descartes의 이원론	신체(body)	행위(action)	예술적(artistic)	불확실성(uncertainty) 개연성(probability)
	마음(mind)	정념(passion)	과학적(scientific)	확실성(certainty)

위의 이분법에 의해 Descartes는 과학적 진리가 '확실하지 않은(merely probable)' 지식을 모두 제거하는 과정을 통해 얻어질 수 있다고 믿었고, 이러한 태도는 과학자들로 하여금 자신의 연구 분야에 있어서 예술적 불확실성을 통한 접근을 배재하는 태도를 낳게 하였다.

과학이 급속도로 발전한 오늘날에도 인류는 여전히 수많은 불확실성 속에서 살아왔고, 미래에도 여전히 상당한 불확실성을 대비한 채 살아갈 수밖에 없는데, 그러한 불확실성의 문제에 대처하는 것은 과학의 힘만으로 가능한 것이 아니라 과학 이외의 다른 지적 수단들(철학적 · 역사적 · 사회문화적 · 정치경제적 요인들)을 고려하거나 의지하지 않을 수 없다. 즉, 과학이 근대 인류 문명의 형성에 지대한 공헌을 해 왔고, 미래에도 더욱 중요한 역할을 하게 될 것이 확실함에도 불구하고, 실제로 과학적 지식이나 방법론이 세계를 인식하는 수단은 매우 경험적 · 실증적 · 환원론적이기 때문에 인류가 앞으로 맞이하게 될 여러 문제들에 대한 해결책을 과학에만 의존하는 것은 인류의 미래를 준비하는 매우 편협하고 근시안적인 접근일 수밖에 없는 것이다.

과학과 문화의 공조관계를 가장 잘 드러내는 통합적 연구 분야가 바로 인지과학(cognitive science)이다. Sperry는 20세기 후반 과학계의 가장 큰 변혁이 바로 인지혁명(cognitive revolution)인데, 이는 기존 과학계의 귀납적이고 미시적인 인과적 결정론과는 전혀 다른 연역적이고 거시적인 탐구 패러다임으로의 전환이라고 강조한 바 있다(Sperry, 1993). 그런데 이러한 인지과학을 연구하기 위해서는 철학에서부터 심리학, 언어학, 인류학, 인공지능, 신경과학에 이르기까지 광범위한 분야의 이론적 이해와 학문적 통찰을 바탕으로 해야 한다. 아울러 과학적 연구의 새로운 패러다임의 등장은 그동안 과학의 주된 관심사였던 자연현상에 대한 이해뿐 아니라, 사회 및 문화적 현상과 모든 지식의 근원이 되는 인간의 마음에 대한 연구와 이해가 필요하다. 이와 같은 맥락에서 Spohrer와 Engelbart(2004)는 미래 과학연구의 분야를 다음 〈표 3-2〉와 같이 구분하고 있다.

〈표 3-2〉 미래 과학연구 분야의 분류

일차적 체계	이차적 체계(System)	학문 분야
I. 자연계 (Natural systems)	물리계(Physical S.)	물리학, 천체물리학, 나노기술 등
	생명계(Living S.)	생물학, 화학, 동물생태학, 발생학 등
	인지계(Cognitive S.)	인지과학, 심리학, 신경생리학, 아동발달학 등
II. 인공계 (Human-made systems)	사회계(Social S.)	사회학, 언어학, 정치경제학, 문화인류학 등
	기술계(Technology S.)	디자인과학, 인간공학, 바이오닉스 등

위 표에서 나타난 바와 같이 미래의 과학적 탐구 영역에 대한 구분은 기존의 인문사회과학과 자연과학의 이분법이 더 이상 유용하지 않음을 보여 준다. 이처럼 새로운 패러다임에 따른 과학탐구를 위해서는 과학에 대한 기존의 편협한 관점이 아니라, 인지, 사회, 문화 등을 통합적으로 고려한 이론적 및 기술적 접근이 필요하다. 요컨대, 과학과 문화는 서로 구별되는 실체가 아니라, 과학은 문화의 일부이고, 과학이 수행되는 방식은 문화가 실천되는 방식에 크게 의존하고 있으므로 과학발전을 위해서는 문화적 이해에서부터 출발해야 함을 상기할 필요가 있다.

3) 과학과 문화의 연관성: 구인적 접근

그렇다면 과학과 문화의 연결고리를 확인할 수 있는 구체적 요인은 무엇인가? 본 절에서는 이를 문화적 지식의 가장 중요한 요소인 직관/통찰력, 복잡성에 대한 이해, 그리고 집단지성의 차원에서 간략히 논의하고자 한다.

(1) 직관/통찰

Einstein은 "오직 직관(intuition)만이 교감을 통하여 통찰력(insight)으로 이어질 수 있다. 연구의 성과는 면밀한 의도나 계획에서 오는 게 아니라 가슴으로부터 바로 나온다."라고 강조한 바 있다(Einstein & Calaprice, 2000, p. 407). 통찰은 직관보다 오랜 숙고의 시간을 통해 문제를 해결하는 능력이고, 직관은 의식적

합리화 과정을 생략한 채 현상을 파악하는 능력을 가리킨다. 또한, 직관은 감정이 개입될 수 있지만, 언어적 설명을 동반할 필요가 없는 논리와 의식적 사유에서 자유로운 특징을 지니고 있다(McCrea, 2010). 이 직관력과 통찰력은 흔히 좌뇌가 담당하는 논리수학적 · 합리적 능력이라기보다는 우뇌가 담당하는 감성적 · 예술적 · 경험적 능력에 가깝고, 이는 고차원의 사회인지적 기능의 활성화에 의해 획득되어진다고 볼 수 있다. 그런데 과학자들의 창조적 발견이나 새로운 아이디어의 창출에 결정적으로 기여하는 사고능력 중의 하나가 바로 직관력이다. 예를 들어, 과학자들이 당면한 과제에 대해 레버리지 포인트(leverage point)를 어떻게 발견하고 사용하느냐가 그 문제 해결에 결정적인 역할을 하는데, 이러한 레버리지 포인트를 발견할 수 있는 능력이 바로 직관력이고 이 직관력을 활용하여 문제의 원인과 해법을 통찰할 수 있게 되는 것이다.

철학자 Kant가 말한 순수직관 혹은 선천적 직관은 우리의 모든 경험에 전제되어 있고, 우리 자신에 의해 주어져 있는 것을 의미한다. 하지만 단순한 경험의 축적이 직관력을 만들어 낸다고 보기 어렵고, 모든 경험이 많은 사람들이 창조성을 발휘하는 것은 아니기 때문에, 몇몇 학자들은 이러한 직관력의 실체에 대해 의구심을 갖기도 한다. 하지만 다른 한편으론 직관의 생물학적인 근거에 대한 여러 연구는 인간의 직관적 능력의 중요성을 강조하고 있다. 직관력의 특징은 의식적인 분석이나 논리적인 설명이 결여된 채 수행하거나 판단할 수 있는 능력인데, 그러한 직관을 형성하는 가장 큰 원동력이 바로 다름 아닌 경험이다. 다양한 경험 속에서 얻어지는 통찰이 레버리지 포인트로 작용하여 융통성 있는 사고, 창의적 사고, 관계적 사고, 발견적 사고를 가능하게 하고 문제 해결에 기여하는 것이다(Collins & Porras, 1994). 요컨대, 많은 학자들은 연구자의 풍부한 사전 경험과 예술적 감성, 상상력 등이 학문적 탐구에 있어 중요한 구성요소가 되며, 과학적 연구 업적에 영향을 끼칠 수 있다는 점에 동의하고 있다.

(2) 복잡성의 원리

과학에서의 문화 역할은 전통적인 인과법칙에 기반한 고전과학과 복잡성 원리에 기반한 카오스과학으로 대표되는 신과학의 관계에 유비될 수 있다. 혼돈 속의 질서(order in chaos)라고 불리는 카오스이론(the chaos theory)은 무질서하게 보이는 자연현상 속에 복잡성의 원리(the complexity theory)로 설명될 수 있는 질서와 규칙이 존재한다는 것이다(Gleick, 1987). 다양한 자연현상 중에는 Newton의 물리법칙이 작용할 수 있는 거시적이고 인과론적인 현상들이 있는 한편, 고전적 물리법칙만으로는 설명이 불가능한 핵물리학, 기상학, 프랙탈 기하학, 생명발생학 등과 같은 복잡성 과학으로만 설명될 수 있는 현상들이 존재한다(Briggs & Peat, 1989). 지금까지 고전과학의 연구방법론이 자연계에 대한 연구에 적합하게 발전되어 왔다면, 신과학의 연구방법론은 자연계뿐만 아니라 사회현상이나 인간의 삶의 방식에 대한 연구에 꼭 필요한 접근법이 될 수 있다. 즉, 개인과 집단의 다양한 삶의 모습을 바탕으로 다원성, 복잡성, 비합리성, 예측불가능성 등으로 설명할 수 있는 문화는 고전과학적 원리에 위배되는 것으로 이해하기보다는 복잡성이론과 같은 대안적 연구방법을 통해 이해를 모색해야 하는 대상이 되는 것이다.

복잡성이론은 과학의 연구대상이 자연현상만이 아니라는 것과 고전과학의 연구방식만이 절대적인 것이 아니라는 것을 깨닫게 해 주었다. 이로써 우리는 최근에 활성화된 인지과학이나 생명과학 등의 연구를 바탕으로, 기존의 기계론적·선형적 사고방식에서 탈피한 창발적(emergent), 비선형적(non-linear) 사고의 중요성과 복잡계를 설명하는 자기조직화(self-organization), 무산구조(dissipative structure), 혼돈 속의 질서(order out of chaos) 등의 개념으로 인간의 문화를 이해할 수 있는 중요한 이론적 틀을 얻게 되었다. 요컨대, 자연 및 사회 현상의 복잡성과 다원성은 과학적 탐구가 기존의 고전과학의 이론 및 방법론적 관점에서 벗어날 것을 요구하고 있고, 이러한 과학에 대한 새로운 시각, 이론, 아이디어는 결국 인문학적·문화적 지식의 도움에 의지할 수밖에 없는 것이다.

(3) 집단지성

앞 절에서 논의한 바와 같이, Descartes의 이원론이 근대과학의 발전에 크게 기여하였지만, 앞으로의 과학발전은 그 근본적 한계를 극복함으로써 이루어질 수 있다. 실제로 과학과 예술은 단순히 확실성과 불확실성으로 이분화될 수 있는 것이 아니며, 지금까지 여러 분야에서 창의성의 발현은 과학적 접근과 예술적 접근의 융합 속에서 이루어져 왔다. 하지만 Descartes의 이원론이 갖는 또 다른 한계는 바로 사고하는 지적 존재로서의 인간을 지나치게 개인화(individuation)한 것이다(Flynn, 1983). 그로 인해 오늘날 우리는 예술이나 과학에서의 성취를 지나치게 개인의 천재적 능력의 차원에서 이해하려는 경향이 우세하지만, 사실 과학적 발견이나 예술적 창조는 반드시 개인적 사고와 공동적 사고의 결합을 요구한다.

창의성에 영향을 미치는 이러한 조직적 혹은 문화적 요인을 주로 연구하는 분야가 시스템적 사고(systems thinking)이다(Csikszentmihalyi, 1988). 시스템적 사고는 기본적으로 발명이나 혁신을 개인적 능력의 문제로 강조하는 엘리트주의에 의존하지 않고, 시스템을 구성하는 복합적 요인, 즉 조직이나 제도, 교육과 훈련에 의해 충분히 이루어질 수 있다고 본다. 결국, 창의성의 발현은 순수한 개인적 천재성에 의존한 것이라기보다는 문화, 조직, 교육 등의 힘에 크게 의존하고 있음을 간과해서는 안 될 것이다.

이처럼 인간의 지적 탐구나 사고의 확장은 개인적 성취 차원에서만 이해할 것이 아니라, 문화 공동체의 집단지성(collective intelligence)의 차원에서 이해할 필요가 있다. 이러한 집단지성을 이루는 가장 중요한 요소가 협력(collaboration)과 공유적 사고(distributed mind)인데, 그러한 사고력의 훈련은 바로 문화적 지식(cultural knowledge)에 의해 이루어진다. 따라서 과학적 지식을 얻는 과정에서 탐구적 사고, 가설 설정, 패턴 인식, 예측가능성, 논리 및 분석력 등이 필요하다면, 문화적 지식을 습득하는 데에는 비판적 사고, 이해력, 변칙성 인식, 감성 및 심미안, 즉흥적 대처, 경험의 공유 등이 중요한 역할을 할 것이다. 요컨대, 위와 같은 과학적 지식과 문화적 지식이 유리된 것이 아니라, 광범위하게 축적된 문화의 지식 속에서 과학적 지식이 나올 수 있는 것이고, 그러한 문화적 지식이 직관이나 통찰력, 복잡성 원리의 수용, 창의성의 발현에 기여함으로써 과학적 지식의 습득에 기여하게 된다는 것이다.

2. 다문화 과학교육과 다문화적 창의성

1) 다문화 과학교육의 방향성

(1) 다문화적 과학지식의 범주

현대과학은 크게 순수과학과 응용과학으로 나누거나, 경성과학(hard science)과 연성과학(soft science) 등으로 구분된다. 일반적으로 경성과학의 대표적인 학문은 물리학이나 화학 등이고, 나머지는 그 정도에 따라 자연과학과 인문학의 경계선상에 있는 생물학, 인류학, 심리학 등과 사회과학의 학문 분야들이 연성과학으로 분류되기도 한다(Wilson, 2012). 모든 학자들이 이러한 구분에 동의하지는 않지만, 전적인 경성과학으로 구분되는 물리학과 화학을 제외한 대부분의 연성과학 범주에 있는 학문 분야는 다문화 과학교육의 논의대상이 된다고 볼 수 있다.

아울러 문화와 관련된 지식 혹은 연구의 범주화는 문화 연구(culture studies)와 문화적 연구(cultural studies)에 대한 대조를 통해 시도해 볼 수 있다. 우선 문화 연구는 문화 자체를 하나의 이론적 축과 해석적 틀로 삼아 과학교육을 실천하려는 접근으로, 다양한 문화들 자체가 갖는 요인들과 교차문화적 상호작용이 과학에 미치는 역할에 관심을 갖는다. 한편, 문화적 연구(cultural studies)는 한 사회의 불평등한 구조와 구성원들의 불평등한 자원에의 접근성을 인식하는 것으로, 매우 규범적이고 정치적인 요소를 갖고 있다(During, 1993). 문화적 연구는 역사경제학적 측면(Marxism), 비판이론(Frankfurt 학파), 사회 내의 권력작용(Foucault 이론), 탈근대담론(postmodernism), 후기식민주의이론과 연관성이 있으며, 다른 여러 사회과학적 연구의 이론적 틀 역할을 한다. 따라서 문화적 연구의 입장에서 다문화 과학교육은 근대과학과 현대 문명의 토대가 되는 서구문화와 그 과학적 산물에 대한 비판과 더불어 그것을 토대로 한 과학 문명이 현대인의 삶에 어떤 불평등, 차별, 미래 사회의 왜곡을 야기시키는가를 비판하는 것이다.

언뜻 보기에 '과학'의 영역에서 벗어난 듯 보이는 이 문화적 연구의 역할은, 앞서 논의한 바와 같이 현대과학이 서구문화의 한 산물이라면 이러한 서구중심주의에 기반한 과학적 연구의 편협성과 한계를 극복하기 위한 보완적 영역의 역할에 있다. 문화적 연구는 특히 서구중심주의적 과학이 집대성해 놓은 자연과 사회에 대한 오늘날의 지식체계가 갖는 사회적 지배력에 의문을 제기하고, 사회 속에서 과학적 지식에 대한 불평등한 접근성도 비판하며, 이러한 서구적 과학이론 중심으로 구성된 과학 교과서나 과학교육에의 접근에 있어서의 불평등성을 비판함으로써 과학적 연구 및 과학교육의 진정한 방향이 무엇이 되어야 할 것인가에 대한 의미 있는 시사점을 제공해 주는 역할을 하는 것이다. 이상에서 설명한 다문화 과학교육의 논의 범주는 다음 [그림 3-2]로 정리할 수 있다.

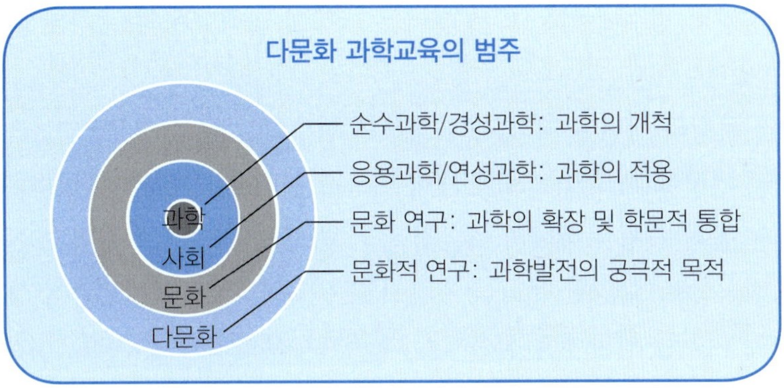

[그림 3-2] 다문화 과학교육의 개념 범주

[그림 3-2]가 보여 주듯이, 다문화 과학교육은 과학적 연구를 개척하는 순수과학/경성과학의 역할을 출발점으로 하여, 과학이 인간 및 사회에 기여하는 방향을 모색하는 응용과학/연성과학의 역할을 포용한다. 다문화 과학교육의 지식은 순수/경성과학의 이론과 실제들을 기반으로 하되, 그것이 적용되는 사회에 대한 고려를 통해 응용/연성과학적 측면을 포괄하고 있는 것이다. 아울러 문화 연구와 과학과 문화의 접목을 통해 과학적 연구 및 통찰의 영역을 확대하여 타 학문과의 통합적 이해를 도모하는 것이다. 마지막으로, 문화적 연구를 기반으로 과학이 궁극적으로 인류를 위해 기여할 수 있도록 다문화 과학교육은 사회 공동체 속에서의 문화 간·집단 간 조화와 공존의 방향을 모색하는 것이다.

위와 같은 구분을 바탕으로 다문화적 과학 지식이 과연 어떠한 형태를 띠는가에 대한 구체적인 사례를 살펴보기 위해서는, 앞서 논의한 바와 같이 과학에 대한 기존의 편협한 관점에서 탈피할 필요가 있다. 20세기 중반까지만 해도 과학의 발전은 생물학과 화학의 분리, 물리학과 지구과학의 분리로 대표되는 분과적 접근을 통해서 이루어져 왔다. 하지만 21세기에 접어선 오늘날 과학에 대한 통합적 접근, 신과학(new science) 및 복잡성이론의 출현, 정보통신기술의 발전, 바이오공학의 발전 등으로 인해 전통적 과학의 학문 구분에서 완전히 벗어나 과학에 대한 융합적이고 통합적 관점이 필수가 되었다. 아울러 이러한 과학의 통합적 접근은 문화적 지식의 도움을 받지 않을 수 없게 되었고, 그렇게 관심을 얻게 된 것이 최근의 융합적 과학기술 연구인데, 이를 정리해 보면 다음 [그림 3-3]과 같다.

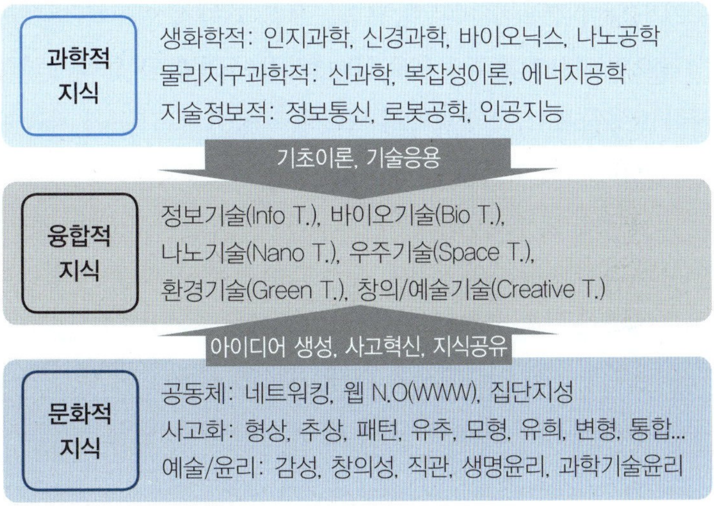

[그림 3-3] 과학적 지식과 문화적 지식의 융합

요컨대, 위와 같은 오늘날 최첨단의 융합적 기술의 탄생은 외면적으로 과학적 지식이나 기술만을 바탕으로 만들어진 것으로 보이지만, 그 내면에는 집단지성과 같은 지식 생성과 공유 차원에서의 집단성, 다양한 사고화 방식의 기초가 되는 문화의 영향력, 창의성의 원동력이 되는 예술적 감성 및 윤리적 태도 등의 문화적 지식을 기반으로 하고 있다. 이러한 문화적 지식에서 아이디어가 생성되고, 혁신적 사고가 창출되며, 지식이 공유됨으로써 다양한 융합적 기술들이 만들어질 수 있는 것이다.

(2) 다문화 과학교육을 위한 탐구방식

과학적 탐구방법에 대한 교육이 이루어진 지난 100여 년간 과학적 탐구는 관련 개념 자체에 대한 숙고보다는 가설에 대한 검증에 초점을 맞춤으로써, 학생들이 내용 지식의 이해보다는 물질을 다루는 기법에 집중하였고, 그에 따라 과학적 지식에 대한 인식론적 틀을 형성하는 데 어려움을 갖게 되었다. 즉, 자연 및 인간에 대한 깊이 있는 이해를 기반으로 한 인식론적 틀을 갖추지 못하고, 실증주의 및 환원론적 태도로 대표되는 과학적 방법론에 대한 훈련에만 몰두

하게 된 것이다. 이는 과학적 탐구란 무엇인가에 대한 두 가지 상반된 태도, 즉 문화적 물질주의(cultural materialism)와 과학지식 사회학(Sociology of scientific knowledge)에 대한 대조를 통해 잘 이해할 수 있다.

문화적 물질주의와 과학지식 사회학

문화적 물질주의(Harris, 1964)는 문화를 단순히 사람들의 마음속에 있는 내용이 아니라 측정될 수 있는 행동의 패턴들로 구성된다고 보고, 전인류(pan-human)의 문화적 양식에 대한 보다 과학적인 이해를 위한 하나의 연구방법론으로 제안된 것이다. 따라서 문화적 물질주의는 사회 속의 어떤 현상의 본질을 이해하기 위해 관찰 가능하고 수량화할 수 있는 존재(entities)와 사건(events)에 초점을 맞추어, 반복 가능한(replicable) 검증 작업을 활용하여 그 본질을 탐색하고자 하였다.

과학지식 사회학의 입장은 과학이 본질적으로 보편적 지식을 다루는 것이라는 가정에 도전하여, 자연 및 사회현상에 대한 인류의 지식은 기본적으로 지역적이고 문화적인 이해에 토대하고 있다고 본다. 이러한 입장에서 학자들은 과학적 지식이 전 지구적으로 확장되어 가는 방식에 있어서 관여했던 물질적·문화적 수단들에 대해 연구하기 시작했고, 이것이 민속방법론(ethnomethodology)이나 상징적 상호작용이론(symbolic interactionism), 과학적 지식을 구성함에 있어서 사회적 행위자로서 인간의 역할에 초점을 두는 구성주의(constructivism) 이론으로 발전하였던 것이다 (Golinski, 2008).

요컨대, 문화적 물질주의는 과학적 탐구를 에틱(etic)의 관점, 즉 객관화·보편화를 바탕으로 한 현상에 대한 인식을 고수하는 것인데, 이러한 관점은 이후 언어학자인 Pike(1967)의 이론화에 힘입어, 내부 구성원 자신들의 삶과 그들의 세계 자체에 기반한 이해(emic)와 그들을 묘사하고 이해하고자 하는 외부 관찰자로서 인류학자들의 범주화에 따른 이해(etics)를 구분하는 개념적 틀이 되었다. 반면, 지식의 사회학은 그러한 현상을 인식하는 인간 주체, 지식의 구성, 지식이 형성되고 소비되는 방식에 있어서의 사회문화적 맥락을 고려한 지식의 주관성, 특수성을 감안한 에믹(emic)의 관점을 취하는 것이다. 사실상

Kuhn(1962)의 과학혁명 구조에 대한 '패러다임'의 개념도 결국은 지식(과학) 공동체가 갖는 인식의 구조가 사회적 이해의 패러다임에 구속된다는 주장인 것이다.

그런 의미에서 Golinski(2008)는 학교에서 다루어지는 과학적 지식이나 탐구 방식도 지구상에서의 인류의 역할에 대한 기술적·과학적 이해이고, 인간의 몸과 마음은 탐구의 대상이자 과학적 실천의 (문화적) 도구라고 보았다. 따라서 그는 과학으로 대표되는 탐구 대상으로서의 자연과 문화로 대표되는 탐구 주체로서의 인간이라는 두 축의 호혜적(reciprocal) 관계에 주목하였던 것이다. 결국, 과학을 탐구하는 것은 그 대상이 되는 자연에 대한 이해뿐만 아니라, 탐구 주체로서의 인간의 경험과 인식구조의 총체인 문화를 바탕으로 하지 않을 수 없는 것이다.

그렇다면 위와 같은 에믹적 관점에 기반한 다문화 과학교육 탐구의 구체적인 방식은 무엇인지 크게 세 가지 차원에서 논의해 보자.

① 사고의 틀 깨기: 과학교육은 기존의 비과학적 시각을 넘어서는 것과 동시에 과학의 신화를 깨는 이중적 과정을 포함한다. 이는 과학만능주의, 엘리트주의, 환원주의와 같은 신화들에 도전하는 것을 의미한다. 과학만능주의는 과학적 접근만이 진리를 파악할 수 있다고 보는 시각이며, 엘리트주의는 소수의 재능 있는 개인이 과학적 발견을 주도한다는 생각이다. 환원주의는 복잡한 현상을 단순한 부분으로 분해하여 이해하려는 사고방식을 말한다. 과학교육은 이러한 한계를 넘어서 일상적 세계와 과학적 세계를 연결하는 방식으로 진행되어야 한다.

② 언어 및 사고방식 습득: 과학교육은 과학의 언어와 사고방식을 배우는 과정이다. 이 과정에서 학생들이 자신의 모국어를 활용하는 것이 중요하다. 모국어를 통한 학습은 과학적 개념 이해에 효과적이며, 학생들이 자신의 문화적 배경과 경험을 통해 과학을 이해하고, 자신의 세계에 의미를 부여할 수 있도록 돕는다.

③ 과학 공동체 참여: 과학교육은 학생들을 과학의 언어로 소통하는 공동체에 참여시키는 과정이다. 이는 사회적 과정으로, 학문의 탐구와 체계화는 지적 공동체에 의해 이루어진다. 최근에는 집단지능의 개념을 통해 지적 성취가 소수 엘리트에 의한 것이 아니라 공동체적 노력의 결과임을 인식하게 되었다. 따라서 과학교육은 독립적 연구자로서의 훈련보다는 협동적 연구자로서의 훈련을 강조해야 한다.

위와 같은 다문화 과학교육의 접근은 과학의 다양성과 포용성을 증진시키고, 학생들에게 자신의 문화적 배경과 연결된 과학적 이해를 제공해 줄 것이다.

(3) 다문화 과학교육의 실천

이제 다문화 과학 수업에 필요한 환경과 교사의 역할은 무엇인지 논의해 보자. 지금까지의 과학 수업에서는 학생들이 과학을 배운다는 것이 유럽중심(Eurocentric), 인류중심(Anthropocentric)의 우주관과 인식론의 방식에 동화되는 것을 의미했다(Barba, 1993). 인류중심주의란 자연환경이 인간을 위해 존재한다고 믿으며, 자연을 개발과 이용의 대상으로만 바라보는 것인데, 이에 기반한 과학관은 이미 그 효용성을 상실했으며, 자연과 인간, 환경에 대한 대안적 가치와 접근이 요구되고 있다.

따라서 다문화 과학 교실에서도 자연관에서는 유럽중심 및 인류중심주의로부터 탈피하고, 문화적 동화(acculturation: 대체적 접근)가 아닌 문화적 적응(accommodating: 보완적 접근)에 기반한 교수학습 방식이 요구되고 있다(Lambert, 1975). 동화의 과정에서는 자신의 기존 문화의 상실이 일어나는 반면, 적응의 과정은 자신의 문화적 유산을 유지한 채 새로운 문화들과의 소통을 통해 복합적인 문화환경에서 보다 잘 기능하는 것을 목표로 한다. 이를 위해선 무엇보다도 학생들이 자신의 언어와 문화에 대한 긍정적 정체성을 가질 수 있도록 가정, 학교 및 사회에서 다문화에 대한 긍정적인 환경이 마련되어야 한다.

Pugh(1990)는 과학 및 과학교육과 관련한 개념들이 특정 문화적 관점만을 바탕으로 이루어져서는 다문화교실의 모든 학생들의 삶의 경험들에 직접적으로 연관 지을 수 없음을 강조한다. 따라서 과학 수업을 역사적 · 사회적 · 다문화적 맥락에서 구성하기 위한 방략으로 첫째, 과학교육과정을 비서구문화에서의 과학적 진보 사례들에 관련지어서 개발하거나 서로 다른 문화들 속에서의 과학지식을 비교하는 방법, 둘째, 다문화 학생들이 가진 다양한 문화, 언어, 다문화적 맥락에서 오는 지식과 경험을 활용하여 학습을 고무하고, 셋째, 학생들의 다양한 관점이 학교문화 전체 차원에서 활동 기반이 되도록 하는 것이 필요함을 강조하고 있다.

따라서 과학교사의 역할은 앞 절에서 과학교육이 과학의 언어를 배우고, 과학 커뮤니티에 참여하는 것이라고 강조했던 것처럼, 과학의 언어로 학생들과 소통하는 것이 기본이 되어야 한다. 그런데 다문화적 교실에서 교사가 모든 학생과 적절하게 소통하기 위해서는 다음과 같은 사항을 유의해야 한다.

첫째, 교사는 과학 수업을 맥락기반적 의사소통을 중심으로 이끌어 갈 필요가 있다. J. Cummins는 교사의 의사소통방식을 맥락-기반적(context-embedded) 대 맥락-소거적(context-reduced) 의사소통으로 구분한 바 있는데(Cummins, 1981), 맥락기반적 의사소통을 활용하는 과학 수업은 어떤 과학적 현상을 이해함에 있어서 다양하고 다감각적인 경험에서 의미를 발견하고 협동적인 집단과 작업해 나가는 경우에 잘 어울린다. 즉, 맥락기반적 교실에서 공부하는 학생들은 단순히 추상적 어휘에 숙달하기 위한 것이 아니라, 개념학습이 강조되는 방식으로 과학을 탐구하는 기회를 얻게 되는 것이다.

둘째, 교사는 학생들의 상이한 문화적 배경에 대한 민감성을 길러야 한다. 다문화교실에서는 주류 사회와 다른 문화적 규범을 가진 학생들이 포함되어 있는데, 교사는 그러한 소수문화 학생들의 문화, 관점, 태도 등에 대한 사전이해와 적절한 전략이 필요하고, 학생들의 상이한 학습스타일에 따른 다양한 수업 구성 및 수업방식을 준비해야 한다. 이를 위해선 비록 그 효과성이 확실히 검증되어 있지 않더라도, 선행연구 및 실천사례 검토 후에 적절한 소재와 방법론을 찾아내어 다문화의 특성을 고려한 수업방식을 시도해 볼 필요가 있다.

셋째, 다양한 문화적 배경을 가진 학생들로 구성된 다문화교실은 과학교사에게 부가적인 도전과제가 될 수밖에 없는데, 이러한 다문화교실의 문화적 불일치(cultural incongruence)는 과학교육의 의미 있는 자산으로 받아들일 수 있어야 한다. 예를 들어, 영(nothing) 개념의 발견, 진공이론, 양자역학, 흑체복사, 블랙홀, 복잡성이론, 끈이론(String Theory) 등과 같은 과학계의 중요한 발견 등은 모두 기존 사고의 틀을 넘어서는 사유와 실험을 통해서 이루어진 바 있다(Barrow, 2003).

넷째, 과학교사는 학생들의 과학적 지식이 그들이 삶의 문화와 상호작용하고 모든 경험으로부터 의미를 탐색하는 것과 밀접한 관련이 있다는 것을 명심해야 한다. 따라서 그들의 토착지식(indigenous knowledge)이나 독특한 세계관, 그들의 토착문화적 경험들을 어떻게 과학교육의 자원으로 활용할 수 있을지 고민해 봐야 하는 것이다.

요컨대, 다문화 과학 수업은 인류중심 및 유럽중심주의에서 벗어나 보편적 진리로서의 과학보다는 문화적·상대적 관점에서 과학을 바라보는 시각을 바탕으로 해야 하고, 아울러 교사의 의사소통방식, 문화적 차이에 대한 민감성, 문화적 불일치에 대한 개방적 태도, 토착지식의 이해와 활용 등이 다문화 과학교육의 성공에 중요한 역할을 한다는 것을 명심해야 한다.

2) 다문화적 창의성

다문화적 경험이 창의성에 어떤 영향을 미칠 수 있을지 이해하기 위해 창의성 개념이 어떻게 이론적으로 범주화되어 왔는가를 간략히 정리해 보자.

(1) 창의성 개념의 변화

일반적으로 창의성은 무엇인가 새롭고 유용한 것을 만들어 내는 과정이라는 것(Sawyer, 2006; Sternberg & O'Hara, 1999; Amabile, 1996)과 그 과정이 무의식적이면서도 설명하기 어려운 수준에서 갑작스럽게 생성될 수 있는 통찰을 포함하는 현상이라는 것에 많은 학자들이 동의하고 있다. 또한, 창의성은 관습에서 벗어난 사고를 통해서 확실성보다는 가능성에 집중하는 것이고, 창의적 결과뿐 아니라 창의적 과정, 즉 창의적 아이디어를 산출해 내기 위한 유창성, 융통성과 같은 사고과정과도 깊은 관련이 있다(Friedman & Förster, 2001). 창의성 연구자들은 이러한 창의성에 대한 기본적 인식을 기반으로 창의성의 심리학적 요인을 개인적 특성, 감정, 인지, 동기 등에서 찾아왔던 것이다(Amabile, 1996; Csikszentmihalyi, 1996; Sawyer, 2006).

Sternberg와 Lubart(1999)는 창의성 연구의 흐름을 세 단계로 나눈 바 있다. 첫 번째 흐름은 1950~1960년대의 인성적 접근으로 특별한 재능을 지닌 개인들의 특성(personalities) 차원에서의 연구인데, Taylor(1959)가 창의성을 표현적(expressive), 생산적(productive), 창조적(inventive), 혁신적(innovative), 창발적(emergentive) 창의성으로 구분한 것이 그 대표적인 예이다. 두 번째는 1970~1980년대의 인지적 접근으로, 개인들이 창조적 행위를 수행할 때 동반되는 내적 정신과정을 인지심리학적 접근으로 설명하며 창의성을 정의하였다. 세 번째, 1980~1990년대에는 간학문적 접근을 바탕으로 창의적 사회시스템(사회문화적 맥락 속에서 사람들의 집단의 창의성 발현)을 연구하는 사회문화적 접근이었다. 하지만 지금까지의 창의성 연구가 위와 같이 지엽적이고 계파적으로 연구되어 왔다는 한계 때문에 창의성에 대한 다학문적 이해가 부족했다는 지적을 받았다.

그러던 중 2000년대에 들어서면서 창의성에 대한 새로운 분류학적 접근이 시도되었다. 예를 들어, Kaufman과 Beghetto(2009)는 창의력을 2수준으로 나누어 미시적 창의성(mini-c: 아이들이 최초로 무언가를 발견할 때 생기는 학습의 과정에 내재된 창의성)과 전문적 창의성(pro-c: 전문가들이 창의적 영역에서 그 영역을 초월하는 수준)으로 구분하기도 하였고, Feldman과 Benjamin(2006)은 창의성 성과를 기준으로 한 세 가지 수준, 즉 고수준(High C) 혹은 위대한 창의성(Big C), 중간 수준(middle C) 혹은 전문적 창의성(Pro C), 기초 수준(low C) 혹은 소소한 창의성(little c)으로 구분하기도 하였다. 또한, 창의력 연구를 산출(product) 창의성(참신하고 적절하다고 판단되는 산출물에 대한 연구), 개인

(person) 창의성(창의적인 개인의 특성이나 창의력과 관련된 개인 유형), 과정(process) 창의성(창의적인 작업이나 사고과정에서 일어나는 과정), 동인(press) 창의성(창의력을 촉진하는 사회문화적 맥락들)의 4가지 상이한 차원으로 구분한 연구도 있다. 아울러 최근의 창의성 연구 경향은 신경심리학을 기반으로 한 뇌과학(neuro-science)적 접근의 갈래와 유추창의성과 같은 융합심리학적 연구가 진행되고 있다.

(2) 창의성에 대한 인지적 접근

세계화와 개방화에 따라 순혈적인 사회에서 급속하게 다문화·다인종화되어 가는 오늘날의 사회구조 속에서 다문화적 인식에 입각한 창의성 연구는 창의성 연구의 새로운 연구 분야로 학계의 관심을 끌고 있다. 다문화적 창의성에 대한 연구의 이론적 기반은 창의성에 대한 인지적 접근이다(Amabile, 1996; Wan & Chiu, 2002). 이 접근의 핵심 주장은 창의적 사고가 일상적 과업수행에 작용하는 인지 과정과 특별한 차이가 없기 때문에 누구나 일상적 인지 과정을 효과적으로 활용한다면 뛰어난 창의적 결과를 얻을 수 있다는 것이다(Finke et al., 1992).

창의적 인지 접근은 창의적 사고가 두 가지 인지적 과정, 즉 생성적(generative) 과정과 탐색적(exploratory) 과정을 거치며 이루어진다고 가정한다(Finke et al., 1992). 사람들은 우선 생성적 과정을 통해 창의적 가능성을 가진 아이디어 후보들을 생성해 내기 위해 관련된 정보를 적극적으로 추출하거나 탐색한다. 생성적 과정을 효과적으로 수행하기 위한 전략 중 하나는 겉보기엔 무관한 개념들의 특성을 기존 개념에 추가하여 개념 범주를 넓히는 개념적 확장(conceptual expansion)을 들 수 있다(Wan & Chiu, 2002). 예를 들어, 사회인지적 관점에서 Chen과 Andersen(1999)은 전이(transference: 무의식적으로 한 사람의 감정을 다른 사람의 감정으로 전환하는 것)를 새로운 심리학적 구조로 제안하면서, 새로운 아이디어가 기존의 아이디어 범주에서 벗어나 생성되는 현상이 창의성의 한 측면이라고 주장하였다. 다음으로 탐색적 과정은 생성적 과정을 통해 산출된 후보 아이디어를 철저히 검증하면서 최종 아이디어를 선택한 후, 다음 단계인 교정(modification), 정교화(elaboration), 변형(transformation)의 과정을 거쳐 최종적으로 창의적 아이디어가 만들어진다고 본다.

요컨대, 이러한 창의적 인지 접근의 관점은 일상적 과업수행에 영향을 미치는 요인으로서의 다문화적 경험이 어떻게 창의성 발현과 관련될 수 있을 것인가에 대한 인식론적 논의를 촉발시키고 있다.

(3) 다문화 경험과 창의성의 관련성

문화는 관습화되고 학습된 습관들로, 사회 속 개인들로 하여금 사회적 행위를 수행하게 한다(Chiu & Hong, 2006). 반면, 문화는 역사적으로 누적된 관행적 사고의 틀을 가지고 있어서 그 문화에 몰입되고 익숙해진 관습과 시각 때문에 개인들이 창의성을 발휘하는 것을 방해하기도 한다(Ward, 1994). 이러한 문화의 이중적 성격은 다문화적 경험이 창의성에 미치는 효과에 있어서도 마찬가지이다. 한 개인이 다양한 문화를 접하고 경험하게 되면 그러한 생경한 경험들을 통해 새로운 관점과 삶의 방식, 참신한 사고의 원천을 경험하게 되기도 하지만, 반면 새로운 문화적 경험이 낯섦, 불안, 문화 충격, 친숙한 것들의 부재로 인한 혼란 등을 겪기도 한다(Ward, Bochner, & Furnham, 2001). 이와 같은 문화적 경험이 갖는 이중적 성격에도 불구하고, 새로운 것을 경험한다는 것이 가지는 잠재적 효과와 그 의의를 생각한다면, 우리는 다문화적 경험이 갖는 긍정적 효과를 탐색하는 일에 집중할 수밖에 없다.

문화의 정의가 상호연결된 개인들에 의해 생성되고 재생산되어 유연하게 조직되는 아이디어와 행위들의 집합이라면, 다문화적 경험은 다양한 문화들의 구성원들 및 요소들이 대면하고 상호작용하는 직간접적인 경험들이라고 정의될 수 있다(Chiu & Hong, 2007). Leung, Maddux, Galinsky와 Chiu(2008)는 이러한 다문화적 경험은 다음과 같은 측면에서 창의성 개발에 기여할 수 있다고 보았다.

- 다양한 문화적 경험을 통해 창의적인 사고 확장이 가능하다.
- 다문화적 생활은 동일한 행동의 문화적 중의성을 이해하게 한다.
- 다른 문화의 경험은 비관습적인 지식과 열린 태도를 갖게 한다.
- 다문화적 경험은 심리적 개방성을 증진시킨다.
- 외국 문화와의 상충된 가치 해결 경험은 복잡한 문제 해결 전략 개발을 돕는다.

이러한 다섯 가지 요인이 창의성 발휘에 기여하는 효과에 대해 이미 많은 연구들이 이루어져 왔다. 문화적 불일치 경험이 갖는 효과에 대한 연구를 예로 들면, 다양한 문화에 노출된 사람들은 표면적으로 상이한 아이디어를 각각의 문화에서 추출하여 그것들을 새로운 방식으로 비교하거나 통합할 수 있는 능력을 발휘하고(Chiu & Hong, 2005), 보다 높은 창의성은 바로 그러한 상이성 속에서 공통성을 발견하거나 유사성 속에서 독특한 사고를 이끌어 내는 능력이라는 연구결과들이 이를 강조하고 있다. 이는 특히 지식이나 학문적 구분을 넘어선 융합적 사고가 창의적인 문제 해결에 큰 도움이 된다는 주장에 의해서도 확인되고 있다(Guimerà, Uzzi, Spiro, & Amaral, 2005).

3. 메타버스 환경에서의 창의성

1) 메타버스의 이해

메타버스는 가상현실(VR), 증강현실(AR), 3D 홀로그램, 인공지능(AI) 등 최첨단 기술을 기반으로 한 가상 세계를 가리키며, 사용자들이 그러한 가상 세계 속에서 다양한 형태의 디지털 아바타를 통해 상호작용하며 경험하는, 현실과 가상이 융합된 세계이다. 메타버스에는 다음과 같은 종류가 있다.

- 가상 세계 메타버스: 사용자가 아바타를 통해 가상 세계에서 다양한 활동

을 하는 형태로서, '세컨드 라이프'와 같은 플랫폼이 여기에 속한다.

- 증강현실 메타버스: 현실 세계에 가상의 요소를 더하는 방식으로, '포켓몬 고'와 같이 현실 세계에 가상의 캐릭터나 객체를 통합하는 게임이 그 예이다.
- 게임 기반 메타버스: '포트나이트'나 '로블록스'와 같은 게임 플랫폼이 이 범주에 속하며, 게임 내에서 다양한 사회적 상호작용과 이벤트가 진행된다.

이러한 메타버스 속에서 사용자들의 경험은 다음과 같은 성격을 갖는다.

- 상호작용성: 사용자들이 아바타를 통해 서로 소통하고, 가상 공간에서 사회적 상호작용을 할 수 있다.
- 경제 시스템: 가상 세계 내에서 자체적인 경제 시스템을 갖추고 있으며, 가상 화폐를 사용하여 거래를 할 수 있다.
- 가상/증강현실: 현실감 넘치는 경험을 제공하기 위해 VR과 AR 기술을 활용한다.
- 사용자 생성 콘텐츠: 사용자들이 자신만의 콘텐츠를 만들고 공유할 수 있는 기능이 포함되어 있다.

이와 같이 메타버스의 등장은 창의성이 발현될 수 있는 공간을 현실 세계에서 가상 세계로 확장시키는 효과를 가져오고 있다.

2) 메타버스에서의 경험과 학습

메타버스에서의 경험이 가상 경험(virtual experience)이라고 불리지만, 실재로 현실과 가상은 완벽하게 구별되지 않는다. 즉, 포스트현상학 관점에 따르면, 인간의 경험과 세상을 배우는 방식이 점점 디지털화, 네트워크화되어 가고 있고, 심지어는 사고와 의식도 디지털화될 수 있다. 최근 디지털 세상에서는 사람들의 마음(생각과 감정), 표현과 정체성이 디지털 기기를 통해 네트워크 환경에 접속하여 타인과 소통하고 정보를 교환하는 것이 일상화되고 있다(Conti, Passarella, & Das, 2017). 따라서 가상 공간에서의 경험도 의미 있는 삶의 일부, 즉 실재(real)라고 볼 수 있는 것이다. 그런 의미에서 가상 경험은 가짜(fake)가 아니기 때문에 생태적(natural) 공간과 디지털(digital) 공간으로 칭하는 게 더 타당하다.

오늘날은 메타버스에서의 학습이 일상적이 되어 가고 있다. 아래 그림처럼 현대인은 점점 종이책보다는 전자책, 혹은 디지털 환경 속에서 정보를 생성하고 공유하고 있다.

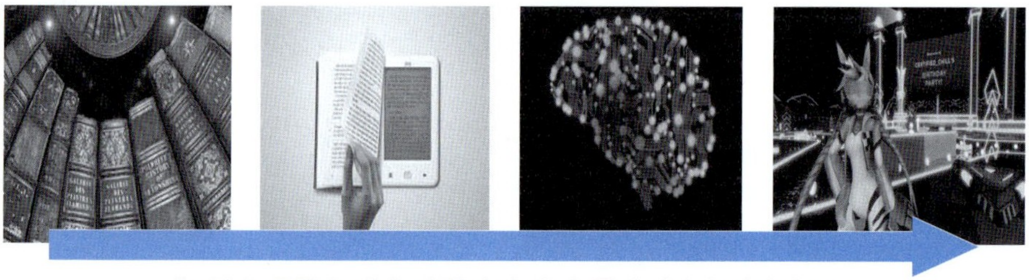

[그림 3-4] 학습 매체 및 환경의 변화: 종이책에서 메타버스로

위와 같은 변화에 발맞추어 메타버스에서의 학습 성격을 네트워크 학습, 피드포워드 학습, 시뮬레이션 학습의 세 가지 특성을 통해 알아보자.

(1) 네트워크 학습

메타버스를 가능하게 한 인터넷을 대표로 하는 디지털 환경에서의 학습을 총칭하여 네트워크 학습이라고 부를 수 있다. 네트워크 학습은 학습에 관여하는 사람, 사물, 기술, 아이디어 혹은 개념 등과 같은 모든 존재가 네트워크 내의 상호의존적인 관계성 속에서 각자 동등한 역할을 수행하며 학습하는 것을 의미한다. 오늘날과 같은 기술적 사회에서는 기존의 개별적 인지주의 학습보다는 다음 [그림 3-5]와 같이 분산적 학습의 원리가 더 중요한 역할을 한다.

인지주의 학습이론
(1970's 정보처리이론)
→ 인간 메모리 능력의
한계성에 기반한 이론

⬇

분산지능
기억의 확장
검색 엔진
빅 데이터
네트워크 학습
신경망 학습

⬇

연결주의

- George Miller(1956): "매직 넘버 7, 즉 +/−2"
- Newell & Simon(1959): "General Problem Solver(GPS)"
- Atkinson & Shiffrin(1968): "단기기억과 장기기억의 이중 저장 모델"

[그림 3-5] 인지주의 학습이론에서 네트워크 학습이론으로

인지주의 학습이론은 1970년대 컴퓨터가 막 개발되기 시작한 시절의 정보처리이론을 바탕으로 하여, 학습자 개인의 메모리 능력의 한계성에 기반하여 고안된 이론이다. 하지만 오늘날은 학습자 개개인이 자신의 두뇌에 교과서와 같은 고착된 지식을 저장하는 방식의 학습법 이외의 다양한 경험과 학습의 환경과 매체들이 즐비하다. 분산지능(distributed intelligence) 혹은 집단지성(collective intelligence)을 활용하여 인터넷의 방대한 지식과 빅 데이터들을 다양한 매체들을 통해 학습하고 처리할 수 있는 방법이 넘쳐난다. 그 대표적인 예가 바로 네트워크 학습이론이다.

네트워크 학습은 다음 세 가지 교수학습의 원리를 통해 촉진될 수 있다.

① 비선형적(non-linear) 학습 로직을 바탕으로 유연하고 융통성 있는 학습경로를 제공해 줄 수 있다.

② 데이터 용량과 정보처리 속도의 증가로 인해 다양식적(multi-modal: 시각, 청각, 촉각, 공감각 등) 정보와 경험들을 통해 효과적으로 학습할 수 있다.

③ 학습의 기본 동력이 내용(content, message) 중심보다는 그 내용을 어떤 매체나 수단에 의해 주고받느냐의 문제가 점점 중요해지고 있는데, 이를 매

개적 학습(mediated learning)이라고 한다.

즉, 위와 같은 세 가지 네트워크 학습 원리를 통해 학습자는 창의력을 더욱 증진시킬 수 있고, 그에 따라 보다 창조적인 학습 결과를 양산할 수 있다. 정리하자면, 네트워크 학습의 원리는 모든 존재가 상호연결되고, 능동적으로 관여하고, 효과적으로 작동함으로써 학생의 흥미 유발, 새로운 아이디어 생성, 지속적인 학습효과가 일어나도록 돕는 일(Fenwick & Edwards, 2014)이라고 이해될 수 있다.

(2) 피드포워드(feed-forward: 전향-먹임) 학습

메타버스 환경이 등장하기 이전까지의 학습원리는 주로 인본주의적 관점에 의한 이성의 역할을 지나치게 강조하여 피드백(feed-back) 원리에 의한 학습에 절대적으로 의존하여 왔다. 하지만 사실 인간을 포함한 생태적 존재들은 모두 피드백과 피드포워드의 전략을 동시에 활용하여 환경에 적응해 왔다. 예를 들어, 최근 신경생리학자들은 인간의 눈이 피드포워드 방식으로 엄청난 양의 데이터를 수용하여 순간적으로 판단한 다음 맞춤식 선택에 의해 시시각각 적합한 정보를 의식에 제공하며 주변을 탐색한다는 것을 밝혀내었다. 이러한 눈의 정보처리 방식을 모사하여 외부 정보를 탐색(수용, 판별, 저장, 인출)하는 것을 피드포워드라고 한다.

[그림 3-6] 피드포워드 원리에 기반한 동물들과 인간의 환경 탐색 방식

[그림 3-6]은 동물(신체 훈련)과 인간(운전)이 주변 환경을 탐색하며 활동하는 방식에서 피드포워드적 정보 입력과 반응이 얼마나 중요한지를 보여 준다. 피드포워드는 자신의 위치(제한된 맥락)에서 벗어나 시간적·공간적으로 멀리서 다가오는 환경을 시각적으로 파악하면서 선제적으로 대응하는 방식을 의미한다. 이것이 탈맥락적 환경을 통한 학습, 바로 피드포워드 학습이다. 이러한 피드포워드 원리는 인간 신체의 특성이나 신체 감각들의 기능을 모사하는 인공지능 및 사이보그 기계의 개발에 활용되어 왔고(Serre et al., 2005), 최근에는 인공지능 딥러닝의 빠른 연산을 위한 정보처리 알고리즘에서도 적용되고 있다(Hansen, 2015).

피드백(Respect, 되새김, 인지적 사유, 단계적 활동, 3차 산업 모델) 원리는 인본주의 학습의 주된 원리이고, 피드포워드(Prospect, 직관적 예측, 감각적 사유, 동시적 활동, 4차 산업 모델) 원리는 포스트휴먼 학습의 주된 원리가 된다는 것이다.

중요한 점은 기존에는 피드백 학습원리, 즉 이성중심적 학습 원리를 강조했는데, 이보다는 직관적·감각적·예측적 학습의 원리가 창의력 신장과 더 깊은 연관성을 갖는다는 것이다. 따라서, 미래의 학습은 엄청난 양의 비정형화된 정보들의 효용성을 선제적으로 판단하여 취사선택하는 피드포워드 방식의 학습이 더욱 요구될 수도 있다.

(3) 시뮬레이션 학습

시뮬레이션 학습은 현실적인 환경, 상황, 프로세스를 모방하는 가상의 환경에서 학습하는 방법으로, 특히 복잡하거나 위험한 상황을 모의 훈련할 수 있어, 의료, 항공, 군사, 비즈니스 등 다양한 분야에서 활용되고 있으며, 교육 분야에서도 과학 실험, 역사적 사건 재현 등에 활용되고 있다. 최근에는 증강현실 및 가상현실 기술이 발달되어, 실제와 유사한 환경을 제공함으로서 학습자의 몰입도를 높이고, 보다 역동적인 학습(interactive learning: 사용자의 결정과 행동에 따라 시나리오가 변경되며, 이를 통해 다양한 결과와 상황을 제공)을 가능케 하고, 여러 학습자가 동시에 참여하여 협력하거나 경쟁하는 시뮬레이션 경험을 가능하게 하고, 다양한 피드백 및 평가 시스템이 개발되어 학습자의 행동과 성과를 실시간으로 평가하고, 개선 방향을 제시해 주기도 한다.

시뮬레이션 학습이 메타버스 환경에서 더욱 중요성을 갖게 된 것은 기술적 발전으로 인해 생생한 메타버스 환경을 구현해 줌으로써, 가상 세계의 경험도 실제 세계와 깊은 연관성과 유사성을 지니게 되었기 때문이다. 다음 그림은 Baudrillard(1981)의 시뮬라크라(모방)와 시뮬레이션(모방 사회)의 개념이 디지털 사회에서 어떻게 새롭게 해석될 수 있는지를 보여 준다.

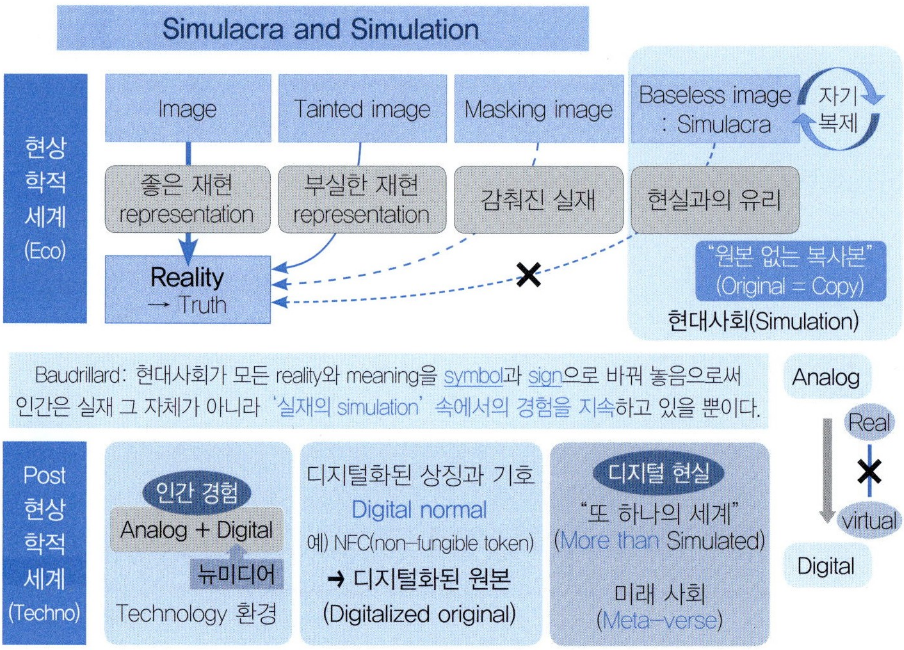

[그림 3-7] 디지털 현실의 등장과 시뮬레이션 사회의 실재성(Baudrillard, 1981)

위 그림을 간단히 설명하자면, Baudrillard(1981)는 근거 없는 이미지들이 자기복제를 하면서 실재(Reality)를 대체하고 있는 것을 '시뮬라크라'라고 이름 짓고, 이러한 시뮬라크라가 넘쳐 나는 사회를 시뮬레이션 사회라고 불렀다. 하지만 오늘날 디지털 사회에서 가상 세계는 인간에게 '실재' 경험을 제공해 주고, 그 속에서도 진짜와 가짜를 구별(NFT: non-fungible token 기술)할 수 있으며, 점차 '또 하나의 세계'로서 경험의 범주를 확장해 주고 있다는 것이다.

창의성은 현실 공간(신체가 물리적인 환경에 구속되는 공간)에서만이 아니라, 가상 공간(디지털 환경 속에서 신체와 가상적 경험이 혼용되는 공간) 속의 경험을 통해서 훨씬 더 자극될 수 있다.

요컨대, 디지털 사회에서의 메타버스 환경은 현실 세계에서 경험할 수 없는 경험을 제공해 줌으로써 학습자의 경험과 상상력의 범주를 확장해 주고, 이를 통해 학습자는 복잡한 문제 해결에 안전하게 도전하고, 다양한 시나리오/상상력을 개발해 보며, 일상 세계에서 할 수 없는 보다 협력적이고 집단적인 활동을 가능하게 해 줌으로써 창의성 증진에 기여할 수 있다는 것이다.

3) 메타버스에서의 창의성 교육

메타버스에서의 경험을 교육적으로 활용하여 창의성 증진에 도움을 줄 수 있는 방법은 크게 다음과 같이 정리할 수 있다.

- 몰입형 학습 경험: 가상현실을 통해 학생들은 보다 몰입감 있는 학습 경험을 할 수 있다. 예를 들어, 역사적 사건을 가상현실에서 체험하거나 생물학적 과정을 3D로 관찰하는 등의 활동이 가능하다.
- 사용자 생성 콘텐츠: 메타버스 플랫폼은 사용자가 자신만의 콘텐츠를 만들고 공유할 수 있는 기능을 제공함으로써, 창의력을 발휘할 수 있는 기회를 제공하며, 다양한 아이디어를 실현할 수 있게 한다.
- 상호작용과 협력: 메타버스 내에서 다른 사용자와의 상호작용은 새로운 아이디어와 접근 방식을 탐색하는 데 도움이 되므로, 협력을 통해 창의적인 문제 해결 방법이나 프로젝트를 개발할 수 있다.

- 가상 실험과 시뮬레이션: 메타버스는 사용자가 다양한 아이디어를 실험하고 시험해 볼 수 있는 안전한 환경을 제공해 주므로, 이를 통해 창의적인 해결책을 모색하고 새로운 가능성을 탐구할 수 있다.
- 다양한 관점과 문화의 경험: 메타버스는 전 세계의 다양한 문화와 관점을 접할 수 있는 플랫폼을 제공해 주는데, 이러한 다양성은 창의적인 영감을 주고, 보다 넓은 시각에서 문제를 바라볼 수 있게 한다.

정리하자면, 메타버스 환경은 학습 방법과 환경을 재정의하고, 전통적인 교실의 한계를 넘어서는 새로운 기회를 제공할 수 있고, 이러한 가상 환경은 학습자들에게 실제와 유사한 경험을 제공하면서도, 현실에서는 불가능한 상호작용과 실험을 가능하게 해 주며, 글로벌 연결성과 창의적 표현의 자유를 통해 학습의 질을 높이고, 다양한 배경을 가진 학습자들 사이의 상호작용을 촉진시킬 수 있을 것이다.

제 4 장

포스트휴먼 다문화 시대의 역량교육

※ 본 장은 [박휴용(2015). 핵심역량기반 교육에 대한 비판적 고찰. 교육사상연구, 29(4), 49-78]의 내용을 수정 보완함.

1. 역량기반 교육과정의 이해

1) 역량교육 개념의 출발

1893년 미국 하버드대학교 총장이었던 Charles Eliot은 미국 국가교육협의회(The National Education Association)를 통해 '주당 1시간의 수업이 12~14주로 이루어진 한 학기 동안 이루어질 때의 학습량'의 개념을 갖는 이수학점(the credit hour)제도를 처음 제안하였고, 이러한 '수업시간이 곧 학습량'이라는 개념은 최근까지 1세기 이상 학교교육 시스템을 지배해 왔다. 하지만 최근 이러한 이수시간이나 출신학교로 대변되는 '학벌'보다는 '학생이 어떤 지식을 갖고 있고, 무엇을 할 수 있는지'를 확인하여 학습결과에 따른 학생들의 실질적 능력에 초점을 맞추려는 '역량'의 개념이 공교육의 주된 관심사로 떠오르기 시작했다(Dennis, 2014). 이 역량의 개념은 이러한 교육의 결과로써 지식이나 기술의 습득뿐 아니라 타인과의 관계, 협동심, 사회참여와 공헌 등의 동기와 태도와 같은 요인을 망라하고 있으며, 개인의 성공적인 삶과 조화로운 사회를 위해 국가 차원에서 모든 개인에게 공통적으로 요구하는 능력을 가리키는 개념으로 받아들여지고 있다(Spencer & Spencer, 1993).

이렇듯 역량의 개념이 전 세계적인 교육적 관심사로 재부상하게 된 것은 폭발적으로 증가하는 지식과 급변하는 정보화 사회 속에서 정적인 지식의 전수에 기반한 근대적 학교교육은 더 이상 미래 사회가 요구하는 인재를 양성할 수 없다는 사회적 인식에 기반하고 있다. 이에 따라 유수한 국제기구들(OECD, UNESCO, EU 등)은 21세기의 사회적 변화에 걸맞은 인재를 양성하기 위한 핵심 역량(key competencies)을 규명하기 위한 연구들을 수행하였고, 그 결과를 바탕으로 호주, 영국, 프랑스, 뉴질랜드, 캐나다 등의 세계 여러 나라가 국가적 및 주정부 차원에서 공교육과정의 혁신을 위한 핵심 역량을 개발해 오고 있다.

2) 역량기반 개념의 유래

역량기반이라는 개념의 이론적 출발점을 찾아 거슬러 올라가면 20세기 초반의 Frederick W. Taylor의 과학적 관리이론(scientific management theories)과 1950년대의 행동주의적 목표 운동(behavioural objectives movement)이라는 두 가지 큰 이론적 토대를 만나게 된다(Bates, 2002). 20세기 초반의 테일러주의(Taylorism), 즉 과학적 관리이론(scientific management theory)은 한마디로 효율적인 기업경영과 생산관리를 위해 근로자들의 과업과 동선을 분석하고, 과학적 선발 및 훈련 기법을 도입하며, 효율적 과업수행을 위한 과학적 방법론을 적용하고, 노동생산성을 체계적으로 분석하고자 했던 것이다. 이를 위해선 작업의 표준화, 불필요한 공정의 제거, 특정 기술을 가진 근로자들의 선별, 지식과 기술의 전수 체계화 등이 선행되어야 했다(Taylor, 1911/2004).

사실, 산업계에 적용된 과학적 관리이론과 학교교육에서 적용된 행동주의 목표운동은 같은 인식론적 토대를 가진 이론들이다. 과학적 관리이론은 심리학에서의 행동주의의 유행에 힘입어 20세기 중반에 이르러 학교교육에 접목되어 행동주의적 목표 운동으로 나타났다. 행동주의적 목표 설정은 학습 프로그램이 의도하는 성과를 교사로 하여금 관찰 가능한 학생들의 행동변화에 맞추도록 한 것이고(Tyler, 1949), 이는 Bloom(1956)의 교육목표 분류학(taxonomy)의 개발에 힘입어 오늘날까지 학교에서의 교육목표 설정의 기본 틀로서 활용되고 있다. 예를 들어, 행동주의적 목표 설정은 "학습 목표를 가능한 한 세분화하여 직접적으로 관찰 가능한 행동들의 달성 여부를 꼼꼼히 기록하도록 하고, 그것을 바탕으로 목표 성취 여부를 안정적으로 관찰하고 판정하고자" 하는 의도를 가졌었고(Bloom, Hastings, & Madaus, 1971 : 28), 행동적 목표의 달성 여부를 확인하고 객관성을 확보하기 위해 학습결과를 "조작적으로 정의하여 그 달성 여부에 대한 판정에 주관적 해석의 여지가 없는" 평가를 지향하였으며, 이를 위해 교육목표를 "학생들의 행동을 묘사하는 '진술하다', '열거한다', '명명한다', '선택한다', '인식한다', '연결한다', '계산한다'와 같은 동사로 기술하도록" 하였다

(Bloom, Hastings, & Madaus, 1971: 34). 이처럼 행동주의적 목표운동은 과학적 관리이론의 '학교 모형'이었다.

이러한 행동주의 목표운동의 광범위한 확산 분위기 속에서 1960년대 들어서자 미국에서 본질주의 교육사조가 생겨났고, 그 후인 1960년대 후반 교사교육에 대한 관심이 커지면서 최초로 역량교육의 개념이 교사 역량 개발에 적용되기 시작했다(Burke, 1989). 교육의 책무성(accountability in education)과 교사 자원의 관리라는 과제가 공교육의 핵심 의제로 떠오르던 이 시기에 효과적인 교사의 양성과 교수효율성을 높이기 위해 교사의 역량을 키워야 한다는 논리가 설득력을 얻었던 것이다. 그러던 중 그동안 공공성을 강조했던 학교교육과 시장주의에 기반한 산업계의 요구 사이의 인식 차이로 인해 고등학교나 대학 졸업생들이 고용시장에서 적응해 나가기 어렵다는 지적과 더불어, 그에 대한 대안으로써 학생들의 역량 개발을 목표로 한 교육과정이 필요하다는 주장이 제기되었다(Moore, 1976).

그 이후 실제적 역량 개발을 목표로 한 교육과정이 미국의 직업교육 프로그램에 적용되기 시작하였고, 그리하여 역량 개발 개념이 완전학습(mastery learning), 준거-참조 검사(criterion-referenced testing), 최소 역량 검사(minimum competency testing), 역량기반 교육(competency-based education)과 같은 1970~1980년대의 다양한 이론의 개념적 기초로 활용되었다(Gonczi, 1997). 이렇듯 1970년대부터 역량의 개념이 교육 프로그램에 접목되면서 인력 개발의 중요한 요소로 정착하기 시작하였고, 이러한 인식은 이후 1980년대 들어 위기의 국가(A Nation at Risk: 1983) 의제의 등장과 더불어 학교교육이 산업기술사회에 대한 준비에 소홀해 왔다는 사회적 비판과 어우러져 더욱 큰 설득력을 얻게 되었다(Jones & Moore, 1995).

이 역량 개념이 1980년대를 지나면서 영국이나 독일 등의 유럽 국가에서 직업훈련 프로그램의 한 요소로 적용되기 시작하였고, 1990년대에 들어서서는 호주, 뉴질랜드 등의 국가에도 전파되어 직업훈련 및 전문기술 훈련프로그램에서 역량 개발의 개념이 중요한 부분을 차지하기 시작했다(Gonczi,

1997). 이로써 역량 개발의 개념이 전 세계적으로 확산되었고, 2000년대에 들어서 OECD, UNESCO 등의 세계기구들이 교육의 중요 아젠다로 채택하였다(OECD, 2003). 요컨대, 역량 개발의 목표는 학생들로 하여금 직업세계에 대비한 효과적 과업수행 능력을 키우는 것에 초점이 맞추어져 있었고, 따라서 교육의 내용이나 학습방법보다는 교육의 결과로 학생들의 작업 수행능력을 훈련하고 검증하는 데 더 큰 관심이 모아졌다. 즉, 역량교육의 개념은 행동주의적 교육이론, 산업주의적 효율성, 성과중심의 인력관리 이론 등이 자리 잡았던 20세기 후반 미국의 사회경제적 배경과 그에 따른 학교교육에 대한 요구 변화에 토대하고 있다. 다음 절에서는 이러한 역량기반 교육의 원리들을 좀 더 세밀하게 검토해 보자.

3) 역량기반 교육의 기본 원리

Grant 등(1979)은 역량기반 교육을 학생들이 현대 사회에서 수행하기를 기대하는 실제적 역할에 대한 분석과 그 역할의 가시적인 수행을 바탕으로 한 성장과정을 확인하도록 커리큘럼을 짜놓은 교육의 한 형태로 정의한 바 있다. 이 정의에서 가장 중요한 개념은 가시적인 수행(demonstration of performance)이나 성장과정의 확인(assessment of the progress)이다. 같은 맥락에서 Fagan(1984: 5; Hyland, 1993에서 재인용)은 '역량'이라는 용어 자체가 '행동적 목표와 책무성의 융합'을 대표하는 것으로, 책무성과 투입-산출의 효율성을 강조하는 1980년대 신경제학 이론의 이데올로기를 바탕으로 하고 있다고 지적한다. 비록 1990년대 들어 이러한 행동주의적 편협성을 극복하기 위해 '역량의 생성과 개발에 지식과 이해가 기여함'을 강조하기도 했지만, 여전히 역량의 본질에 대해서는 논란과 모호성이 존재한다고 지적받고 있다.

유럽에 이어 미주와 호주 등에서 역량 개발이 교육의 주요 의제로 자리 잡은 1980년대 이후 역량기반 교육은 성과에 중심을 교육과정 개발, 교육내용과 직업세계의 연계성 강화, 관찰 가능한 역량 차원에서 성과의 재구조화, 학생들의 기능 향상이나 역량을 판정하기 위한 평가방법의 개발, 교육과정과 이수학점의 연계성 강화라는 방향으로 지속적으로 추진되어 왔다(Bowden & Masters, 1993). 이러한 역량기반 교육의 방향은 학교에서의 모든 학습경험을 직업세계에 대한 준비를 위한 것으로 인식하고 있기 때문이다. 그런 의미에서 역량기반 교육은 두 가지 가정에 토대를 두고 있다. 하나는 모든 교육의 목적은 궁극적으로 학생들이 잠재적으로 고용시장과 사회에 적극적으로 참여하게끔 준비시키는 것이라는 것이고, 다른 하나는 학교에서의 배움의 핵심이 폭넓은 지식과 수준 높은 기술의 적용을 위한 잠재력을 향상시키기보다는 기업이 원하는 인재상에 맞춘 훈련이라는 생각이다. 따라서 이러한 역량기반교육의 잘못된 가정을 극복하기 위한 올바른 역량교육에 대한 개념 정립이 필요하다.

위와 같은 문제점을 바탕으로 볼 때, 역량기반 교육은 본질적으로 다음의 세 가지 주요 특징을 가진 것으로 이해할 수 있다. 첫째, 행동주의적 모형에 기초하여 지식이나 이해보다는 수행과 그에 대한 평가를 강조한다. 둘째, 역량은 경영이나 기술적 측면에 핵심을 두고 있기 때문에 교육내용의 인식론적 근거나, 학생들의 이해, 융합/통합적인 지식의 역할에 대한 고려는 부족하다. 셋째, 역량기반 교육은 굳건한 이론적 논의에 토대를 두고 있다기보다는 시대적 · 사회적 요구에 의해 성급히 개발되었기 때문에 '역량'의 개념이 모호하다는 것이다(Hyland, 1993/1997). 결국, 역량기반 교육은 이론적으로는 행동주의 이론에 근거하고, 교육의 성과를 가시적으로 확인하기 위한 평가방법 및 결과를 중시하며, 학습에 있어서 지식의 역할보다는 학습의 결과에 따른 실천의 문제(즉 '무엇을 할 수 있느냐')에 초점이 맞춰져 있다. 아울러 역량교육과정이 사회적 요구에 의해 급조되어 개발되었기 때문에 학문적 · 이론적 토대가 매우 빈약하다는 사실이다. 따라서 앞으로 역량기반 교육과정을 개발하고 적용할 때에는 역량의 개념에 대한 이론적 토대를 정립하는 일과 교육내용의 본질에 대한 심도 깊은 이해를 바탕으로 교육 내용(지식)과 실천 능력(역량) 사이의 연계성 탐색, 올바른 역량 평가의 방법론에 논의가 필요할 것이다.

2. 디지털 인공지능 사회를 위한 역량교육

디지털 인공지능 시대는 학교교육에도 큰 변화를 요구하고 있다. 그에 따라 디지털 역량을 통해 학생들이 미래 사회에서 경쟁력을 갖추기 위해 필요한 역량을 개발하도록 돕는 것이 중요하다.

1) 디지털 인공지능 시대의 대표적 역량

디지털 인공지능 시대를 대비하기 위해 학교교육을 통해 길러져야 할 역량을 8가지 제시하고자 한다.

① 디지털 역량: 디지털 역량은 미래 사회에서 중요한 역할을 하는 기술을 이해하고 사용할 수 있는 능력이다. 이를 통해 학생들은 새로운 기술 도구를 활용하여 창의적으로 문제를 해결하고 협력할 수 있다.

② 창의성과 혁신 역량: 창의성과 혁신은 미래 사회에서 문제 해결과 발전을 이끌어 낼 수 있는 핵심 역량이다. 학교교육에서는 학생들이 창의적 사고를 개발하고 혁신적인 아이디어를 도출할 수 있도록 지원해야 한다.

③ 문제 해결 역량: 문제 해결 능력은 복잡한 문제에 대한 적절한 해결책을 찾고 실행할 수 있는 능력이다. 학교교육에서는 학생들이 다양한 문제 상황에서 논리적·분석적 사고를 활용하여 문제를 해결할 수 있도록 교육해야 한다.

④ 협업 역량: 협업 역량은 다양한 배경과 지식을 가진 사람들과 함께 효과적으로 일할 수 있는 능력이다. 학교교육에서는 학생들이 상호존중하고 소통하며 협력할 수 있는 역량을 개발하도록 지원해야 한다.

⑤ 의사소통 역량: 의사소통 능력은 다양한 매체를 통해 생각과 아이디어를 표현하고 이해할 수 있는 능력이다. 학교교육에서는 학생들이 청취, 구두 및 글쓰기 능력 등 다양한 의사소통 역량을 키울 수 있도록 교육해야 한다.

⑥ 비판적 사고 역량: 비판적 사고력은 정보를 분석하고 평가하여 합리적인 결론을 도출할 수 있는 능력이다. 학교교육에서는 학생들이 다양한 주장과 정보에 대해 비판적으로 판단하고 논증할 수 있는 역량을 개발하도록 지원해야 한다.

⑦ 글로벌 인식 역량: 글로벌 인식은 세계의 다양한 문화와 이슈에 대한 이해와 존중하는 능력이다. 학교교육에서는 학생들이 다양한 문화적 배경과 세계적인 이슈에 대한 인식을 키우고, 글로벌 시민으로서 책임감을 가지도록 교육해야 한다.

⑧ 지속가능한 발전 역량: 지속가능한 발전 역량은 환경 · 경제 · 사회의 균형 있는 발전에 대한 이해와 실천을 위한 능력이다. 학교교육에서는 학생들이 지속가능한 발전에 대한 인식을 키우고, 지구 환경과 사회적 책임에 대한 이해를 바탕으로 행동할 수 있는 역량을 개발하도록 지원해야 한다.

정리하자면, 디지털 인공지능 시대를 위한 학교교육은 학생들이 미래 사회에서 요구되는 다양한 역량을 개발할 수 있도록 지원해야 한다. 이를 위해 학교교육에서는 디지털 역량, 창의성과 혁신, 문제 해결 능력, 협업 역량, 의사소통 능력, 비판적 사고력, 글로벌 인식, 지속가능한 발전 역량 등은 다문화적 민감성이나 다문화적 역량과 밀접한 관련성을 가질 수 있다. 이처럼 다문화적 역량과 디지털 역량을 어떻게 학교교육을 통해 자연스럽게 융화시킬 것인가가 다문화교육의 중요한 과제가 될 것이다.

2) 교사의 디지털 역량: EU의 DigiCompEdu Framework

EU에서는 DigiCompEdu Framework라는 이름으로 2017년 교육자를 위한 디지털 역량 프레임워크를 정의했다. 이 프레임워크는 2006년 eTwinning Conference에서 100명 이상의 교사가 3개의 워크숍에 참여해 도출한 것을 기초로 72명의 컨설턴트들이 다음 [그림 4-1]과 같이 정교화했다.

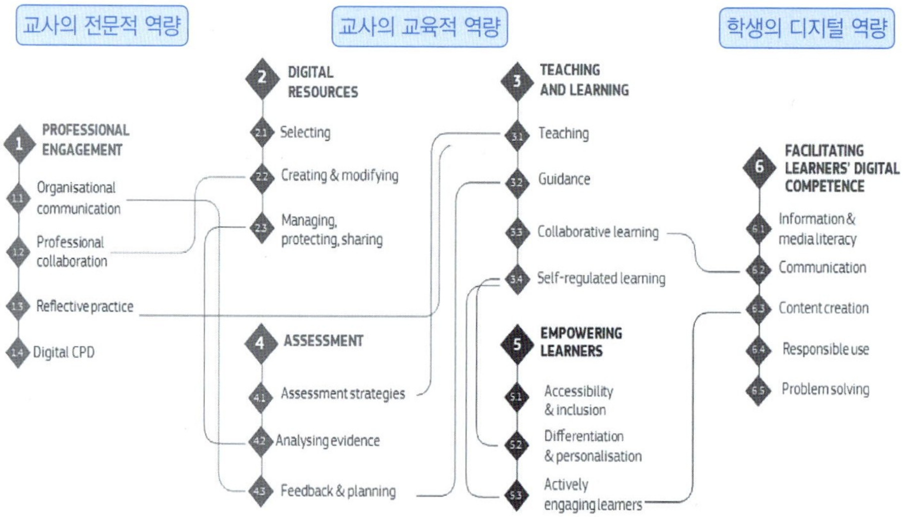

[그림 4-1] Eurorean Union(2017)의 DigiCompEdu 역량 프레임워크

위 내용을 하나씩 검토해 보자.

(1) 교사의 전문적 참여(Professional Engagement)

① 조직/기관 간의 의사소통(Organizational communication): 디지털 기술을 사용하여 학습자, 학부모 및 제삼자와의 의사소통을 향상시키는 것 혹은 조직의 의사소통 전략을 공동으로 개발하고 향상시키는 데 기여하는 것

② 전문가들 간의 협력(Professional collaboration): 디지털 기술을 사용하여 다른 교육자와 협력하거나, 지식과 경험을 공유하고, 공동으로 교육학적인 활동들을 혁신하는 것

③ 성찰적인 실천(Reflective practice): 개별적으로 그리고 집단적으로 반성하기 위해 비판적으로 평가하고 자신과 자신이 속한 교육 커뮤니티의 디지털 교육 활동을 적극적으로 개발하는 것

④ 디지털적/지속적인 전문성 개발(Digital Continuous Professional Development: CPD): 지속적인 전문성 개발에 디지털 자원을 활용하는 것

(2) 교사의 교육적 역량: 디지털 자원(Digital Resource)

① 디지털 자원 선택(Selecting digital resources): 교수 및 학습을 위한 디지털 자원을 식별, 평가 및 선택하는 것. 디지털 리소스를 선택하고 사용 계획을 세울 때 구체적인 학습 목표, 상황, 교육방법 및 학습자 그룹을 고려하는 것

② 디지털 자원 제작과 수정(Creating and modifying digital resources): 허용된 범위에서 기존의 오픈 라이선스 리소스 및 기타 리소스를 수정 및 구축하는 것

새로운 디지털 교육 자원을 만들거나 공동으로 만드는 것, 디지털 리소스를 설계하고 사용 계획을 세울 때 구체적인 학습 목표, 상황, 교육 방법 및 학습자 그룹을 고려하는 것

③ 디지털 자원 관리, 보호, 공유(Managing, protecting and sharing digital resources): 이는 다음 네 가지로 구성된다.

i) 디지털 콘텐츠를 구성하여 학습자, 학부모 및 기타 교육자가 이용할 수 있도록 하는 것

ii) 민감한 디지털 콘텐츠를 효과적으로 보호하는 것

iii) 개인 정보 보호 및 저작권 규칙을 존중하고 올바르게 적용하는 것

iv) 오픈 라이선스 및 오픈 교육 리소스의 사용 및 생성과 해당 저작자 표시를 이해하는 것

(3) 교사의 교육적 역량: 교수와 학습(Teaching and Learning)

① 교수(Teaching)

i) 교육 프로세스의 디지털 장치 및 리소스를 계획하고 구현하여 교육 개입의 효율성을 향상시키는 것

ii) 디지털 교수 전략을 적절히 관리하고 조정하는 것

iii) 새로운 형식 및 교수법을 실험하고 개발하는 것

② 안내(Guidance)

i) 디지털 기술과 서비스를 사용하여 학습 세션 내외에서 학습자와의 상호작용을 향상시킬 수 있는 것

ii) 디지털 기술을 사용하여 시기적절하고 목표로 삼는 지침 및 지원을 제공하는 것

iii) 안내 및 지원을 제공하기 위한 새로운 양식 및 형식을 실험하고 개발하는 것

③ 교사의 교육적 역량: 협력학습(Collaborative learning)

i) 디지털 기술을 사용하여 학습자 공동 작업을 촉진하고 강화하는 것

ii) 학습자가 의사소통, 협업 및 협업 지식 생성을 향상시키는 수단으로서 협업 과제의 일부로 디지털 기술을 사용할 수 있게 하는 것

④ 자기주도적 학습(Self-regulated learning): 학습자 주도의 학습을 지원할 수 있도록 디지털 기술을 사용하는 것(즉, 학습자가 자신의 학습에 대해 계획, 모니터링 및 반영할 수 있도록 하며, 진전의 증거를 제공하고, 통찰력을 공유하고, 창조적인 해결책을 제시하도록 하는 것)

(4) 교사의 교육적 역량: 평가(Assessment)

① 평가 전략(Assessment strategies): 형성평가와 총괄적 평가에 디지털 기술을 사용하는 것/평가 형식 및 접근법에 대한 다양성과 적합성을 향상시키는 것

② 분석 증거(Analysing evidence): 교수와 학습에 정보를 제공하기 위해 학습자의 활동과 수행결과, 과정에 대한 디지털적인 증거를 생산, 선택, 비판적 분석, 해석하는 것

③ 피드백과 계획(Feedback and Planning)

i) 디지털 기술을 사용하여 학습자에게 맞춰지고, 시기적절한 피드백을 제공하는 것

ii) 활용된 디지털 기술에 의해 생성된 증거를 기반으로 교육 전략을 적용하고 목표로 한 지원을 제공하는 것

iii) 학습자와 학부모가 디지털 기술이 제공하는 증거를 이해하고 의사결정에 사용하는 것을 가능하게 하는 것

(5) 교사의 교육적 역량: 학습자 강화(Empowering Learners)

① 접근 가능성과 포괄(Accessibility and inclusion)

i) 특별한 요구가 있는 사람들을 포함하여 모든 학습자에게 학습 자원 및 활동에 대한 접근성을 보장하는 것

ii) 디지털 기술 사용에 대한 문맥적·신체적 또는 인지적 제약뿐만 아니라 학습자의 디지털 기대, 능력, 활용 및 오개념을 고려하고 그에 대응하는 것

② 개별화와 개인화(Differentiation and personalisation): 디지털 기술을 사용하여 학습자의 다양한 학습 요구를 해결하고, 학습자가 다양한 수준과 속도로 발전하고 개별 학습 경로와 목표를 따르도록 하는 것

③ 학습자의 적극적인 참여(Actively engaging learners)

i) 디지털 기술을 사용하여 학습자가 주제와 함께 적극적이고 창의적인 참여를 하도록 유도하는 것

ii) 학습자의 다방면적인 기술, 심오한 사고력 및 창조적 표현을 촉진하는 교육 전략 내에서 디지털 기술을 사용하는 것

iii) 수행 활동, 과학적 조사 또는 복잡한 문제 해결 등 학습자 스스로를 포함하는 새로운 실제 상황에 대한 학습을 시작하거나 다른 방법으로 복잡한 주제에 대한 학습자의 적극적인 참여를 증가시키는 것

(6) 학생의 디지털 역량 촉진(Facilitating Learners' Digital Competence)

① 정보 및 미디어 리터러시(Information and media literacy)

i) 학습 활동, 학습자가 정보 요구를 명확히 하기 위해 요구하는 과제 및 평가를 통합하는 것

ii) 디지털 환경에서 정보와 자원을 찾는 것

iii) 정보를 조직, 처리, 분석 및 해석하는 것

iv) 정보와 소스의 신뢰성을 비교하고 비판적으로 평가하는 것

② 디지털 의사소통과 협력(Digital communication & collaboration): 학습자가 의사소통, 협업 및 민주적 참여를 위해 디지털 기술을 효과적이고 책임감 있게 사용하도록 요구하는 학습자 활동, 과제 및 평가를 통합하는 것

③ 디지털 콘텐츠 창작(Digital content creation)

i) 학습자가 디지털 방식으로 자신을 표현하고, 다양한 형식으로 디지털 콘텐츠를 수정 및 생성하도록 요구하는 학습자 활동, 과제 및 평가를 통합하는 것

ii) 저작권 및 라이센스가 디지털 콘텐츠에 적용되는 방식, 소스 및 속성 라이센스를 참조하는 방법을 학습자에게 가르치는 것

④ 책임감 있는 사용(Responsible use)

i) 디지털 기술을 사용하는 동안 학습자의 신체적·심리적 및 사회적 건전성을 보장하기 위한 조치를 취하는 것

ii) 학습자가 위험을 관리하고 디지털 기술을 안전하고 책임 있게 사용할 수 있게 하는 것

⑤ 디지털 문제 해결(Digital problem solving): 학습자가 기술적인 문제를 인식하고 해결하기 위해 또는 새로운 상황에 기술적인 지식을 창의적으로 전이시키기 위해 요구되는 학습 활동, 과제, 평가를 통합하는 것

정리하자면, EU는 디지털 시대의 교사와 학생의 역량이 교사의 전문적 개입, 디지털 자원 활용, 평가 전략, 학습자 강화 및 학생 디지털 역량 촉진의 요소들

로 구성될 수 있음을 강조한다. 이러한 디지털 역량에서 포스트휴먼적 요소는 디지털 자원과 매체를 활용하는 것과 교사-학생-매체가 상호보완적이고 네트워크적인 관계를 형성하는 것에 있다. 그에 따라 미래 디지털 사회는 교사에게 다음과 같은 역할기대를 하게 될 것이다.

[그림 4-2] 미래교사의 역할 변화

미래의 교육은 개별 교과 지식보다는 융합적 지식(지식의 혼융, 비판적이고 창의적 관점, 지식의 활용 능력)을 강조하는 교육이 될 것이고, 미래 교사의 역할도 교수학습을 주도하는 역할에서 학생 중심과 매체 활용을 통해 수업을 보조하는 역할, 교과 지식(내용) 자체의 전문가보다는 사고나 학습의 전문가 역할, 그리고 점차 학생을 이해하고 점검하고 평가하는 교육평가자의 역할을 주로 담당하게 될 것이다.

3. 포스트휴먼 시대를 위한 테크노 리터러시 역량

1) 생성형 AI 시대의 역량

지금까지 본서는 앞으로 학습의 성격이 급변하게 될 것이며, 개인 두뇌에 지식을 축적하는 시대가 점점 끝나가고 있음을 강조한 바 있다. 이처럼 AI 시대를 맞이하여 교육전문가들 사이에서는 미래 사회에 유능한 인재를 양성하기 위하여 기존과 같은 '사고 훈련'이 얼마나 중요한지에 대한 논란이 일고 있다. 우선 기존의 학습은 사고 훈련을 제대로 시키고 있었는가 반문하지 않을 수 없다. 예를 들어, Whitehead(1929)는 비활성 지식(inert knowledge/idea)을 학습하는 것은 무의미하다고 주장한 바 있는데, 그러한 학습의 예로는 지식의 단순 암기나 맥락에서 벗어나서 추상적으로 요약된 개념을 학습하는 것, 새로운 문제 해결 상황에 지식을 전이하지 못하는 지식이 그것이다. 그 대신 실생활의 문제 해결을 위한 지식이 중요함을 강조한 바 있다.

ChatGPT로 대표되는 생성형 AI의 등장은 학교교육의 형태나 전략을 근본적으로 바꾸어 놓고 있다. 초기에는 ChatGPT의 도입으로 인한 교육적 파행과 부작용에 대한 우려가 있었지만, 얼마 지나지 않아 모든 교육현장에서 인공지능을 교육과 학습에 활용하는 것은 불가피한 현실임을 직시하기 시작했다. 이와 같은 기술적 환경의 변화에 따라 학교교육이 변화하는 방향은 다음과 같다.

첫째, 실시간으로 튜터의 피드백을 받을 수 있는 AI 기반의 앱(예: Apple Siri, Google Home 음성 비서)의 개발

둘째, 학생의 사전 지식이나 흥미 주제를 반영하고, 개별적인 학습 취약점에 대응하는 AI 기반 학습 설루션 등장으로, 학습 시작 전의 진단 테스트 결과를 반영하고 사용자에 적합한 과업이나 코스를 제시

셋째, 다양한 스마트 콘텐츠(Smart Content)나 학습 자료의 개발

넷째, AI 기반 멘토링 수업이 확대되어 시간이나 장소에 구애받지 않고, 즉각적인 피드백을 받고 학습 개선점을 모색

2) 교실수업에서의 chatGPT 활용 전략

교실수업에서 chatGPT를 활용하는 방안으로는 다음 그림과 같이 다양한 활용이 가능하다(https://ditchthattextbook.com/).

[그림 4-3] chatGPT의 교실 수업 활용 방안

위와 같이 앞으로 교육현장에서 생성형 AI(chatGPT)를 활용하는 방식은 다음과 같이 정리될 수 있다.

- AI의 도움을 받은 학습 내용을 수업 현장에서 시연하기
- Flipped learning을 활용하여 가정에서는 기초 선행학습을 하고, 학교에서는 그 내용을 실습하기
- 교실수업에서는 주로 수행평가(구술, 손글, 실기)나 모둠학습, 프로젝트 학습, Maker's 교육 등 실천적인 수업으로 진행하기
- AI가 답하기 어려운 과제나 개별적 주제를 제공하기
- 챗봇의 응답 범주에서 벗어나는 비판 창의 학습 실시하기
- ChatGPT를 툴로 활용한 평가 및 토론하기

〈 ChatGPT 시대 학습의 10대 원리 〉

① 뉴미디어(new media) 원리: 정보의 비위계성, 맞춤형 소통, 쌍방향 정보, 정보 생산-소비의 혼융, 정보의 진위나 영향력과 무관한 특성을 가진 뉴 미디어를 활용한 학습
② Media/Techno 리터러시의 학습
③ Cybernetics: 인간, 사물, AI의 소통에 기반한 학습
④ 정보의 미시시간적 교류: 무의식적 학습 방식의 활용
⑤ 다중양식성(Multimodality: 이미지, 동영상, 미디어북)을 활용한 학습
⑥ 디지털 교과서를 통한 Sensitivity(신체감각, 감성)를 높이는 학습 방식
⑦ 비대면(Metaverse) 환경에서 Avatar를 통한 소통과 학습
⑧ 탈맥락적 환경(포스트현상학)에서의 학습과 의미 생성
⑨ 기억의 외장화(네트워크 정보의 흐름, Cloud, Platform)를 활용한 학습
⑩ 사회문화이론(Socio-cultural theory)보다는 사회물질이론(Socio-material theory)을 활용한 학습

더구나 2023년 11월 출시된 ChatGPT Turbo 버전은 다음과 같은 기능적 확장성을 보여 주고 있다.

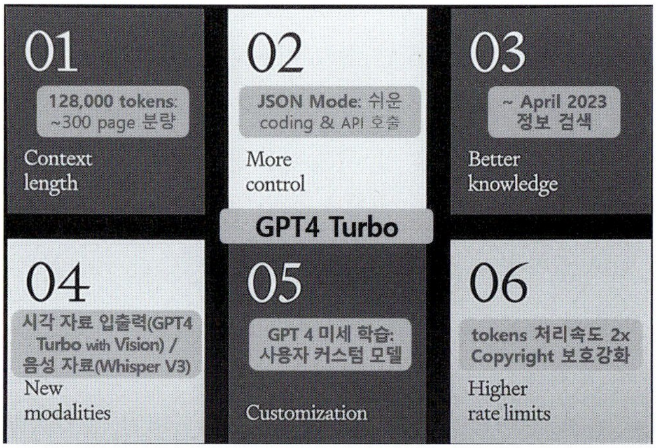

[그림 4-4] chatGPT Turbo의 강화된 성능(Nov, 2023)

생성형 AI의 비약적인 발전으로 미래 학습 환경은 AI를 활용하여 빅 데이터, 다양식적 자료, 학습자 맞춤형 교육에 기반한 역동적인 학습 방식이 대세를 이루게 될 것이다. 그러므로 AI의 도움으로 쉽게 정보나 지식을 얻을 수 있는 환경에서는 지식 축적이나 지적 훈련 자체보다는 필요한 정보를 검색하고, 적절하게 교환·가공 및 공유하며, 현실적 문제 해결에 이를 응용하고 활용할 수 있는 학생 역량이 더 중요시될 것이다.

3) 테크노 리터러시 활용 다문화 역량의 증진과 교사의 역할

그렇다면 교사는 테크노 역량과 다문화 역량 간의 균형을 어떻게 유지할 것인가? 테크노 리터러시의 역량과 다문화 역량 간의 관계성에 대한 주요 내용은 다음과 같이 정리할 수 있다.

- 정보 탐색 및 검색: 디지털 리터러시는 효과적인 정보 검색과 관련된 능력을 포함한다. 이는 디지털 환경에서 효율적으로 정보를 찾고 검색 엔진과 데이터베이스를 사용하여 적절한 정보를 식별하고 수집하는 능력을 의미한다. 이러한 디지털 리터러시를 활용하여 학습자들은 다양한 문화에 대한 정보를 찾고, 다문화적 감수성을 높이며, 전 세계의 다양한 문화와 가치에 대한 지식을 쌓을 수 있다(Bawden, 2008; Merryfield, 2003).
- 정보 평가: 디지털 리터러시는 정보의 질과 신뢰성을 평가하는 능력을 포함한다. 이는 디지털 정보를 비판적으로 분석하고, 출처와 목적을 검토하며, 정보의 정확성과 관련성 및 유효성을 평가하는 능력을 의미한다. 이러한 디지털 리터러시의 정보 평가 능력을 통해 학습자들은 다양한 문화에 대한 정보의 정확성과 신뢰성을 판단할 수 있고, 편견이나 오해를 줄이고, 다문화 이해를 높일 수 있다(Gilster, 1997).
- 정보 이해 및 가공: 디지털 리터러시는 수집된 정보를 이해하고 가공할 수 있는 능력을 포함한다. 이는 디지털 텍스트, 이미지, 오디오 및 비디오와 같은 다양한 형식의 정보를 해석·분석·요약하는 능력을 의미한다. 디지털 리터러시를 통해 학습자는 다양한 문화적 요소를 포함하는 디지털 콘

텐츠를 이해하고, 분석할 수 있고, 다양한 문화적 배경과 가치를 이해하고, 다른 문화에 대한 존중과 인정을 높일 수 있다(Eshet-Alkalai, 2004).

- 정보 전달 및 커뮤니케이션: 디지털 리터러시는 정보를 명확하게 전달하고 커뮤니케이션하는 능력을 포함한다. 이는 디지털 환경에서 효과적으로 정보를 표현하고, 다양한 도구를 사용하여 정보를 공유하고, 협업을 진행하는 능력을 의미한다. 디지털 리터러시를 활용하여 학습자들은 다양한 문화적 배경을 가진 사람들과 소통하고, 협업할 수 있고, 이를 통해 다문화 역량을 높이고, 글로벌 시민으로서의 책임감을 갖출 수 있다(Buckingham, 2015).

위와 같은 학생들의 테크노 리터러시와 다문화적 역량을 함양하기 위한 교사의 역할은 다음 그림과 같이 정리될 수 있다.

[그림 4-5] 교사전문성에 대한 사회적 기대

미래교사는 수업 방식에 있어서 디지털 교과서를 바탕으로 최첨단 정보기술과 컴퓨터 및 AI를 활용하여 수업을 진행하고, 수업 내용은 융합지식과 사회의 다양한 주제나 문제를 해결하려는 접근을 기반으로 하며, 첨단 정보기술들을 이해하고 활용할 수 있는 비판적 기술문해력을 갖추어야 할 것이다. 특히, 비판적 기술문해력은 단순히 학생들의 테크노 역량뿐 아니라, 다문화적 이해 및 비판적 관점을 길러서 학생들이 미래의 포스트휴먼 다문화사회에서 유능한 인재로 살아갈 수 있도록 도울 수 있다.

제 5 장

포스트휴먼 다문화 미술교육

1. 인본주의적 다문화 미술교육의 이론적 토대: 예술사회학

본 장에서는 다문화 미술교육의 인식론적 토대가 되는 미술사회학과 대표적 실천 사례인 사회참여미술이 어떻게 다문화 미술교육의 이론적 기반이 되는지를 살펴본다. 이를 위해 첫째, 미술사회학의 개념과 이론적 토대, 주요 관점을 정리하고, 둘째, 미술사회학의 대표적 실천사례로서 사회참여미술의 개념과 성격을 논의함으로써 다문화 미술교육과의 연관성을 탐색한다. 그리고 셋째, 다문화 미술교육의 전개과정을 미술교육의 인류학적 접근, 다문화주의 미술교육의 등장, 비판적 다문화 미술교육의 실천으로 구분하여 살펴보고, 다문화 미술교육이 어떤 성격(정체성)을 갖는가를 다문화 미술교육에 대한 상이한 접근들(다원주의, 관계주의, 비판이론)을 비교한 후, 다문화 미술교육의 핵심 원리를 제시한다.

1) 예술사회학의 이해

(1) 예술사회학의 개념

Emile Durkheim(1951)은 인간은 일면 독특한 존재이면서도 사회로부터 분리될 수 없는 존재이므로 자살, 범죄, 가치관, 신앙, 예술 활동과 같은 모든 '개별적' 행동들도 사회를 배제하고 개인적인 차원에서만 이해하는 것은 불가능하다고 보았다. 그런 의미에서 예술가들의 예술 활동이 어떻게 사회 속에서 이루어지고, 전파되며, 대중들은 그 예술 작품을 어떻게 향유하는지에 대해 연구하는 분야가 예술사회학(Sociology of Art)이다. 예술사회학의 개념은 한마디로 예술적 행위와 결과물들을 예술 그 자체에 대한 분석과 이해(즉, 미학적 관심)보다는 사회학적 측면, 즉 예술가 및 예술 작품을 둘러싼 사회적 환경(관습, 제도, 시장, 문화적 토양, 이념)과 같은 미학 외적인 요소들의 관계를 통해 이해하고자 하는 접근법이다. 따라서 예술사회학은 예술가들의 활동과 그들의 예술적 결과물을 연구함에 있어서 예술 작품 자체만을 다루는 미학적 분석(내재적 분석)과는 달리, 예술가, 비평가, 관객, 예술 작품이 생산·감사·유통되는 사회문화적·정치경제적 조건을 모두 고려하는 사회학적 분석(외재적 접근)을 주로 수행한다(Zolberg, 2010). 그러므로 예술사회학의 주요 연구대상은 예술 작품뿐만 아니라, 예술가들 자체 및 예술 작품이 창작되는 예술 활동의 과정, 그리고 예술 작품이 사회적으로 수용되는 과정(비평, 배분, 재생산, 해석 등)까지를 포괄한다.

(2) 예술사회학의 이론적 토대

예술사회학은 용어 자체가 함의하듯이 사회학 이론, 특히 사회주의(communism) 이론에 기반을 두고 있다(Gombrich, 1963). 그 이유는 크게 세 가지, 즉 경제적 생산구조(하부구조)가 아닌 문화적 생산구조(상부구조)으로서의 예술, 사회적 존재로서의 예술가, 예술 작품의 사회경제적 성격에서 찾을 수 있다.

첫째, 사회주의적 전통은 예술은 인간 사회의 보다 본질적인 경제적 생산구조(하부구조)로서가 아닌 그에 종속된 문화적 생산구조(상부구조)의 일부로서, 인간의 다양한 문화 활동의 일부이자 그 과정에서 얻어진 부수적인 결과물(즉, 예술 작품)로 간주한다. 일반적으로 미학자들은 예술의 순수성, 숭고함, 전문적 혹은 창조적 활동으로서 예술의 특수성을 강조하면서 위와 같은 마르크시즘의 입장을 예술에 대한 편협한 관점이라고 비난하고 있다. Marx도 "예술이 인간의 물질적인 생산관계를 지원·보조함으로써 사회발전에 일정한 기여를 한다."라고 주장하면서도, 동시에 '예술 자체가 인간에게 가져다주는 느낌과 즐거움을 인정하지 않을 수 없다'라고도 말함으로써 예술에 대해 중층적인 입장을 보인 바 있다. 하지만 마르크시즘은 기본적으로 예술이 그 사회적 위치를 떠나서는 구체적 의미를 갖지 못하는 것으로 간주한다(Dupre, 1983, pp. 230-231; Zolberg, 2000, p. 32에서 재인용).

둘째, 사회주의는 예술가들의 위치와 역할도 개인적 차원보다는 사회적 존재로서의 역할에 주목한다. 예술가에 대한 일반인의 주된 인상은 '홀로 작업하는 창의적 존재'이지만, 실제로 그러한 전통적인 이미지와는 달리 상당히 많은 예술가들은 다양한 방식으로 조언자(혹은 스승), 편집자(editors), 동료들의 도움을 받아 작품을 완성한다. 미학자들이 예술의 보편성(즉, '모든 인간은 누구나 미적 감성과 심미적 활동의 잠재력을 지닌다'라는 관념)을 강조하면서도 예술가들과 그들의 작품에 대해 천재성이나 창조성만을 기대하는 것은 모순된 태도이며, 그러한 태도의 이면에는 엘리트주의가 잠재되어 있다. 그러므로 하나의 예술 작품은 역사적 · 문화적 진공 상태에서 탄생하는 것이 아니라 역사적 흐름의 영향을 받고 현재 사회의 문화적 · 제도적 풍토 속에서 한 사람 이상의 협동작업을 통해 완성된다는 것이 사회주의적 입장이다(Becker, 1982).

셋째, 사회주의적 예술관은 예술 작품의 평가에서 그 작품 자체만으로 평가하는 미학적 판단을 인정하지 않는다. 예술 작품은 그것이 탄생하는 순간 예술가의 의도와 상관없이 사회적으로 해석되고 가치부여되고 유통되는데, 이 모든 과정은 모두 사회적 상호작용의 산물이라는 것이다. 예를 들어, 인류역사상 매우 짧았던 특수한 시점(페리클래스 시대)을 제외하고는 예술은 기술과 구별되지 않았고, 그러한 맥락에서 과거에는 예술가와 기능공이 구별되지 않았다고 한다. 즉, 예술은 그 수준이나 창작의도와는 별도로 대부분 매우 사회적인 활동이었고, 예나 지금이나 그 가치는 순수한 미적 가치로만 평가되었던 것이 아니라 다양한 계급적 · 사회문화적 · 경제적 가치에 의해 판단되어 왔다는 것이다.

(3) 예술사회학의 핵심 논점

이러한 예술사회학의 입장을 보다 명확히 이해하기 위해 본 절에서는 예술사회학이 순수예술 대 대중예술의 구별과 예술가의 자질을 어떻게 보는지 살펴보자.

가. 순수미술이냐 대중미술이냐

역사적으로 예술 분야는 유럽의 오랜 전통 속에서 태동하고 발전했으며, 유럽 예술은 매우 귀족주의적이고 엘리트주의 혹은 선민주의적 배경을 지속하여 왔다(Zolberg, 1986). 하지만 최근 이러한 유럽을 중심으로 한 귀족주의적 전통은 새롭게 패권을 차지하게 된 북미의 학계와 예술계의 등장으로 도전을 받게 되었다. 이러한 상황은 자연스럽게 예술에 대한 귀족주의적 관점을 견지하는 순수예술과 대중주의적 관점을 표방하는 대중예술 사이에 대립 혹은 갈등 관계를 형성하게 되었고, 예술에 대해서도 새로운 정의들이 생겨나게 된 것이다(DiMaggio, 1982). 이러한 변화를 바탕으로 한편으론 순수예술과 구별되는 대중예술을 위한 의미의 탐색과 실천적 노력들을 이끌어 내는 예술계의 노력도 있었던 반면, 동시에 기존 예술계의 전통을 지키기 위해 예술의 대중화를 저지하고자 하는 다양한 전략들도 나타나게 되었다. 예를 들어, DiMaggio(1982)는 기존의 예술계(즉, 예술을 생산하는 예술가나 소비하는 상류층)가 자신들의 차별적 신분을 유지하기 위해 세 가지 전략—첫째, 권위 있는 사회 및 문화기관에 예술 작품을 진열하기, 둘째, 능력 있는 대중을 격려함과 동시에 수준 낮은 대중들은 배척하는 전략, 셋째, 예술품의 금전적 가치를 높이기 위한 희소성 확보 전략—을 구사하기 시작하였다고 지적한 바 있다. 그들은 이러한 전략들을 성공적으로 안착시키기 위해 예술을 재분류하고 예술에 대한 기본 틀을 재편성하는 작업들에 착수하였는데, 그러한 다양한 전략의 결과가 오늘날 현대인들이 경험하고 있는 여러 순수예술의 대중화(오페라 감상 혹은 미술관 관람 등)라는 것이다. 이러한 순수예술과 대중예술 사이의 구분은 예술에 대한 귀족주의 대 대중주의적 관점의 대립과 복잡하게 얽혀 있는데, 예술사회학은 그 구분을 단순히 미학적 혹은 양식적 차이에 의존하기보다 정치경제적·사회문화적 배경에 대한 분석을 통해 논의하고자 하는 것이다.

나. 예술가의 자질: 본성(nature)이냐 훈련(nurture)이냐

예술사회학은 예술가의 자질과 잠재력을 개인의 차원에서보다 사회적 차원에서 인식하고자 한다. 즉, 예술가의 자질을 타고난 것(nature)이라기보다는 길러진 것(nurture)이라고 보는데, 크게 세 가지 이유를 들 수 있다. 첫째, 예술가는 개인으로 존재하지 않고 사회의 구성원으로서 존재한다. 작품을 만들어 내는 작가는 개인(즉, 홀로 존재하는 한 존재)으로서 존재하는 것이 아니라, 잠재적 관객이 되는 사회 속 일원(즉, 공동체의 한 구성원)이라고 인식한다. 더구나 예술가는 홀로 성장하는 것도 아니고 예술 작품의 창작이 혼자만의 힘으로 완성되는 것도 아니라, 다양한 방식의 교육, 훈련, 협력, 공동창작의 과정을 통해 이루어진다. 비록 오늘날 주목받고 있는 위대한 예술적 성취들이 소수의 뛰어난 재능의 예술가들의 업적이라고 이념화되고 있지만, 그러한 성과들이 단지 소수 천재들의 독자적 업적의 산물이라고 단정 지을 수는 없는 것이다.

둘째, 예술 작품의 완성은 작가에만 전폭적으로 의존하지 않는다. Barthes(1977)가 '예술 창작이란 작품의 창조 과정에서 작품에 대한 해석을 비롯한 다양한 담화 과정을 통해 수용자(독자)와 예술가가 끊임없이 상호작용하는 과정'이라고 정의한 바와 같이, 예술 작품은 더 이상 예술가만의 전유물이 아니다. 이러한 입장은 '작가(예술가)의 죽음'(Barthes, 1977; Foucault, 1979)이라는 표현으로 대표되는 스트모더니티의 등장으로 더욱 지지를 받았고, 현대예술은 예술가와 독자의 절대적 구분에 의존하지 않고 예술이 창작자의 의도만이 아니라 독자(관객)의 해석에 의해 완성된다는 것을 인정하게 되었다.

셋째, 예술 작품뿐만 아니라, 예술가 자신도 사회적 · 역사적 생성물이다. 예술가들의 역할은 거시역사적 과정을 통해서 그 역할을 수행하고자 하는 사람들의 미시전략의 상호작용에서 나타난다는 Bourdieu(1984)의 주장을 바탕으로, Zolberg(2000)는 예술가들에 대해 사회가 갖는 오해(myth)를 지적한다. 즉, 예술가들에게 지나치게 독창성(creativity)을 기대하거나, 예술 작품에 신성함(sanity)을 부여하거나, 예술가와 그의 작품들이 개별적(idiosyncratic)이라는 환상을 갖지 않을 때 비로소, 예술가와 작품의 진정한 만남이 이루어지고, 그러한 작품들에 대한 올바른 평가의 사회적 구조를 만들어 낼 수 있다고 보았다(pp. 164-165). 즉, 예술 작품들의 독창성이나 숭고함, 개별성(독자성) 등을 강조할 때 그것들이 사회와 구별되는 요소로서 인식할 것이 아니라, 사회와의 밀접한 관련성 차원에서 이해해야 한다는 것이다.

2) 예술사회학의 실천: 사회참여 예술

본 장에서는 사회참여 예술을 통해서 예술사회학과 다문화 미술교육이 어떻게 연결될 수 있는지 논의해 보자.

(1) 사회참여 예술의 개념

사회참여 예술(socially engaged art)은 1960년 후반 미국에서 미술교육과 다문화교육의 만남을 통해 출발하였다. 예술가의 지위, 미학적 추구, 예술적 경험 등 여러 측면에 있어서 특별한 영역에서 행해졌던 기존의 예술을 개별적 공간과 일상적 삶의 사건들(occasions)의 영역으로 이동시키는 작업에 평생을 매진해 왔던 Allan Kaprow의 영향과 1980년대의 페미니즘 운동에 기반한 행위 예술가(performance artist)였던 Charles R. Garoian의 교육학적 통찰 등을 통해 예술의 사회참여와 교육적 실천을 위한 노력이 그 출발이었다. 그리고 1990년대부터 최근까지 20여 년 간의 사회참여 예술은 그 범위(scope)와 형태(style) 측면에서 모두 비약적인 발전을 이루었다. 사회참여 예술은 사회의 다양한 소외 집단들(성소수자, 유색 인종, 장애인, 소수민족/집단 등)과 연계하여 지속적인 사회운동으로써 각종 학술대회(Art & Social Justice conference), 정기적 시상(Prize for Art and Social Change), 전 지구적 사회저항운동(global social protests) 등을 벌여 왔다. 결국, 사회참여 예술이 지향하는 것은 예술 행위 자체가 하나의 사회적 행위(social practice)이고, 따라서 사회적 현실을 직시하고, 사회상을 반영하며, 아울러 사회의 변화나 사람들의 삶과 사고에 영향을 줄 수 있어야 한다는 인식을 기반으로 한다는 것이다(Helguera, 2011).

사회참여 예술에 대한 보다 명확한 이해를 위해 그와 유사한 개념들과 비교해 보자. 사회참여 예술은 예술적 결과물, 즉 작품 자체에만 관심을 갖는 것이 아니라, 예술 작품을 창조하는 경험 자체를 예술의 핵심적인 요소로 간주하는 예술 행위를 중요시한다. 사회참여 예술이 강조하는 '실천하는 예술(performative arts)'은 인간의 신체를 활용한 신체적 동작, 표현, 혹은 신체 자체가 예술적 작품의 일부가 되는 '행위 예술(performance arts: 연극, 댄스, 음악 연주)'이나 인간의 예술적 표현이 실행되는 다양한 양식을 가리키는 보다 다양한 '예술적 행위(artistic performances: 영화, 비디오, 그림 그리기, 조각, 마임, 시 구연, 독백, 서커스 등)'와는 다른 개념이다. 위 구분에서 '행위 예술'은 행위자(performer), 관객(audience), 예술적 행위 자체로 구분되어지면서 그 행위는 관객들 앞에서 표현되는 순간 사라지는 것이고, '예술적 행위'는 다양한 매체를 활용하며 보존될 수도 있다. 그에 비해 사회참여 예술은 예술이 인간의 삶의 일부이자 사회라고 하는 인간의 공동체 속에서 그 참된 의미를 찾을 수 있다는 생각을 바탕으로 '인간의 삶과 함께하는 예술' 혹은 '삶 속에 구현된 예술'을 추구하는 모든 사회적 예술 행위를 가리킨다(Carlson, 1998).

요컨대, 사회참여 예술은 예술 활동 및 예술교육이 단순한 심미적 추구가 아니라 궁극적으로 사회정의를 지향해야 함을 강조하고 있고, 이것이 다문화교육의 지향점인 사회적 편견 및 억압의 불식과 적극적인 사회참여라는 목적의식을 공유한다는 것이다(Garber, 2004).

(2) 사회참여 예술의 성격

Dewey(2005)는 개인이 자신이 경험한 것과 발견한 것을 타인과 소통하기 위해 예술 행위를 시도하므로 모든 예술적 행위들은 사회적이라고 보았다. 이러한 예술의 사회적 성격을 가장 대표적으로 실천하고 있는 것이 사회참여 예술인데, 본서는 그 성격을 보다 명확히 하기 위해 사회참여 예술의 정당성, 즉 존재론적 기반을 다음 세 가지에서 찾고자 한다.

첫째, 예술의 사회적 가치지향성이다. 사회참여 예술은 예술의 가치와 역할이 결국 인간의 삶의 맥락 속에서 어떤 의미를 갖는가에서 찾을 수 있다고 본다(Anderson & Milbrandt, 2004). 이처럼 사회참여 예술은 예술적 행위의 동기(미적 추구)나 그 결과물(창의적 예술 표현) 자체에 관심을 갖기보다는 그것이 예술가 자신을 포함한 인간의 삶 및 사회에 어떤 의미를 부여하는가에 더 큰 관심을 갖는다.

이러한 예술의 사회적 가치지향성을 프랑크푸르트학파의 전통을 잇는 Habermas(1984)의 의사소통이론의 틀을 유비(analogy)로 하여 설명할 수 있다. Habermas는 인간의 이성이 단순히 전략적 목적(도구적 행위)에 의해 쓰이는 것이 아니라 개인들 사이의 소통과 이해를 촉진하는 사회적 행위(의사소통 행위)에 사용될 때 정치와 문화의 영역에 지속적인 영향을 미침으로써 진정한 해방의 힘을 가질 수 있다고 보았다(p. 26). 즉, 올바른 사회적 행위란 도구적 이성을 활용하여 환경을 통제하는 것 이상으로 개인들 간의 소통을 통해 상호 간 이해와 공동체의 변화를 모색하는 것이라는 의미이다.

둘째, 예술의 사회적 배태성(embededness)이다. 현대 미학의 가치기준의 두 가지 원칙인 '작품이란 예술가 단독의 창조물'이라는 것과 '작품은 고유하다'는 것은 그동안 예술계의 기본 전제였다. 하지만 이러한 독자성과 고유성은 현대예술이 시도했던 다양한 복제, 재생산, 사본들을 활용한 다양한 예술 형태(사진, 영화, 미디어 아트 등)의 출현으로 큰 도전에 직면해 왔다(Benjamin, 2008). 그 이후 현대예술은 위와 같은 독자성과 고유성이라는 예술에 대한 판단의 울타리에서 벗어나, 예술의 본질을 탐색하면서 예술적 독창성은 충분히 사회적으로 재해석될 수 있다는 것을 깨닫기 시작한 것이다. 결국, 예술의 사회적 배태성은 예술의 독창성이나 고유성이 개인의 차원에서 창출되거나 판단될 수 있는 것이 아니라, 본질적으로 역사적 맥락, 조건, 가치기준 등에 대한 사회적 합의에 의존할 수밖에 없다는 것을 의미한다.

셋째, 예술의 사회적 구성성이다. 앞서 논의한 예술사회학과 같은 맥락에서, 사회참여 예술은 예술이 개인적 창조물이라기보다는 사회적 구성물이자 집단적 작업의 결과물로 본다. 따라서 예술 작품은 다양한 행위자들을 포괄하고 사회적 요인들이 결합된 과정을 통해서 창조된다는 것이다(Becker, 1982). 그런 맥락에서 사회참여 예술의 형태는 예술가와 관객(대중) 사이의 다양한 관계성의 형성을 인정하고, 예술가와 관객의 사이에 명확한 경계를 긋지 않는다. 더 나아가 관객들 혹은 대중들로 하여금 예술적 행위에 적극적으로 참여하도록 유도하는데, 이것은 앞서 Habermas가 강조한 관계적 소통의 한 방식이기도 하다. 그러므로 사회참여 예술은 모든 예술적 행위는 사회적인 행위가 되고, 대중들이 예술에 참여하는 방식은 다음 〈표 5-1〉과 같이 정도에 따라 여러 수준으로 나누어질 수 있다.

〈표 5-1〉 대중의 예술 참여 수준(Helgera, 2011 참조)

참여 수준	사례	설명 / 특징
명목적인 참여	미술관, 전시회 방문자	• 가장 전통적인 참여 방식 • 예술가와 관객이 구분됨
지시된 참여	방문객의 쪽지 나무	• 예술가의 의도에 의해 관객의 행위가 연출됨 • 관객은 자발적이면서도 피동적임
창의적인 참여	특정 프레임 안에서 참여자의 독창적 표현	• 예술가는 일정한 구도와 범주만 설정해 놓고 관객들의 의도가 충분히 표현되어짐 • 관객의 자발성과 창의성이 요구되므로, 결과를 완전히 예측할 수 없음
협업 수준의 참여	다양한 형태의 공공예술 프로젝트	• 예술가와 관객이 공통된 계획과 협업에 의해 예술 작품을 창작 • 예술가와 관객은 평등관계이며, 공동의 선을 추구
가상의 참여	소셜 미디어, 플래시 몹 등	• 인터넷 및 가상현실 시대의 새로운 참여예술의 형태 • 예술가와 관객의 구분이나, 뚜렷한 주도자가 없다. 다중적이며 포스트모던적 성격(비체계적, 일시적, 분산적, 무정형적)

위 표에서 제시된 바와 같이 사회참여 예술은 작가와 관객의 참여 수준이 다양한 방식으로 이루어질 수 있다. 특히, 오늘날과 같은 다원주의적이며 정보통신기술의 혁신이 일상화된 사회에서는 더욱 다양하게 구현될 수 있으며, 전통 예술계의 비평의 기반이 되었던 예술의 고유성(originality), 진정성(authenticity), 작가주의(authorship)의 개념은 다문화 예술교육의 차원에서 새롭게 해석될 필요가 있을 것이다.

3) 예술사회학과 다문화교육의 만남: 다문화 미술교육

(1) 다문화 미술교육의 전개

앞 장에서 예술사회학과 그 대표적인 사례인 사회참여 예술에 대해 살펴보았다. 본 장에서는 이러한 사회참여 예술이 어떻게 다문화 미술교육의 발전으로 이어지고 있는지 살펴보기로 한다. 우선 본 절에서는 다문화 미술교육을 미술교육의 인류학적 접근, 다문화주의 미술교육의 등장, 비판적 다문화 미술교육의 실천으로 나누어 정리해 보고자 한다.

가. 미술교육의 인류학적 접근(1960~1970's)

초기 북미의 흑인들(African American)에 대한 연구는 그들이 미국 문화 전반에 끼친 영향에 대한 관심에서 출발한 것이었다(Banks, 1993). 즉, 다문화교육의 초기 단계는 바로 흑인들에 대한 민속적 연구라고 볼 수 있다. 이러한 아프리카계 미국인들 연구는 기존의 미국 교육에서의 앵글로-유럽적(Anglo-European) 헤게모니에 대항하는 역할을 하였고, 그 후 다른 많은 소외 그룹(여성, 장애인, 소수인종 등)에 대해 학자들의 관심을 불러일으키는 계기로 작용하였다. 이러한 인종연구(ethnic studies)가 관심을 갖게 된 1960년 중반 이후, 학교교육의 개혁은 그들을 위한 시민권 운동, 그들에 대한 편견으로 가득 찬 교과서 내용에 대한 비판적 분석, 그들을 결핍의 개념(deficiency orientation)으로 바라보는 태도에 대한 도전이라는 세 가지 동력이 결합되어 추진되었다.

이 중 문화결핍 개념(The cultural deficiency orientation)[1]은 1960년대 전 기간 동안 동화주의자(assimilationist)들의 실천의 근거역할을 해 왔다(Duesterberg, 1998; Sleeter & Grant, 1988). 이 기간에 예술교육가였던 June McFee(1961/1970)

1) Baratz와 Baratz(1970)에 의해 처음 지적된 이 관점은 사회과학이나 인류학이 중산층 앵글로색슨계 백인들의 문화적 표준이 모든 다른 문화들을 판단하는 모델이 되고, 그들의 표준에 미치지 못하는 삶의 양상들은 문화적 결핍으로 간주되는 현상을 가리킨다(Sleeter & Grant, 1988).

는 문화 연구에 대한 인류학적인 접근을 활용해야 한다는 것과 예술적 실천과 독특한 문화적 정체성을 유지하고자 하는 노력이 문화 집단에 따라 다르게 나타남을 강조하는 『예술교육을 위한 준비(*Preparation for Art*)』라는 저서를 출간하였다. 이 저서를 통해 그동안 상식적으로 받아들여졌던 '예술이 보편적 진실을 표현한다'는 관념에 금이 가기 시작했다.

그러던 중 1970년대 중반에 이르러 마르크시즘과 네오마르크시즘을 바탕으로 한 비판적 갈등이론이 교육이론에서 많이 다루어지면서, 사회경제적 위계성에 대한 문제의식과 교육과정이 계급을 바탕으로 한 사회적 불평등을 재생산하는 데 기여한다는 주장들이 불거져 나오기 시작했다. 즉, 공립학교가 자본주의 생산시스템에 대응하여 구조화 및 운영됨을 지적함으로써 학교교육이 지배와 종속의 사회적 구조를 강화시킨다고 주장했던 것이고(the corresponding theory: Bowles & Gintis, 1976; Willis, 1977), 학교는 사회화를 담당하는 기관으로서 사회적 구조가 변하지 않으면 학교교육도 변하기 어렵다고 보았던 것이다. 이렇듯 갈등이론자들은 미국 사회에 사회적 불평등이 존재한다는 전제에서 출발하여 소외된 계층이 이러한 상황에서 벗어날 수 있도록 도와주어야 한다는 시각을 강조하였다. 한편, 학교교육이 사회적 갈등을 줄이는 역할을 하는 게 아니라 오히려 학생들로 하여금 사회적 규범을 내재화하게 만든다는 것을 강조한 Gramsci의 헤게모니이론을 바탕으로, Apple(1979)은 잠재적 교육과정에 깔린 암묵적인 이데올로기를 들추어내는 데 집중하였다. 여기서 Apple은 어떤 지식이 학교교육에서 공식적(official) 권위를 갖고 통용되는가를 지적하면서, 교육과정이 보수적인 운영방식을 통해 지배적인 문화적 가치들과 성향들을 전달하는 수단으로 작용하고 있는 점을 비판하였다.

나. 다문화주의 미술교육의 등장(1980's~1990's)

그동안 학교교육의 구조는 객관적인 지식을 전파하고 지배적인 이데올로기를 자연스럽고 의심할 바 없이 본유적인 것으로 받아들이게끔 하는 역할을 하고 있었다. 지식이 객관적 사실들의 집합으로 인식됨으로써 지식이 형성되는 정치적 차원을 직시하지 못하게 했던 것이다. 이러한 맥락 속에서 그동안 예술교육 분야의 다문화 연구자들은 예술에 대한 엘리트주의적 개념을 강조하는 차원에 머물러 있었다. 그 대표적인 예가 1980년대에 등장한 학문중심예술교육(discipline-based art education: DBAE)이다. 이 개념은 예술을 보편적인 지식과 기술, 과정, 사실들의 집합체로 가르치는 것이었고, 유럽의 전통과 가치가 월등한 예술적 유산인 것처럼 가르쳐졌던 것이다. 그동안의 이러한 보편주의적 예술관에 반발하여, 문화적 연구에 대한 인류학적인 접근과 하위문화의 다양성을 강조하는 연구들(McFee & Degge, 1980)이 나타나기 시작했다.

1990년대에 들어서 미국에서 다문화교육이 큰 관심을 얻게 되면서, 다문화 미술교육 분야도 전환점을 맞이하였다. 1992년에 있었던 학문기반예술교육학회[Getty Center Discipline-Based Art Education(DBAE) and Cultural Diversity]에서 다문화 미술교육을 위한 포럼이 열렸는데, 여기서 그동안의 학문중심예술교육(DBAE) 기반 예술교육이 엘리트주의적 · 유럽중심적 · 보편적 형식주의의 접근이었으며 문화적 다양성에 대한 인식이 결핍되었다는 것에 대한 비판과 반성이 있었다(Kantner, 2002; Chin, 2013에서 재인용).

다문화주의와 유럽중심주의

미술교육 학자들이 언급한 바와 같이(Collins & Sandell, 1992; Delacruz, 1995a; Smith, 1996), 다문화교육 비평가들은 다문화주의가 유럽 중산층의 가치와 전통에서 출발하였고, 그에 따라 다문화주의를 실천하는 것은 유럽주의적 헤게모니를 심화하는 것이라는 지적이 있다. 이러한 비평가들의 주장이 토대하고 있는 가정은 바로 다문화주의가 유럽적 전통에서 출발했다는 것이다. 이러한 주장에 반해, Banks(1996a)는 다문화교육의 뿌리를 초기 아프리카계 미국인을 연구한 학자들이 백인 유럽인들의 헤게모니와 지배에 저항하는 차원에서 다문화주의를 정착시켰다고 주장한다. Banks의 논문들은 다문화주의가 유럽에 토대를 두고 있다는 주장 자체가 유럽 중심적이고 헤게모니적 관점이며, 그러한 관점들이 다문화사회에서 소외된 계층들의 정체성과 목소리를 침묵시키는 역할을 하고 있다고 주장한 것이다.

※ 헤게모니란 지배 집단의 통제와 영향력을 다른 집단에 물리적 힘이나 이데올로기의 전파를 통해 내재화함으로써, 사람들의 의식 혹은 무의식 속에 그러한 지배에 동의하게끔 만드는 상태를 가리킨다(McLaren, 2010).

이로 인해 학문기반예술교육(DBAE) 교육과정에서 다문화적 개혁을 자극하는 계기가 되었고 오늘날 예술교육에 다문화적 요소를 포함시키는 것이 미국 교육에 자리 잡게 되었다. 1987년 들어 국가교사교육인증위원회(the National Council for Accreditation of Teacher Education)는 다문화주의를 포함하는 교육표준안을 만들었고, 이 표준안은 2000년과 2002년에 각각 개정 및 추인되었다(Banks, 2004). 전미미술교육협회(The National Art Education Association: NAEA)는 그들의 교육목표를 국가시각예술표준안(the National Visual Arts Standards)에 맞추면서 두 협회의 교육표준에 다문화주의가 의무적으로 포함되었다. NAEA는 또한 1999년에 예비예술교사표준(The Standards for Art Teacher Preparation)을 개정하여 예술교사로 인정받기 위해서는 다문화주의에 대한 소양을 반드시 갖추어야 하는 인증절차도 마련하였다(Chin, 2013).

다. 비판적 다문화 미술교육의 실천(2000~현재)

다문화교육이 지향하는 여러 가치와 목적 중에서도 가장 핵심적인 주제는 다양성 · 공존 · 사회적 정의라고 볼 수 있는데(Banks, 2007), 최근 다문화 예술교육에 대한 논의는 이러한 가치들을 예술교육을 통해 실현하는 방향으로 나아감과 더불어, 예술과 다른 지식 분야와의 융합적 교육 및 실천에 관한 연구에 관심이 집중되고 있는 추세이다. 그런 의미에서 최근의 다문화 예술교육에 관한 연구는 크게 세 가지, 즉 첫째, 차이에 대한 인식과 수용 등과 같은 인식론적 전환, 둘째, 소외된 계층(학생)에 관심을 집중함으로써 사회정의, 평등성 등의 가치에 대한 강조, 셋째, 융합적/실천적 연구와 교육의 확대를 특징으로 하고 있다.

첫째는 차이에 대한 인식과 수용, 그리고 그럼으로써 다양성의 철학을 확장시키는 차이의 철학이다. 여기에는 예술교육에서 문화적 차이, 다양성, 차이의 용인 등의 주제를 다루는 것(Desai, 2000)과 다양한 배경의 학생들을 포괄하는 통합교육(inclusive education)을 통한 예술교육, 여러 인종과 문화, 계층 간의 협력 및 공존에 대한 주제를 다루는 연구들이 포함된다(Desai, 2000).

둘째, 사회적 약자나 소외된 계층들을 위한 예술교육을 통해서 사회정의를 실현하고자 하는 연구이다. 예를 들어, Kraehe와 Acuff(2013)는 등한시(underservedness)의 개념을 통해 소외계층을 위한 다문화 미술교육의 네 가지 이론적 관점—비판적 인종 이론(critical race theory), 교차성(intersectionality), 비판적 다문화주의(critical multiculturalism), 사회정의 교육(social justice education)—을 제시한 바 있다. 이외에도 미술교육을 통해 적극적으로 인종(주의) 문제, 사회적 공통분모로서의 문화의 의미와 역할에 대한 논의, 비판적 다문화주의를 바탕으로 미술(교육) 역사를 재인식하는 연구들이 여기에 포함된다.

셋째, 예술을 독자적 학문영역으로 인식하는 고립적 접근보다는 타 학문 및 타 교과 영역과의 융합을 기반으로 하는 예술교육이나 이론적 접근보다는 실천을 강조하는 미술교육을 도입하고자 하는 연구들도 있다. 이 영역의 연구들은 기본적으로 미술교육이 학습의 중요한 매개체나 촉진제가 될 수 있다는 입장을 가지고 있고, 더 나아가 이를 다른 교과들과의 통합을 통한 교육을 시도하려는 연구들로 이루어져 있다. 한 연구의 예를 들면, Hajisoteriou와 Angelides(2016)의 연구는 다문화 미술교육에서의 또래 간 협력, 소외된 학생들에 대한 관심, 교과통합을 통한 예술교육의 여러 주제를 아우르는 수업의 중요성을 강조하기도 했다.

지금까지 논의한 다문화 미술교육의 변천 과정의 주요 특징을 그림으로 정리하면 다음 [그림 5-1]과 같다.

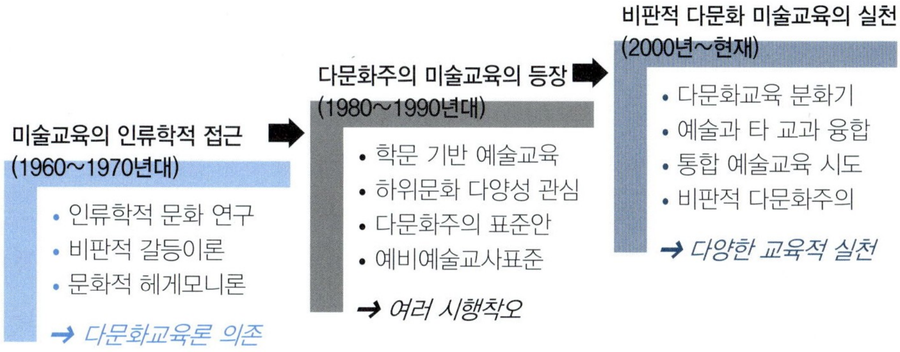

[그림 5-1] 다문화 미술교육의 전개

요컨대, 다문화 미술교육의 태동기에는 다문화교육의 이론과 관점에 전적으로 의존하면서, 미술교육만의 독자적 관점을 내지 못했었고, 갈등기에는 과거의 유럽중심주의에서 벗어나기 위한 여러 시행착오가 있었으며, 정착기에는 다문화교육에서 분화되면서 독자적 이론화가 이루어지고 타 교과와의 융합연구나 통합적 미술교육 및 실천 등과 관련하여 다양한 연구가 이루어지고 있는 상황이다.

(2) 다문화 미술교육의 핵심 원리

가. 정체성 탐구로서의 예술

Dissanayake(1988)는 예술을 인간이 삶의 의미를 추구하기 위해 수행하는 것으로서 다른 것으로는 대체 불가능한 활동이라는 정의를 내린 바 있다. 즉, 인간의 사회적 활동은 경제적 · 사회관계적 · 육체적 욕구 등에 의해 촉발되기는 하지만, 그런 행위들로 충족될 수 없는 삶의 의미에 대한 갈망이 예술적 활동으로 표출 혹은 승화된다는 것이다. 여기서 예술 활동을 통해 삶의 의미를 찾는 과정은 결국 개인의 존재감을 반영하는 행위이고, 그 행위의 결과물인 예술 작품들은 자기정체성, 거주 환경, 공동체, 그리고 문화 등에 대한 인식(sense)을 드러낼 수밖에 없다. 이것이 바로 예술 활동을 통해 존재감(a Sense of Being)이 반영되는 방식인 것이다.

사실, 예술은 인간의 예술적 활동의 결과물(artifacts) 자체라기보다, 그 이전 예술가들의 사고, 느낌, 모든 정신적 관념의 총체이다. 그러므로 예술의 출발점은 예술가 자신이고, 세상과 소통하는 자신에 대한 인식, 즉 자아개념이 중요한 역할을 할 수밖에 없다. 이러한 자아개념을 바탕으로 예술가를 포함하여 모든 사람의 삶은 주변의 세계에 참여하고 자신의 감각을 통해 주변의 모든 사건을 경험하는 것이다. 예술적 작업도 그 과정의 하나로서, 예술가가 자신의 느낌을 그리고 자신에 대해 표현하는 자기-진술(self-statements)의 과정이고 그러한 자기 진술을 타인과 공유함으로써 삶의 의미를 확인하는 작업이라고 볼 수 있다.

Dewey(2005/1934)는 감각이란 경험에 의해 직접적으로 체화됨으로써 그 자체의 의미가 조명을 받는 상태라고 보았기 때문에, 감각기관들이 완전하게 구현되었을 때 그 기관들의 기능을 드러내 보여 주는 유일한 징표가 감각이라고 주장한 바 있다. 이때 감각들이 생명체가 자신을 둘러싼 세계와의 끊임없는 상호작용에 직접적으로 참여하는 생체기관 자체가 되는 것이다. 이러한 참여가 이 세계의 다양한 놀랍고 멋진 경험들을 그 생명체가 경험하는 질적 수준에 따라 그에게 드러내 보여 주게 된다는 것이다(p. 22). 요컨대, 이러한 Dewey의 관점에서 보면, 예술은 변화하는 삶의 경험들의 총합이 형상화된 결과물인 셈이다.

예술가의 자기 정체성은 자신의 삶에 대한 인식일 뿐 아니라, 다른 사람들의 관점이나 이해로부터 형성되기도 하는데, 그런 의미에서 예술가의 정체성은 사회적으로 형성되며 다중적 관점(multiple perspectives)을 갖는다(Jones, 2009). 즉, 예술은 타인의 관점을 통해 자신을 돌아보는 작업(자아정체성)이고, 예술 활동의 과정에서 다양한 개인, 집단, 문화, 삶의 양식에 대한 느낌, 이해, 성찰을 반영하는 작업이 될 수 있다. 이를 위해 예술작업은 사람들의 삶 속에서 나타난 여러 이야기, 문화, 논점을 묘사하는 과정을 포함하게 되고, 그것이 바로 자신과 타인의 존재 의미를 탐색하고 표출하는 독창적이고 강력한 도구로서 다문화 미술교육의 역할이 되는 것이다(Anderson & Milbrandt, 2004).

나. 문화적 은유 및 척도로서의 예술

다문화 미술교육의 또 다른 시각은 문화적 은유(Cultural Metaphor)로서의 예술이다. 문화가 사람들의 삶에 어떤 영향을 미치는지를 잘 이해하기 위해서는 보이지 않은 문화적 영향들을 가시적으로 형상화하는 작업이 필요한데, 예술이 그런 역할을 하는 것이다. 이처럼 예술은 하나의 비유(allegory)로서, 삶 속에 내재되어 있는 어떤 의미를 표출하거나, 실제 세계를 다양한 양식을 통해 보여준다. 문화는 사람들이 자신을 들여다 봄으로써 실재를 탐색할 수 있게 해 주는 환류체계인데, 그것은 예술 행위를 통해 가능해진다는 것이다(Singley & Anderson, 1989). 예술은 그 사회의 문화를 직간접적으로 드러내는 역할(즉, 문화적 은유의 역할)을 함으로써 우리가 문화적 본질에 대한 이해를 할 수 있도록 돕는 것이다.

예술은 문화적 은유로서의 역할과 동시에 문화적 척도(Barometer)의 역할도 하는데, 이는 특히 다양한 문화, 사고, 삶이 공존하는 다문화사회에 있어서 더 중요하다. 예술적 자유, 예술가적 활동의 범위, 예술 작품의 다양성은 그 사회의 문화적 수준을 가늠하는 척도가 될 수 있는데, 그런 의미에서 문화적 다양성과 예술적 다양성은 불가분의 관계인 셈이다. 결국, 예술적 행위나 예술 작품들을 통해 우리는 문화적 · 사회적 · 정치적 · 경제적 요인들이 우리의 삶에 미치는 영향을 이해할 수 있는 통찰을 얻게 되고, 그 배경에는 문화적 다양성이 핵심적인 역할을 하는 것이다(Chapman & Crimmin, 2007).

다. 공동체적 삶의 표현으로서의 예술

> **위대한 일은 충동적으로 이루어지는 것이 아니라, 작은 것들이 한데 어우러지는 일련의 과정을 통해 이루어진다.** – Vincent van Gogh

Bacon(2012)은 자신의 저서 『공동체의 기교(*The Art of Community*)』의 1장 첫머리에 위와 같은 Gogh의 말을 인용하면서, 예술을 포함한 모든 위대한 인간의 업적은 개인적 작업이라기보다는 집단적 성과임을 강조하고 있다. 공동체

(community), 협력(collaboration), 소통(communication)과 같은 단어들은 모두 '나눔'이라는 의미의 접두어(co-)를 공유하고 있는데, 이 나눔의 중요성은 예술 분야에서도 예외가 아니다. 나눔(sharing)은 모든 소통이나 교류의 기본 원리로서, 지식 자체도 혼자만의 힘으로는 성립되지도 않고 의미도 없다. 그런 의미에서 모든 지식은 사회적이고, 공유적인 것이며, 공유되지 않는 지식은 지속가능하지 않다.

예술도 마찬가지이다. 예술적 감성, 느낌, 아이디어, 행위는 개인의 차원에서 일시적으로 발생할 수 있지만, 그것에 가치가 부여되거나 평가되고, 더 나아가 지속되기 위해서 그러한 사건들(events)은 모두 교류, 공유, 재구성, 해석이라는 사회적 과정을 거쳐야 한다. 만일, 예술이 어떤 방식으로든 인간의 감정, 정서, 아이디어 등의 표현(expression)이자, 삶의 재현(representation)이라면, 그 궁극적 지향점은 모두 사회적인 것이다. 그러한 의미에서 다문화 미술교육은 예술이 '개인적인 과업'이라는 기존의 개인주의적이고 엘리트주의적인 예술관을 극복하는 것이다.

요컨대, 다문화 미술교육은 세 가지 핵심적 원리인 예술을 통한 자기 발견, 문화적 자원을 자원과 척도로써 예술적 성과로 표상할 수 있는 능력, 그리고 공동체적 삶을 표현하고 구현하는 것을 목표로 하여 이루어져야 할 것이다.

(3) 다문화 미술교육의 전략

Chin(2013)은 다문화 미술교육의 전략들을 제시한 바 있는데, 그 내용을 기반으로 크게 교사의 역할과 학생의 역할을 나누어 교육철학, 교육내용 및 방법, 교사의 태도 등의 차원에서 정리하면 다음과 같다.

가. 교사의 역할

다문화적 예술교육을 담당하는 교사는 다음과 같은 사항들을 유념할 필요가 있다.

① 교육 철학의 문제

첫째, 학생들 자신이 교육과정 내용의 일부, 학습 과정의 일부, 그리고 학습 목표의 일부가 되어야 하는데, 이는 학생들이 배우는 모든 교육과정 속에서 자신의 모습을 돌아볼 수 있도록 함으로써 이루어질 수 있다.

둘째, 학생들로 하여금 예술가적인 자기표현과 탐색을 할 수 있는 충분한 기회를 제공함과 동시에, 다른 사람의 예술적 표현을 편견이나 배제 없이 자유롭게 나누고 공감할 수 있는 마음가짐을 기르도록 해야 한다.

셋째, 학생들이 가질 수 있는 개인적 편견을 솔직하게 들여다보고, 서로 다른 사람들의 관점을 이해하고 토론할 수 있도록 지속적으로 장려해야 한다.

넷째, 학생들이 사회적·문화적으로 소외된 사람들의 기본적 요구나 생각에 귀를 기울이고 사회적 공동체의 구성원으로서 그들의 성장을 도울 수 있는 방안을 고민할 수 있도록 해야 한다.

다섯째, 학생들의 학습이 학교 울타리에 국한될 필요는 없다는 사실이다. 한 사회적 공동체 속에서 존재하는 학교는 그 공동체의 삶 자체에 스며들어 있을 때 가장 의미 있는 역할을 할 수 있다.

② 교육내용 및 방법상의 유의점

첫째, 학생들이 자신의 세계관을 재검토할 수 있도록 그들의 자발적 참여를 유도하여 그 속에서 드러나는 교육적 탁월함을 평가할 수 있어야 한다.

둘째, 학생들에게 문화적 전유(appropriation)보다는 문화적 감식력(appreciation)의 실천을 가르쳐야 한다. 문화적 전유는 문화를 배타적으로 사유화하거나 문화적 활동을 다른 목적을 달성하는 수단으로 이용하는 것을 말하고, 문화적 감식력이란 문화를 이해하고 느끼며, 그 자체를 즐길 수 있는 것을 말한다.

셋째, 문화의 내용과 관련된 다양한 공동체 구성원들을 그들 각자의 전문성을 존중하여 학습현장으로 초대할 수 있어야 하고, 그 과정에 학생들도 나름의 전문가로서 인정받을 수 있다는 사실을 깨닫게 해야 한다.

넷째, 학생들이 배우는 교과 내용의 단원 구조를 각자의 맥락에 맞추어 재구성하여, 교과 지식이나 학습 방식의 형식적인 틀에 얽매이지 않아야 한다.

다섯째, 학습경험을 돕는 여러 가지 감각들을 활용하여 기억으로 이어질 수 있도록 해야 한다.

③ 교사의 태도의 문제

첫째, 교사는 예술교육의 촉매자 역할을 하되, 학생들이나 공동체의 구성원으로부터 자신도 배우려는 개방적인 태도를 가져야 한다.

둘째, 학습의 과정에서 드러나는 여러 가지 전형성들과 편견들을 비판적으로 인식할 수 있어야 한다.

셋째, 다양한 집단, 인종, 민족 등을 지칭하는 언어 사용에 있어서도 신중하고 사려 깊은 태도를 익혀야 한다.

넷째, 최신의 관련성 높고, 사실에 기반한 교육적 주체들이 충분한 맥락적 지식을 바탕으로 논의될 수 있는 기회를 제공해야 한다.

다섯째, 적절한 교수 자료를 학생들에게 제공하되 항상 그 진정성 혹은 진실성(authenticity)에 초점을 맞추어야 한다.

나. 학생의 역할

다문화 미술교육에서 학생들이 유념해야 할 태도는 다음과 같다.

첫째, 진리의 탐구를 위한 열정을 가지고 자신이나 동료들에게 항상 '무엇이 진실인지'를 고민할 수 있어야 한다.

둘째, 자신의 장점을 인식하고 신뢰하면서 '내가 알고 있는 것이 무엇이고', 그것을 어떻게 아는지를 자문할 수 있어야 한다.

셋째, 새로운 내용을 학습하거나 예술적인 창작을 하는 과정에서 자신의 감정이나 직관이 개입되는 것을 허락해야 한다.

넷째, 자신이 무엇인가를 강요받고 있다고 느낄 때 자신의 그 인식을 재검토할 수 있어야 한다.

다섯째, 안정적 공간에 안주하지 않고 위험을 감수하고 도전하는 정신을 유지해야 한다.

여섯째, 성과에 집착하지 말고 창작 과정 자체에 중점을 두어야 한다.

일곱째, 자신이 말하거나 행하는 일들에 대한 책임감을 가져야 한다.

여덟째, 자신이 배운 내용이 자신의 삶과 관련되도록 동료나 교사들의 도움을 수용해야 한다.

아홉째, 교실의 벽을 넘나들면서 가정이나 마을 공동체에 적용할 수 있어야 한다.

다. 다문화 미술교육의 방향

다문화 미술교육의 방향을 정립하기 위해 다음 세 가지를 고려할 필요가 있다.

첫째, 다문화 미술교육은 문화와 예술의 통합적 접근으로서 현대의 기술 문명, 물질 문명의 막대한 영향력 속에서 인간 본성의 자유를 회복시키는 중요한 요소이다. 예술은 인간의 존엄성, 자유, 민주주의, 정의 등이 사회 속에서 살아 숨 쉬게 하는 영감과 아이디어와 동기(motif) 혹은 추동력(driving force)을 제공하는 역할을 해야 한다. 예술적 영감과 활동이 사회 구성원들로 하여금 공정하고 개방적이며 민주적인 시민으로서의 삶을 지속적으로 추구하고 영위하게 할 수 있는 사고의 원천을 제공해야 한다는 것이다. 그리하여 예술은 인간의 본성으로서의 자유라는 이데아(idea)와 인간의 삶의 다양한 양식이라는 현실(realia)을 잇는 가교 역할을 하게 되는 것이다. 이러한 과업은 다문화 미술교육을 통해서 더욱 강화될 것이다.

둘째, 엘리트주의에 기반한 예술관을 극복하고, 모든 인간의 고유한 본성의 발현으로서의 예술의 성격과 의미를 개발하는 것이다. '만인 평등'의 가치가 완전히 자리 잡은 지는 사실 얼마 되지 않고, 최근까지 인류는 계급주의(classism) 혹은 계급주의 이념(class ideology)의 지배를 받아 왔다. 예술 활동에 있어서도 마찬가지로 창의성과 예술 분야는 마치 소수의 재능 있는(talented) 사람들의 전유물인 것처럼 인식되어 왔고, 이는 엘리트주의적 예술관의 다양한 형태로 우리의 관념을 지배하고 있다. 다문화 미술교육의 본질은 바로 이러한 예술에 대한 편협한 관념을 극복하는 것에서부터 시작될 필요가 있다.

셋째, 다문화 미술교육의 목적은 궁극적으로 인간의 의식 개혁과 사회 변화 간의 긍정적 피드백 관계를 수립하는 것이고, 그러한 변화의 시작은 학교교육을 통해 이루어질 수 있다. Kay(2000)는 예술이 새로운 세대의 교육에 참여하고, 폭넓은 영역에서 공동체의 개발을 위한 프로그램에 적극 참여해야 한다고 강조하였고, 같은 맥락에서 Ulbricht(2005)는 예술교육을 통해 교사는 학생들로 하여금 현실 세계에 적극 참여하도록 하고, 그들의 예술적 활동이나 노력을 통해 현실 사회의 중요한 이슈들에 대응해야 한다고 강조한 바 있다. 이것이 예술의 영역을 특정 계급이나 계층의 전유물에서 보다 많은 대중과 사회를 위한 활동으로 회복시키는 첫걸음이 될 것이다.

2. 포스트휴먼 다문화 미술의 등장과 가능성

1) 포스트휴먼 미술의 등장

(1) AI 협력 미술의 이론적 기반: 포스트휴머니즘

포스트휴머니즘(posthumanism)은 인류중심주의를 넘어서고자 하는 탈인본주의적 관점을 기반으로 기술, 생명공학, 인공지능, 사이보그 등의 발전을 토대로 인간과 비인간, 기술과 자연 간의 이분법적 경계를 해체하는 철학적 세계관이다(Hayles, 1999). 포스트휴머니즘의 핵심 이론적 기반은 Descartes의 정신-물질 이원론을 거부하는 신물질주의(new materialism: Hansen, 2006), 주체-객체를 구별하지 않은 수평적 존재론인 객체지향존재론(object oriented ontology: Harman, 2018), 이성, 논리 중심에서 감각, 직관적 인식론을 강조하는 포스트현상학(post-phenomenology: Ihde, 2009), 그리고 인간의 대표성을 거부하는 탈인본주의적 가치론인 비대표성이론(non-representational theory: Thrift, 2008) 등이 있다.

이러한 포스트휴머니즘은 미술 분야에서도 다양한 형태로 구현될 수 있으며, 예술가들이 새로운 예술 형태와 표현 방식을 탐구하도록 영향을 주고 있다. 포스트휴먼적 미술의 성격은 다음과 같이 정리될 수 있다.

첫째, 기술과 예술의 재융합이다. 앞 절에서 논의하였듯이, 그리스 로마 시대부터 테크네(techne)와 아트(ars)가 모두 기술적·기교적 측면을 가리키는 개념으로 출발하였지만, 과학적 발전에 의해 주도되었던 근대 사회의 등장 이후 기술과 예술이 분리되었던 것이다. 하지만, 포스트휴머니즘의 일원론적 세계관은 정신과 육체가 분리될 수 없듯이 기술과 예술을 분리하지 않고, 디지털 기술, 가상현실, 인공지능 등을 활용한 예술적 창조물에 대해 개방적 태도를 취하고 있다(Graham & Cook, 2010).

둘째, 생명공학과 예술의 결합이다. 포스트휴머니즘은 전통적 학문의 분류상으로는 접점을 찾기 어려웠던 예술과 공학의 교차점에 주목한다. 그 이론적 기반의 하나인 생태정치학(biopolitics)에서는 권력과 통제가 생명체에게 어떻게 작용하며, 정치적 결정과 제도가 인간의 생명, 건강, 복지, 환경 등에 어떤 영향을 미치는지를 탐구한다(Bennett, 2010; Foucault, 2004). 여기서 현대과학을 도구로 하여 생명을 통제하는 대표적인 기술이 바로 생명공학으로서, 생명공학적 연구 활동의 목적, 과정, 결과가 어떤 의미와 통찰력을 제시할 수 있는지를 탐색하는 것이 미술가의 역할이 될 수 있다. 예를 들어, 일부 예술가들은 유전자 조작, 세포 조작 등의 기술을 사용하여 생물학적 예술 작품을 만들기도 하는데(DaCosta & Philip, 2008), 그 의도와 취지는 아직 많은 해석과 평가의 여지를 남겨 놓고 있다. 즉, 유전자 편집 기술을 예술 창작에 접목시켜서 창조한 새로운 생명 형태들이 보여 주는 예술적 가치와 의미는 생명과 기술의 경계, 공학과 예술의 경계가 모호하며, 전통적인 생태주의적 인본주의적 가치만이 예술적 가치를 독점할 수 없다는 것을 보여 준다(Da Costa & Philip, 2008).

셋째, 사이보그적 예술(cyborg art)이다. 사이보그는 인간과 기술의 결합체로, 예술가들은 사이보그를 예술 작품의 주제로 사용하거나, 자신의 몸을 사이보그화하여 예술적 표현을 시도하기도 한다(Haraway, 1991). 이 주제는 기존의 모든 이원론적 세계관—신본주의, 인본주의, 이성중심, 물질주의, 표현주의 등—의 정형화된 관습에서 벗어나 인간(신체)을 절대화·주체화·관념화하지 않고, 물질-정신의 경계, 인간-기계의 경계, 이성-감각의 경계, 기술-예술 등의 경계를 허물고자 하는 것이다. 예를 들어, 퍼포먼스, 설치물, 대화형 조각 등을 통해 인간과 기술의 상호작용을 탐구하는 작업(Jones & Munro, 2018), 인간의 신체적 한계를 넘어서고자 신체 확장, 사이버네틱 장치, 생체 인터페이스 등을 실험적으로 시도하는 작업(Cueille, 2019), 사이보그적 예술을 통해 색을 감지하고 해석할 수 있는 기술적 장치인 색감 감지 임플란트를 이용하여, 다양한 색의 세계를 경험하고, 그 경험을 예술적으로 표현하는 사례(Barron, 2017) 등이 있다.

넷째, 비인간 중심의 예술이다. 포스트휴머니즘은 인간이 아닌 존재와 환경에 대한 관심을 증대시키며, 예술가들은 비인간 중심의 예술 작품을 통해 생태계와 상호작용하는 방식을 탐구하고자 한다(Morton, 2010). 예를 들어, 인공지능(AI)을 활용하여 예술 작품을 창작하고, AI와 협업하는 새로운 예술 형태를 탐구하는 것도 그러한 사례에 해당된다(Elgammal, 2018).

위와 같은 다양한 예술적 시도들이 포스트휴먼 미술이라고 볼 수 있다. 그리고 포스트휴머니즘은 미술 이론과 비평에도 영향을 미치고 있는데, 인간 중심적인 해석과 평가 방식에서 벗어나, 예술 작품과 비인간적 요소들과의 상호작용에 더 많은 주목을 기울이려는 것이 대표적 특징이다.

(2) 미술의 핵심 개념의 포스트휴먼적 해석

포스트휴먼 미술의 성격과 그 구체적인 실현 방식을 이해하기 위해 미술의 네 가지 핵심 개념인 미학, 창조성, 리얼리즘, 추상성에 대해 포스트휴먼 미술은 어떤 원리와 실천 사례를 보여 주고 있는지 살펴보자.

- 미학(Aesthetics): 포스트휴머니즘에 기반한 미학은 탈인류중심주의와 기술과 자연 간의 경계 해체를 바탕으로 미술 행위의 주체와 능동성의 범위를 확장함으로써 미적 가치와 기준을 재고하고자 한다. 그런 의미에서 포스트휴먼 미학은 인간과 비인간(동식물, 물질, 기계, 환경 등)의 연결과 상호소통, 자연과 기술의 융합, 신물질주의(정신-물질의 일원론을 기반으로 예술 작품의 물질성과 그것이 만들어 내는 감각적 경험을 중시)한다(Bennett, 2010; Haraway, 1991). 포스트휴먼적 미학을 실천한 구체적인 예로 Harun Farocki는 작품 「Eye/Machine」에서 머신 비전 기술을 이용한 시각적 표현을 통해 기술과 인간의 미학적 상호작용을 탐구하였고(Zielinski, 2006), 자연 현상을 연출하는 대형 설치 작품을 구현하는 Olafur Eliasson은 작품 「The Weather Project」에서 인공 태양을 구현하여, 기술과 자연의 경계를 모호하게 만드는 작업을 하였고(Bourriaud, 2009), 디자인과 기술의 상호작용을 연출하는 Paola Antonelli는 'Design and the Elastic Mind'라는 주제의 전시에서 인간과 기술의 관계를 새롭게 성찰함으로써 포스트휴먼 미술의 미학적 특성을 보여 주었다(Antonelli, 2008).
- 창조성(Creativity): 포스트휴먼적 미술에서의 창조성은 예술 창작 프로세스에서 인간과 비인간적 요소들 간의 협업, 예술, 과학, 기술 등의 경계의 해체, 전통적인 예술 형태와 표현 방식에 얽매이지 않고 새로운 미디어와 기술을 활용하여 독창적인 예술 작품을 창작하려는 실험적 시도를 통해 구현될 수 있다. 예를 들어, 딥러닝 알고리즘을 사용하여 기존의 이미지와 다른 이미지의 스타일을 결합해 새로운 예술 작품을 만드는 프로세스인 DeepArt(Gatys, Ecker, & Bethge, 2015), 로봇이 예술가의 역할을 수행하거

나 예술가와 협력하여 작품을 만드는 방식인 Patrick Tresset의 '3RNP' 로봇(Penny, 2017), 혹은 생명공학기술을 이용하여 생명체를 조작하거나 창조하는 행위의 일례인 Eduardo Kac의 'GFP 토끼'(Kac, 2007) 등이 여기에 해당한다.

- 리얼리즘(Realism): 리얼리즘은 르네상스 시대에 인간과 자연에 대한 관심이 높아지면서, 예술가들이 현실을 정확하게 묘사하는 것을 중요시하면서 등장하였다(Burke, 1999). 포스트휴먼적 미술에서 리얼리즘은 현실감과 상상력 사이의 모호한 경계성, 가상현실을 통한 리얼리즘의 구현, 기술과 생명체의 상호작용 등을 통해 시도되고 있다. 구체적인 예로 기술과 생명체의 상호작용을 다루는 Derrick Atsbell은 작품「중재자」에서 자신의 몸을 스캔한 3D 프린팅 조각과 로봇이 춤을 추는 영상을 함께 제시하여, 인간과 기계의 유기적인 관계를 보여 준다(Zylinska, 2002). 또한, Ora-C은 식물과 기계의 조화로 이루어진 설치 미술 작품인「사이보그 정원」을 통해 기술적 요소를 활용하여 식물이 성장하는 과정을 조절하고, 식물과 기계가 공존하는 미래의 모습을 연출하였다(Baker, 2013).
- 추상성(Abstraction): 20세기 초반 예술가들은 대상의 형태와 색채를 단순화하거나 왜곡하는 방식으로 표현하는 추상주의를 시도하기 시작하였다. 포스트휴먼 미술에서의 추상성은 디지털 미디어, 가상현실, 알고리즘 등의 기술을 활용하여 추상적인 예술 작품을 창작하는 기술적 추상성, 유전자 조작, 세포 조작 등의 생명공학기술을 사용하여 생물학적 추상성을 포함한 예술 작품을 만드는 생명공학과 추상성의 결합, 비인간 중심의 추상적인 예술 작품을 통해 생태계와 상호작용하는 방식을 탐구하는 비인간 중심의 추상성 특징을 갖는다(Morton, 2010). 구체적인 미술작업의 예를 들면, 포스트휴먼 미술에서 추상성을 구현하기 위해 알고리즘을 이용한 작품을 창작한 Agnes Jacbos는 기하학적 형태와 패턴을 사용하여 인간과 기술의 상호작용을 시각화하고자 하였으며, 인터넷 기반의 미술 작품을 통해 포스트휴먼 미술에서 추상성을 구현하는 Raphael Rozendaal은

빛과 색, 움직임의 조합을 통해 디지털 시대의 추상적인 감성을 표현하였고(Paul, 2016), GIF 애니메이션을 활용한 작품을 통해 포스트휴먼 미술에서 추상성을 구현한 David Ope의 「Hypnotic Gifs」에서는 시각적으로 매혹적인 패턴과 움직임을 통해 디지털 미디어의 추상적인 감성을 보여 준 바 있다(Biesenbach, 2015).

이처럼 포스트휴먼 미술은 미학, 창조성, 리얼리즘, 추상성에 있어서 전통적 미술과는 다른 미적 가치와 주제를 바탕으로 전혀 다른 방식으로 예술적 아이디어를 실천하고 있다.

2) 포스트휴먼 미술과 인공지능의 만남

포스트휴먼 미술은 최근 인공지능기술의 급격한 발달을 기반으로 좀 더 새로운 예술적 가능성을 탐색하고 있는데, 그것이 바로 기술 기반 미술(technology-based art)이다. 본 장에서는 이러한 기술 기반 미술의 개념과 더불어 그 가장 두드러진 형태인 인공지능 협력 미술에 대해 논의하고자 한다.

(1) 포스트휴먼 미술과 기술 기반 미술

기술 기반 미술은 기술과 과학적 발전을 활용하여 창작된 모든 예술적 활동과 예술 작품을 가리키는 것으로, 특히 디지털 기술을 활용하여 제작된 미술을 총칭한다. 기술 기반 미술의 구체적 실현 방식은 디지털 미디어, 인터랙티브 미술, 가상현실(VR)/증강현실(AR) 예술, 키네틱 아트, 로봇 아트, 소프트웨어 아트, 비디오 아트, 넷 아트 등을 포함하고 있는데(Wilson, 2002), 그 공통된 특징으로는 상호작용성, 역동성, 상호연결성을 바탕으로 종종 공간과 시간의 경계를 뛰어넘는 작품을 만들어 낸다. 여기서 시간과 공간을 뛰어넘는다는 것이 바로 기술적 매체의 도움으로 가능함과 동시에 인본주의적 미학, 리얼리즘, 추상성을 뛰어넘는 창조성을 발휘하는 예술적 행위로 이해할 수 있다. 기술 기반 미술의 대표적 특징과 그에 해당하는 구체적 작품 사례는 다음과 같다.

- 상호작용성(interactivity): 관람자와 작품 간의 상호작용을 강조하여, 참여적 경험을 제공하는 미술이다. 예를 들어, Camille Utterback이 Romy Achituv과 함께 제작한 「Text Rain」(1999)은 관람자의 움직임에 반응하여 텍스트가 떨어지는 현상을 구현한다. 이를 통해 디지털 미디어와 실시간 상호작용을 통해 관객들에게 새로운 예술적 경험을 제공한다. 이외에도 관람자의 움직임에 반응하여 그림자를 변화시키는 Jurey Kruger의 「The Treachery of Sanctuary」라는 인터렉티브 설치 작품도 있다.
- 역동성(dynamics): 움직임, 변화, 시간에 따른 변화를 강조하여, 미술의 정적인 형태를 넘어선다. 예를 들어, Tim Hawkinson의 「Uberorgan」은 대형 갤러리 공간에 설치된 파이프 오르간이다. 이 오르간은 여러 개의 공기주머니와 관들이 서로 연결되어 하나의 거대한 오르간처럼 작동하며, 주기적으로 자동 연주가 이루어지는데, 작가가 직접 작곡한 음악이 공간 전체에 울려 퍼지며 독특한 사운드를 생성해 냄으로써 기술과 미술이 역동적으로 결합한 결과물을 보여 준다(Brougher, 2005).
- 상호연결성(connectivity): 네트워크와 데이터를 활용하여, 전통적인 예술 형식과 경계를 허물며 새로운 연결성을 창출한다. 예를 들어, Raphael Rozendaal은 웹 사이트의 시각적 요소와 상호작용을 중요한 구성 요소로 하여 웹 사이트를 캔버스처럼 사용하여 작품을 창조하고, 이를 전 세계 수많은 사람들이 손쉽게 감상할 수 있도록 하였다(Paul, 2016).

포스트휴먼 미술은 위와 같은 기술 기반 미술을 포함하면서, 점차 기술적 요소들과 기능들을 미술의 영역에 접목시키고자 하는데, 최근의 가장 두드러진 접목 방식이 바로 인공지능기술의 도입이다. 현재의 디지털 기술의 총아인 인공지능이 미술 영역에 도입되면 포스트휴먼 미술은 다음과 같은 영역이나 실천적 행위로 확장될 수 있을 것이다.

첫째, 인공지능과 예술의 협업이 강화될 것이다. 미술가들은 작품의 구상과 구현에 인공지능 알고리즘을 도입함으로써, 새로운 예술 형태와 창작 방식을 탐구할 수 있다. 예를 들어, 인공지능을 활용한 퍼포먼스 아트인 「HU_MAN」(2021)에서는 현대 무용가와 인공지능 로봇의 협업을 시도하였고, Refik Anadol의 「Machine Hallucination」(2019)에서는 인공지능을 이용한 시각 예술 및 디지털 페인팅을 시도하였으며(Gatys, Ecker, & Bethge, 2016), Oscar Sharp와 Ross Goodwin의 「Sunspring」(2016)에서는 인공지능을 활용한 영화 및 애니메이션 제작을 시도하였다(Radford, Narasimhan, Salimans, et al., 2018).

둘째, 인공지능을 활용한 미술은 가상현실과 증강현실을 보여 주는 예술 작품을 통해 더욱 개별화되고 탈맥락화된 예술 작품들을 만들어 내게 될 것이다. Geroimenko(2014)는 AR(Augmented Reslity) 기반 예술 작품의 특성을 상호작용성, 시공간적 경험, 다중 현실의 통합이라고 보았고, 장르의 측면에서는 시각 예술, 퍼포먼스 아트, 사운드 아트 등의 형태로 구현될 수 있음을 강조하였다. 따라서 가상/증강현실을 활용한 미술 작품들은 미술과 음악, 실사/디지털 영상, 무용과 같은 예술 영역의 경계를 넘어서는 융합된 작품이 주를 이루게 될 것이다.

셋째, 예술적 거버넌스나 윤리 등에 대한 새로운 미학과 가치기준에 대한 논의가 요구될 것이다. 인공지능을 미술의 영역에 도입하는 것은 전통적 예술관의 관점에서는 강한 저항과 우려를 불러일으키는 작업이므로, 가치나 윤리성의 문제, 인공지능에 대한 거버넌스(주체성, 자율성, 통제 등)의 문제에 대한 논의가 활발해질 수 있다. 이와 관련한 핵심적 논점들에는 다음 세 가지가 있다.

① 저작권 및 소유권의 문제: 인공지능의 도움으로 창작한 작품에 대한 저작권 및 소유권 귀속의 문제로 인해 예술가와 인공지능 알고리즘 개발자 간의 권리 분쟁이 발생할 수 있다(Yanisky-Ravid & Liu, 2018).

② 프라이버시와 개인정보 보호의 문제: 인공지능 기반 예술 작품의 제작 과정에서 사용되는 데이터는 개인정보 침해의 위험이 있으므로, 예술 활동 과정에서 발생할 수 있는 데이터의 수집, 처리 및 사용에 대한 적절한 규

제가 요구될 수 있다.

③ 예술의 독창성 및 인간적 가치의 문제: 인공지능이 창작에 관여하면 예술 작품의 독창성 및 인간성이 희석될 수 있다는 우려가 있다. 물론, 포스트휴먼 미술의 출발 자체가 탈인본주의적 가치를 지향하고 있지만, 인간성(humanities)은 인류중심주의(anthropocentrism)를 고집하지 않는다면 여전히 중요한 예술적 가치를 지닌다. 따라서, 예술가들은 인공지능의 역할과 한계를 고려하여 예술가로서의 역할과 창작성의 가치에 어떻게 예술가들이 기여할 수 있을지를 고민해야 한다(Bryson, 2018).

정리하자면, 포스트휴먼 미술의 영역은 기술 기반 미술을 포함하면서 점차 최근 대두되고 있는 인공지능의 기술적·매체적 특성을 예술 작품의 구상과 구현에 반영하게 될 것이다. 이러한 상황 속에서 포스트휴먼 미술가는 기술적 요소(인공지능, 생명공학, 가상/증강현실 등)를 어떻게 예술적 창작 활동에 포함할 것인지를 고민함과 동시에, 포스트휴먼 미술에 배태된(embedded) 거버넌스 및 윤리적 문제들을 고려해야 할 것이다.

(2) 인공지능 협력 미술의 개념과 이론적 근거

인공지능 협력 미술(AI-assisted art)은 인공지능기술을 활용한 미술 작품을 창작하는 방식을 총칭하는 것으로, 인공지능이 창작 과정의 일부를 수행하거나, 아이디어 생성, 개념 개발, 실제 작업 제작 등에서 예술가를 돕는 모든 과정을 포함한다(Elgammal, Liu, Elhoseiny, et al., 2019; McCosker & Wilken, 2020). 이러한 인공지능 협력 미술이 어떤 정당성을 가질 수 있는지를 세 가지 철학적 준거(존재론, 인식론, 가치론)를 바탕으로 살펴보자.

가. 인공지능 시대의 존재론과 미술

인공지능 협력 미술의 존재론적 근거는 탈인본주의적 존재론, 인공지능의 능동성, 인공지능과 예술가의 예술적 협력/공존 가능성 세 가지 차원에서 논의될 수 있다. 즉, 인공지능의 예술적 주체로서의 가능성, 인공지능기술과 인간 예술가와의 상호의존성, 그리고 인공지능과 미술가의 협력 가능성이 기술(인공지능)과 예술적 가치(예술가)의 상호관련성을 인정할 수 있는가의 토대가 되는 것이다(Reichle, 2009). 예를 들어, 'DeepArt'는 딥러닝 기술을 이용하여 이미지를 다른 화풍으로 변환시키는 인공지능 프로그램이다. 이 기술은 이미지를 기반으로 다양한 미술 스타일을 학습하고, 사용자가 제공한 이미지에 해당 스타일을 적용할 수 있는데, 미술가는 이러한 방식을 통해 인공지능과 협업함으로써 예술 창작의 새로운 방식을 시도할 수 있다.

나. 인공지능 시대의 인식론과 미술

인공지능 협력 미술의 인식론은 미술 분석, 작품 감상, 그리고 미술교육과 같은 세 가지 영역에 의미 있는 관점을 제공하고 있다.

① 인공지능을 활용한 미술 분석: 인공지능은 대량의 미술 데이터를 분석하여 작품 스타일, 기법, 작품 간의 연관성 등을 파악할 수 있는데, 이러한 자료를 바탕으로 예술사 연구자들은 미술 작품의 역사적 흐름과 작품 해석에 대한 새로운 관점과 통찰력을 얻을 수 있다(Elgammal & Saleh, 2015).

② 인공지능 기반 미술 추천 시스템: 인공지능은 개인의 취향과 선호를 파악하여 그에 맞는 미술 작품을 추천해 줄 수 있는데, 이를 통해 더욱 개별화되고 맞춤형의 미술 감상 경험을 제공해 줄 수 있다. 예를 들어, Artrendex의 'ArtPI'는 머신러닝과 딥러닝을 활용한 예술 추천 시스템으로, 다양한 미술 작품의 이미지와 관련 메타데이터를 분석하여 작품의 스타일, 주제, 색상, 기법 등을 파악하고, 이를 바탕으로 사용자가 선호하는 특정 요소나 스타일을 가진 작품을 찾아 추천해 준다(Candela, Cid-Sueiro, & Bielza, 2015).

③ 인공지능 기반 미술교육 도구: 인공지능은 미술교육에 있어 학습자의 진행 상황과 필요에 맞게 교육 자료를 제공하는 개인별 맞춤형 학습 경험

을 제공할 수 있다(Ho, Liew, & Siau, 2019). 예를 들어, 'Doodle and Sketch Recognition'나 'Quick, Draw!' 같은 툴은 사용자가 그린 스케치를 인식하고 분류하는 기능을 제공하며, 이를 통해 초보자들이 그림 그리기 기초를 익히는 데 도움을 준다.

다. 인공지능 시대의 가치론과 미술

인공지능 협력 미술은 미술적 창작물의 가치, 미학적 기준의 변화, 인간 예술가의 역할에 관한 새로운 논의를 촉발한다.

① 인공지능 협업 예술 작품의 가치: 인공지능이 예술적 창작활동에 직간접적으로 개입한 경우, 그 가치를 판단하는 기준이 달라질 수 있다. 따라서 인공지능 협력 창작물은 전통적인 예술 작품과 비교하여 어떤 가치를 지니는지, 그 가치가 인간 창작물과 어떤 차이가 있는지에 대한 논의가 필요하다. 예를 들어, 전통적인 예술에서 예술가의 의도, 기술, 전문성 등이 작품의 가치를 결정하는 요소로 간주되지만, 인공지능 예술에서는 이러한 요소들과는 다른 새로운 기준이 필요하다(McCormack & d'Inverno, 2012).

② 인공지능 협력 작품의 미학적 기준: 인공지능 기반 예술 작품의 미학적 기준은 인공지능이 어떤 새로운 스타일과 기법을 창출하고 있으며, 이것이 예술 작품에 대한 인간의 미학적 선호를 어떻게 재구성하는가에 따라 달라질 수 있다. 예를 들어, 인공지능과 인간의 협업이 갖는 미학적 기준들에는 독창성과 창의성 측면에서의 가치, 협업의 정도와 균형성, 최종적 작품의 맥락과 배경, 작품에 담긴 메시지와 의도 차원에서의 미학적 가치 등이 포함될 수 있다(Colton & Wiggins, 2012).

③ 인공지능 협력 미술에서의 예술가 역할: 인공지능 협력 미술 작품의 창작 과정에서 인간 예술가는 인공지능과의 협업이 어떤 새로운 가치나 창작의 방법론을 제공할 수 있는지 고민해야 한다. 그런 의미에서 Bown과 McCormack(2010)은 예술가의 역할이 전통적 경계(생명-물질, 인간-자연,

기술-예술 등)의 해체, 창작자에서 설계자로의 변화, 기술을 활용한 새로운 예술적 기법의 탐색, 작품의 형태와 스타일 측면에서의 새로운 도전 등을 포함한다고 주장한다. 예를 들어, 소프트웨어 예술가들은 다양한 소프트웨어를 이용하여 인공지능과 협력하여 작업을 진행하는데, Ben Fry와 Casey Reas(2007)는 코드를 사용하여 시각적 요소를 만들어 내는 프로그래밍 언어인 'Processing'을 개발하여, 독특한 작품을 창작하고 새로운 미학적 시도를 한 바 있다.

3) 생성형 AI의 등장으로 인한 미술교육의 변화

본 장에서는 AI 기술의 발전이 미술 창작 환경에 어떠한 변화를 촉발하고 있으며, 그에 따라 미술교육의 방향성이나 전략이 어떻게 바뀌어야 하는지를 AI 기술이 미술 창작에 미치는 내재적(intrinsic), 외재적(extrinsic), 교육적(pedagogical) 효과의 세 가지 측면에서 논의해 본다.

(1) AI 기술의 내재적 효과

AI 기술의 내재적 영향은 AI가 미술 창작 자체를 위한 수단이나 도구로서 활용됨과 동시에 창작 활동의 본질을 변화시키는 역할을 가리킨다. 미술 창작 활동에서 AI는 다양한 방식으로 창작활동을 보조하는 매체(media)임과 동시에 창작의 주체로서 기존의 창작활동의 개념이나 성격도 변화시키고 있다.

첫째, 창작 과정 자동화는 생성형 AI의 예술적 능동성이나 주체성을 보여 주는 가장 대표적인 사례이다. AI는 생성형 알고리즘을 사용하여 창작 과정의 지엽적 · 반복적 · 관습적 부분을 자동화할 뿐만 아니라, 예술적 목적이나 개념, 브레인스토밍의 단계에서부터 기존의 인간 예술가들이 했던 작업의 일정 부분을 대체할 수 있다. 예를 들어, AI 기반 이미지 편집 툴인 DragGAN은 AI 기술을 기반으로 두 가지 이미지를 합성해 주는데, 이러한 DragGAN은 입력 이미지(input)를 목표 이미지(Target)를 참조하여 변환함에 있어서, 사용자가 일일이 통제하여 작업했던 기존의 툴(UserControllable LT)보다 훨씬 매칭 오류를 줄이면서 보다 효율적이고 만족스럽게 작업을 해낼 수 있다.

둘째, 작품 분석 및 추천도 인공지능의 감식안에 대한 새로운 평가가 필요한 영역으로서, 기존의 컴퓨터 그래픽 기술로는 시도하지 못했던 과업이다. AI는 미술 작품의 스타일, 기법, 작품 간의 연관성 등을 파악하고, 사용자의 취향과 선호를 기반으로 작품을 추천하는 시스템을 구축해 줄 수 있다(Iwata et al., 2010). 예를 들어, The Art Genome Project에서는 특정 작품이나 아티스트가 어떤 미술 사조(예: 표현주의, 입체주의 등)와 연결될 수 있는지, 또한 그들의 작품이 특정 테마(예: 자연, 인간의 형상, 정치적 표현 등)나 특정 기법(예: 회화, 입체파, 콜라주 등)에 연결될 수 있는지를 탐색해 볼 수 있다. 물론, 이러한 AI 작품 분석 및 추천 툴은 컴퓨터 알고리즘만이 아니라 미술 비평가들의 전문지식과 식견을 바탕으로 데이터 과학자들의 협력을 통해서 개발되는 것이고, 수많은 미술 작품의 다양성과 복잡성, 독특성에 대한 이해를 기반으로 만들어져야 할 것이다.

셋째, 인터랙티브 미술의 장르에서도 생성형 인공지능의 활용 가능성을 찾아볼 수 있다. 인터랙티브 미술이란 관객이 작품과 직간접적으로 상호작용할 수 있는 작품을 창작하는 것으로, 관객을 단순한 감상자가 아니라 작품의 일부, 혹은 완성을 위한 요소로 간주한다. 이러한 미술 형태로는 디지털 미술, 설치 미술, 행위 미술(performance arts) 등이 있었지만, 최근 AI 기술의 도입으로 '인터랙티브'의 방식이 다음 〈표 5-2〉와 같이 훨씬 다양해지고 있다.

〈표 5-2〉 인터렉티브 미술 유형의 특성과 AI 활용 미술과의 비교

유형	기존 미술과의 차별성(변화)	상호작용 방식의 변화
디지털 미술	• 표현 매체(media) 및 창작 기법 • 재현(representation) 및 감상 방식 • 재생산성(replication)	• 디지털 매체의 모든 특성 반영 • 공간 초월적(ubiquitous) 창작과 감상 • 복제 가능성 증가→저작권/독창성 문제
설치 미술	• 표현 공간의 변화(실내→실외) • 작품 표현의 차원(2D→3D/4D) • 작품의 맥락성(미술관 →실재 사회)	• 실생활의 요소로서의 미술 작품 • 미술의 추상성에서 구체성의 부각 • 미술 작품의 실제적 가치(실용성) 증가
행위 미술	• 형태의 변화(정적→동적) • 양식성의 변화(visual→kinetic) • 목표의 변화(감성/감상→행위/실천)	• 작가-관객의 관계성(공동주체성) 변화 • 미술에의 참여 방식의 변화 • 미술 활동의 의미(사회적 참여) 변화
AI 활용 미술	• 창작활동의 생산성/효율성 증가 • 창작의 공동주체로서의 AI • 현실 공간과 가상 공간의 경계 극복	• 미술 창작의 자동화(저작권 문제) • 작가의 역할 변화(인간-AI 상호주체성) • 창작물의 재현공간 확장(가상현실)

AI 활용 미술은 디지털 미술의 특성과 비교해서 창작 매체 및 기법의 변화, 공간 초월적 미술 창작과 감상, 작품의 독창성 문제를 공유하고 있고, 설치 미술의 특성과 비교해서는 디지털 기기를 통한 표현, 작품의 구체화 및 실사화 가능(3D 프린팅 기술), 미술 작품의 실용성 증가 측면에서 공통된 특징을 갖는다. 행위 미술의 특성과 비교하면, 미술 창작이나 감상에 있어서 인간 작가-관객-AI의 상호협력성과 공동주체성의 측면, 미술활동에의 참여 방식 변화(예: 전문가와 초보자의 경계 해체), 미술 작품의 실용성이나 사회적 의미를 중요시한다는 점에서 맥락을 같이한다.

물론, 이러한 AI 활용 미술은 미술 창작 활동의 자동화로 인해 창작의 효율성과 생산성이 높아짐과 동시에 창의성의 원천이나 저작권 문제 등의 이슈가 있고, 인간 작가의 역할과 효용성이 줄어들 수 있다는 점과 AI가 미술 창작의 '공동'주체가 되는 것이 과연 정당한가라는 윤리적 문제를 해결해야 한다는 과제를 안고 있다.

(2) AI 기술의 외재적 효과

AI 기술의 외재적 효과란, AI 활용 미술의 등장에 따라 미술 창작 작업 이외의 측면에서 나타나게 될 변화와 그로 인한 사회적 효과를 의미한다.

첫째, AI 기술의 발전은 인간과 AI의 역할 분배 문제로 귀결될 것이다. AI 기술이 특이점에 도달하게 된다면, AI가 인간의 지능을 능가하고 자율성이 증대되면서 지능뿐 아니라 창의성 차원에서도 인간을 뛰어넘게 된다는 것을 의미한다(Kurzweil, 2014). 이는 AI가 미술뿐 아니라 다른 예술적 활동에 있어서도 독자적인 스타일과 기법을 발전시키면서 창작의 주체가 되어 인간 미술가와 협력 혹은 경쟁을 하게 될 수 있다는 것을 의미한다(Bryson, 2017). 이는 인간 예술가의 역할 축소나 예술 활동의 본질 훼손, AI가 보완할 수 없는 인간 본연의 미적 감수성이나 창의력의 가치 소멸과 관련한 많은 우려를 낳기도 한다.

둘째, AI의 발전은 미술 창작에 대중의 참여를 확대시키거나 축소시킬 수 있다. 미술 창작의 대중적 확대는 기존 개념의 미술가나 미술 전문가의 역할과 규모가 축소되고 전문가와 대중의 경계가 희미해진다는 것을 의미함과 동시에, 미적 전문성의 개념이나 특성이 보편화될 수도 있다는 것을 의미한다. 즉, AI 기술은 예술 창작의 장벽을 낮추고, 미숙련자의 미술 창작에 대한 접근성을 높여 주기도 하지만, 이러한 조건 속에서는 창작의 전문성이라는 개념의 기준과 특성이 변화할 수밖에 없다는 것이다. 예를 들어, Meta사가 개발한 AI 이미지 생성기인 Lasco.ai는 chatGPT와 연동하여 단순한 텍스트 입력만으로 사용자가 원하는 이미지를 생성해 준다. 이 경우 사용자에게 요구되는 전문성은 이미지 창작의 목적, 원하는 이미지와 관련한 창의적인 아이디어, 아이디어에 부합하는 이미지 생성을 위한 프롬프트 작성 노하우 정도를 필요로 하는 것이다.

셋째, 가상/증강/확장 현실의 등장에 따른 미술 전문성의 변화이다. 오늘날 점점 가상(virtual)/증강(augmented)/확장(extended) 현실을 구현하는 기술이 발전하고 그러한 기술을 통해 관객들은 다양한 양식과 장르의 미술 창작물들을 더욱 몰입감 있고 생생하게 경험할 수 있게 되었다. 아울러 이러한 가상현실에 기반한 경험이 점차 일상생활의 다양한 영역으로 확장됨에 따라, 컴퓨터 그래픽 분야의 기술과 전문성의 효용성이 전통적인 미술 분야의 그것과는 비교할 수 없을 만큼 커지고 있다. 특히, AI 기술의 등장으로 점점 인간 창작가들에게 요구되었던 아이디어 구상, 스토리 설계, 기초 디자인, 스케치, 애니메이션 제작 등의 기법들이 AI에 의해 자동화되어 가고 있는 것이 현실이다.

물론, 위와 같은 AI 기술이 미술 창작 작업에 급속히 확장되는 현실이 가져오게 될 다음 〈표 5-3〉과 같은 부작용에 대한 논의도 수반되어야 한다.

〈표 5-3〉 AI 기술의 외재적 효과와 그에 따른 부작용 우려

구분	AI 기술의 외재적 효과	사회적 부작용(우려)
미술 창작 주체/방식의 변화	• 매체, 창작 기법, 재현방식의 다변화 • 창작활동의 생산성/효율성 증가 • 미술의 추상성에서 구체성의 부각	• 인간성, 예술성의 본질 변화(훼손 우려) • AI의 등장으로 인한 일자리 감소 • 이미지의 복제 가능성/저작권 문제
대중적 참여의 확대	• 예술의 보편화/대중화 • 작가-관객의 관계성(공동주체성) 변화 • 미술작품의 실제적 가치(실용성) 증가	• 예술적 전문성의 개념 혼란 우려 • 인간-AI 공동창작물의 폭증(예술적 가치 훼손의 우려) • 독창성 및 창의성 감소에 대한 우려
가상/증강 현실의 등장	• 현실 공간과 가상 공간의 경계 해체 • 공간초월적(ubiquitous) 창작과 감상 • 창작물 재현공간의 확장(가상현실)	• 현실-가상 혼란 및 정체성 혼란 문제 • Deepfake 기술로 인한 진실 왜곡 문제 • 현실-가상 경험의 불균형으로 인한 중독

위 표에 정리된 것처럼 AI 기술이 미술 영역에 적용되는 현상은 표 왼쪽에 나열된 내용과 같은 외재적 효과가 있음과 동시에 그에 따른 사회적 부작용을 낳을 우려를 안고 있다.

(3) 미술 창작의 가치와 교육 목적의 변화

가. AI 활용 미술의 창의성

미술 창작의 가치 중 가장 중요한 요소의 하나인 창의성의 기준이 변하고 있는데, AI의 창의성에 대한 논란이 이에 해당한다. 최근 컴퓨터 그래픽스를 포함

한 응용미술계에서는 AI 기술의 발전을 기반으로 GANs의 변형인 창조적 적대 신경망(Creative Adversarial Networks: CANs)의 활용이 활발히 시도되고 있다. CANs는 AI 기반 알고리즘이 단순히 다양한 미술 스타일을 학습하는 것에서 그치지 않고 기존의 표준에서 벗어나는 방법을 스스로 학습하여 창의적인 결과물을 생성하려는 목적으로 개발되었다(Elgammal et al., 2017). 물론, 이러한 CANs가 생성하는 이미지가 새롭고 독창적인 느낌을 주지만, 그것이 실제로 '창조성'을 지닌 것인지 아니면 단지 데이터와 학습 알고리즘의 결과인지에 대해서는 여전히 논란이 될 수 있다. 하지만 AI에 기반한 기술은 단지 미술(시각 디자인) 영역에서만 활용되는 것이 아니라, 음향 디자인과 같은 다른 영역으로도 활발히 응용됨으로써 그 활용성을 확장하고 있다(Fang et al., 2018). 이러한 기술적 변화는 과연 창의성이 인간에게만 부여된 특성인지, 미술 영역에서만 강조되는 것인지에 대한 근본적인 의문을 불러일으키고 있다.

나. 미술교육의 방법론 변화

생성형 AI 기술의 등장으로 인해 미술교육에 요구되는 변화의 방향성은 무엇인가? 미술 창작 활동의 변화 방향으로는 다음 세 가지를 들 수 있다.

첫째, 미술의 경계 확장이다. 가상/증강/확장 현실 기술의 등장으로 미술은 전통적인 양식을 넘어서 새로운 차원의 예술 경험의 장을 제공함과 동시에 미술 작품의 제작과 전시, 관람 방식에 혁신적 변화가 일어나고 있다(Gwilt & Corcoran, 2021; Kwon & Wohn, 2019).

둘째, 상호작용과 참여 중심의 미술 증가이다. 생성형 AI 기술이 프로그래머나 컴퓨터(아트) 전문가와 일반인의 경계를 허물고 있듯이, 미술 창작활동에 있어서도 창작자와 작품, 관객 간의 참여나 상호작용의 가능성이 훨씬 높아지게 만들고 있다.

셋째, 인간의 정서와 감성의 중요성이 새롭게 강조될 수 있다. AI 활용 미술의 등장은 기술중심적 사회에서 인간의 정서와 감성의 의미나 역할을 더욱 강조하는 방향으로 미술 창작활동의 의미를 재정립할 수 있다(Chagas & Pupo,

2017). 이러한 AI 기술이 미술 창작에 도입됨에 따라 미술교육의 방향성도 다음 〈표 5-4〉와 같이 변화될 필요가 있다.

〈표 5-4〉 AI 기술의 발전에 따른 미술교육의 방향성

핵심적 변화	내용	키워드
AI 기술을 활용한 맞춤형 예술 경험	AI는 개인의 미적 성향과 능력에 맞춘 맞춤형 교육을 제공하고, 작품의 가치와 미학적 기준을 보다 객관적으로 평가할 수 있게 해 준다(Edmonds et al., 2018).	맞춤형/개별화 학습
AI 기술을 활용한 시각적 자극 제공	AI 기술을 활용하여 다양한 작품의 생성, 시각적 자극, 브레인스토밍을 함으로써 창의성을 촉진하고 미적 감각을 향상시킬 수 있다(Chen, 2018).	직관적 경험 창의성 증진
인터랙티브한 미술 학습 경험	실시간으로 자신/타인의 미술 작품에 대한 검색·비평·피드백을 받음으로써 보다 직관적이고 효율성 있게 작품을 개선해 나갈 수 있다(Mavridou et al., 2019).	인터랙티브한 미적 경험 직관적 학습
문제 해결 능력 강화 교육	AI 기술을 활용하여 학생들에게 문제 해결 능력을 강화하는 미술교육 방법을 제공한다(Lubart, 2017).	문제 해결 능력 신장
AI 기술을 활용한 협력적 학습 강화	학생들이 AI를 포함한 다양한 기술적 도구와 매체를 활용하여 미적 감각을 훈련하고 실생활에 응용하는 방법을 배운다(McCormack et al., 2019).	협력적 학습 실생활 응용
데이터 분석을 통한 직관적 학습	AI 및 빅 데이터 기술을 활용한 미술 작품의 분석, 특징 및 패턴 파악, 풍부하고 선별적인 작품 감상이 가능하다. 이러한 정보를 활용하여 자신만의 작품을 만들어 나가거나 객관적인 미적 감각을 키울 수 있다(Chen, 2017).	작품 감상 및 비평 빅 데이터 활용

AI 기술의 발달은 미술교육의 전략을 맞춤형 지도, 다양하고 창의적인 작품 생성, 보다 인터랙티브한 학습 경험, 순수미술보다는 실생활 적용 및 문제 해결 능력을 강화하는 교육, 기술적 도구를 활용한 협력적 학습, 빅 데이터 기술을 활용한 감상 및 비평 교육의 방향으로 발전할 수 있을 것이다.

다. 인공지능 협력 미술의 다문화교육적 함의

미래 사회의 변화 방향에 맞는 예술적 트랜드로서 인공지능 협력 미술의 발전을 위해서는 다음과 같은 사항들에 대한 교육적 고민이 필요하다.

첫째, 인공지능 협력 미술은 이론이나 기교의 차원보다는 현실사회의 문제에 보다 창의적으로 접근하기 위한 실천지향적 역할을 띠게 될 것이다. 인공지능 기술을 활용한 예술교육은 단순한 미적 감각의 훈련보다는 창의성을 기반으로 문제 해결 능력을 강화시키기 위한 매우 실천적인 목적을 향해 다양한 사고, 실습, 창작 경험, 문제 해결을 위한 유연성, 현실 적용 등의 교육이 이루어지게 될 것이다.

둘째, 인공지능 협력 미술이 효과를 얻기 위해서는 학생들이 다양한 매체와 기술에 대한 이해가 선행되어야 한다. 인공지능 협력 미술은 학생들이 전통적인 미술 도구뿐 아니라, 디지털 2D, 3D 그래픽스 도구 등을 잘 이해하고 다룰 수 있어야 한다.

셋째, 미술교육의 목적이나 가치를 포스트휴머니즘의 시대적 관점에 맞추어 재설정하는 것이 필요하고, 점차 미술과 사회적 윤리 및 실천성과의 연계성이 중요해질 것이다. 인공지능기술의 사용이 창작권이나 저작권을 침해할 수 있고, 예술 작품에 대한 평가와 해석에서도 인공지능기술의 한계를 아직 많이 가지고 있다. 따라서 이러한 툴 사용의 한계와 윤리적 고려사항을 교육할 필요가 있다(Goldman-Segall, 2018).

인공지능 협력 미술교육은 궁극적으로 인공지능기술과 인간의 상호작용이 만들어 내는 가능성과 여파에 대한 이해에서 출발해야 한다. 인공지능 협력 미술교육은 학생들에게 창의성과 문제 해결 능력을 고취시켜 줄 수 있지만, 그러한 도움으로 인해 인간만의 감성과 예술적 영감 및 경험의 의미를 퇴색시킬 우려가 있는 양날의 검일 수 있다. 따라서 이러한 인공지능 활용의 제한점들을 인식하면서 인공지능과 인간이 어떻게 상호보완적으로 공존하면서 세상을 개선해 나갈 수 있는가를 직접 경험하게 하는 것이 인공지능 협력 미술의 궁극적 목표가 될 것이다.

3. 포스트휴머니즘에 기반한 다문화 미술교육의 방향

1) 포스트휴먼 미술과 다문화주의의 연관성

포스트휴먼 미술은 인간 중심의 세계관을 넘어서서 기술, 환경, 비인간적 요소들과의 상호작용에 중점을 둔다. 다문화주의는 다양한 문화적 배경과 가치를 인정하고 포용하는 것을 목표로 하며, 포스트휴먼 미술은 이러한 다양성을 예술적 표현과 창작 과정에 통합한다. 예를 들어, 전통적인 미술 형태와 디지털 미디어, AI와 같은 현대 기술이 결합된 작품들은 다양한 문화적 요소들을 통합하고 새로운 시각을 제공한다. 구체적 효과로 다음 세 가지가 있다.

① 상호문화적 대화의 촉진: 포스트휴먼 미술은 기술, 환경, 비인간적 요소들과의 상호작용을 통해 다양한 문화적 배경과 가치를 표현한다. 예를 들어, 전통적인 아프리카 조각과 현대 유럽 미술의 요소를 결합한 작품은 문화 간 대화를 촉진하고, 서로 다른 문화적 가치를 조화롭게 표현할 수 있다.

② 기술과 문화의 융합: 디지털 기술을 활용한 미술 작품은 전 세계 다양한 문화에서 영감을 받은 콘텐츠를 통합한다. 예를 들어, 아시아의 전통 문양과 서양의 추상적 표현주의를 결합한 디지털 아트는 두 문화의 고유성을 존중하면서 새로운 예술적 형태를 탄생시킬 수 있다.

③ 환경적 요소의 반영: 포스트휴먼 미술은 자연과 기술의 상호작용을 통해 다문화주의적 관점을 제공한다. 예를 들어, 호주 원주민의 도트 페인팅 기법과 현대 도시의 경관을 결합한 작품은 자연과 도시, 고전과 현대 사이의 대화를 이끌어 낸다.

2) 인공지능을 활용한 포스트휴먼 미술의 다문화적 요소

인공지능을 활용한 포스트휴먼 미술에서는 다양한 문화적 요소들을 추출하고 연구하는 데 매우 유용하다. AI는 세계 각국의 예술 작품과 문화적 상징을 분석하고, 이를 기반으로 새로운 예술 작품을 창조할 수 있는데, 이 과정에서 AI는 다양한 문화적 배경을 가진 사람들의 선호와 감성을 반영할 수 있으며, 이를 통해 다문화교육에 풍부한 자료를 제공한다. 예를 들어, AI가 다양한 국가의 미술 스타일을 학습하여 혼합된 스타일의 작품을 생성함으로써, 학생들은 여러 문화적 배경을 가진 예술 작품을 경험하고 이해할 수 있다. 구체적인 효과는 다음과 같은 것들이 있다.

① 문화적 데이터의 학습과 창작: AI는 세계 각국의 예술 작품과 문화적 상징을 분석하여 새로운 예술 작품을 창조할 수 있다. 예를 들어, 일본 우키요에와 중국 수묵화의 요소를 학습하여 새로운 아시아적 미학을 구현하는 AI 생성 예술이 이에 해당한다.

② 다양한 문화적 감성의 반영: AI가 다양한 문화적 배경을 가진 사람들의 선호와 감성을 학습함으로써, 예술 작품은 보다 폭넓은 관점을 제공한다. 예를 들어, 라틴 아메리카와 북유럽 문화의 특징을 반영한 AI 생성 음악이나 비주얼 아트는 다문화적 감성을 표현할 수 있다.

③ 인터랙티브 아트의 발전: AI를 활용한 인터랙티브 아트는 관객의 문화적 배경에 따라 다르게 반응하며, 이를 통해 다양한 문화적 경험을 제공한다. 예를 들어, 관객의 언어와 문화적 상징에 반응하여 변화하는 인터랙티브 설치 미술 작품이 이에 해당한다.

3) 생성형 인공지능의 등장과 다문화 미술교육에 미치는 영향

생성형 인공지능의 등장은 다문화 미술교육에 큰 영향을 미친다. 생성형 AI는 무한한 창작 가능성을 제공하며, 이를 통해 학생들은 전통적인 미술 기법과 현대 기술을 결합한 새로운 형태의 예술을 탐색할 수 있고, AI는 다양한 문화적 배경을 가진 예술 작품을 분석하고 이를 교육 자료로 활용함으로써, 학생들이 다양한 문화를 이해하고 존중하는 능력을 키울 수 있도록 돕는다. 이는 다문화주의 교육의 다음과 같은 핵심 목표와 일치한다.

① 창의성과 문화적 다양성의 촉진: 생성형 AI는 무한한 창작 가능성을 제공함으로써, 학생들이 다양한 문화적 배경을 가진 예술을 탐구하고, 이를 통해 창의적인 사고를 발전시킬 수 있다. 예를 들어, AI를 사용하여 아프리카, 아시아, 유럽의 다양한 미술 스타일을 결합한 작품을 창작함으로써 학생들은 전 세계 문화의 아름다움과 다양성을 경험하게 된다.

② 교육적 접근성의 증진: 생성형 AI 기술을 사용함으로써, 전통적인 미술 수업에 접근하기 어려운 학생들도 다양한 문화적 배경을 가진 예술 작품을 쉽게 만들고 탐구할 수 있다. 예컨대, 원격 학습 환경에서 AI 미술 플랫폼을 활용하여 학생들이 자신의 문화적 배경을 반영한 디지털 아트 작품을 생성할 수 있다.

③ 문화적 이해의 확장: 생성형 AI는 다양한 문화적 표현과 스타일을 학습하고 이를 기반으로 새로운 예술 작품을 창조함으로써, 학생들에게 광범위한 문화적 이해를 제공한다. 예를 들어, AI가 인도 전통 미술과 남미 원주민 예술을 결합한 작품을 생성함으로써 학생들은 두 문화 간의 유사점과 차이점을 탐구하고 이해할 수 있다.

4) 포스트휴먼 다문화 미술교육의 발전 가능성과 한계점

포스트휴먼 다문화 미술교육은 기술과 예술의 결합을 통해 학생들에게 창의적 사고와 비판적 사고를 촉진하는 새로운 방식으로 다문화성을 탐구할 기회를 제공한다. 이러한 교육 방식은 학생들이 다양한 문화적 배경과 예술적 표현을 이해하고 존중하는 데 도움이 된다. 또한, AI와 같은 기술을 활용함으로써 다양한 문화적 맥락에서 생성된 예술 작품을 분석하고, 이를 통해 학생들이 문화 간 차이와 유사성을 이해하는 데 도움이 될 수 있다.

그러나 이러한 접근에는 몇 가지 한계점도 존재한다.

첫째, 기술의 빠른 발전과 변화는 교육자들에게 지속적인 학습과 적응을 요구한다. 교사들이 새로운 기술과 예술적 방법을 학습하고 이를 교육과정에 통합하는 것은 시간과 자원이 많이 소요되는 과정일 수 있다.

둘째, 기술에 대한 접근성과 불평등 문제도 고려해야 한다. 모든 학교나 교육기관이 최신 기술에 쉽게 접근할 수 있는 것은 아니며, 이는 교육 기회의 불평등을 초래할 수 있다.

셋째, AI와 같은 기술을 활용하는 과정에서 문화적 감수성과 정확성을 유지하는 것이 중요하다. AI가 생성하는 예술 작품이 특정 문화를 잘못 해석하거나 단순화하는 위험이 있으며, 이는 미술교육에서 올바른 다문화 이해를 방해할 수 있다. 따라서, AI를 활용한 미술교육은 문화적 다양성과 정확성을 존중하는 방식으로 진행되어야 한다.

결론적으로, 포스트휴먼 다문화 미술교육은 다양한 문화적 배경과 기술의 결합을 통해 학생들에게 창의성과 비판적 사고를 발전시키는 기회를 제공하지만, 이러한 접근은 교육자의 지속적인 학습과 적응, 기술 접근성, 문화적 감수성 및 정확성에 대한 고려가 필요하다. 따라서 이 분야의 미래 연구와 실천은 이러한 과제들을 해결하기 위한 방안으로부터 시작해야 할 것이다.

제 6 장

생성형 AI 기반 음악의 등장

※ 본 장은 [박휴용(2024). 생성형 AI의 등장과 음악창작 환경의 변화, 미래음악교육연구, 9(1), 83-114]의 내용을 수정 보완함.

1. 작곡 툴의 발전과 작곡 환경의 변화

최근 생성형 인공지능(AI)의 등장은 기존의 MIDI 기반 창작 활동뿐만 아니라, 음악 감상, 일반인의 음악 창작, 음악 산업 생태계의 혁신과 같은 근본적인 변화를 가져오고 있다. 본 장에서는 이러한 생성형 AI 기술의 등장이 음악 창작 영역에 어떤 변화를 가져왔는지를 그 특징, 기능과 장단점, 미래 전망을 중심으로 살펴보자.

1) 디지털 미디어 기술의 도입

음악에 디지털 미디어 기술을 적용한 시작점은 1956년에 Lejaren Hiller와 Leonard Isaacson이 기계에 의한 최초의 음악 작품인 「Illiac Suite」를 만든 것이었고, 이로 인해 음악 창작에 대한 새로운 관점이 등장하게 되었다(Venne, 2021). 이후 1970년대에 디지털 기술이 등장하면서 물리적 · 생물학적 · 가상적 현상(경험) 사이의 경계가 흐려지기 시작했고, 음악 창작자들은 AI를 활용하여 유명한 음악가들의 스타일을 모방하는 등의 작업을 시작하였다. 그 대표적인 예가 1983년에 등장한 MIDI(Musical Instrument Digital Interface)인데, MIDI는 음악 기기와 컴퓨터 간 표준 통신 프로토콜로서 음악 데이터를 전송하고 제어하는 작업을 훨씬 효율적으로 수행할 수 있게 되었다(MIDI Manufacturers Association, 1983). 1980년대 후반에는 이 MIDI 기술을 발전시킨 MIDI 컨트롤러와 시퀀서 등의 다양한 음악 제어 장비가 개발되었는데, 이로 인해 음악 프로듀서들은 음악을 미리 프로그래밍하고 실시간으로 조작함으로써 다양한 맥락 속에서 컴퓨터 합성 음악을 활용할 수 있는 조건이 갖추어지게 되었다(Rehak, 2004). 그리고 2020년 들어 등장한 MIDI 2.0 기술은 보다 높은 해상도의 음악 표현, 확장된 음악 제어 기능 및 무선 통신을 지원하여 컴퓨터 음악을 한 단계 더 발전시키고 있다(MIDI Manufacturers Association, 2020).

이러한 MIDI 기술의 등장과 디지털 오디오 작업환경의 발전이 음악 제작에 미친 효과는 다음 세 가지로 정리할 수 있다.

첫째, 작곡가들은 컴퓨터를 활용하여 다양한 악기를 시뮬레이트하고, 디지털 오디오 녹음 기술을 사용하여 고품질 음원을 만들어 낼 수 있게 되었다. 예를 들어, MIDI는 음악 장비 간의 상호호환성을 확립했는데, 이로써 다양한 종류의 음악 장비, 예를 들어 키보드, 신시사이저, 드럼 머신, 시퀀서 및 컴퓨터 간의 통신을 가능하게 하여 음악 제작자가 다양한 소리와 도구를 통합하여 사용할 수 있게 했다(International MIDI Association, 1983).

둘째, MIDI는 음악 제어를 디지털화하고 자동화하는 기능을 제공했다. 이로써 음악 프로듀서들은 곡의 노트, 음량, 효과 및 더 많은 매개 변수를 미리 프로그래밍하거나 실시간으로 조절할 수 있게 되었다. 이는 음악 제작의 창의성과 효율성을 증진시켰다(Rehak, 2004).

셋째, MIDI는 음악의 디지털 저장과 공유를 용이하게 했다. 음악 작품은 MIDI 형식으로 저장되고 컴퓨터나 기타 MIDI 호환 장비로 전송되어 협업과 음악 제작 과정의 편리함을 제공했다(Collins & Haus, 1996). 이는 음악 제작의 장벽이 낮아져 음악의 대중화에 기여함으로써, 일반인도 쉽게 노래를 만들고 공유할 수 있어서 음악을 향유할 수 있는 기회를 확장시켰다는 의미를 갖는다.

이처럼 MIDI 기술과 이를 다루기 위해 개발된 DAW(digital audio workstation)의 발전은 음악 제작의 접근성과 효율성을 엄청나게 향상시켰고, 다양한 음악 장비들을 서로 연결하고 동기화하여 라이브 공연의 실재감을 향상시킨 것은 물론, 테크노 음악, 하우스 음악, 트랜스 음악 등의 전자 음악이라고 하는 새로운 장르를 개척하고 보급하여 음악적 장르를 확산하는 데 기여하였다.

2) 기술적 혁신: MIDI에서 AI로

최근 인공지능(이하 AI) 기술의 발전은 위와 같은 기존의 MIDI 음악과는 또 다른 차원의 혁신을 가져오고 있다. 최근까지 음악 창작에 적용되고 있는 AI 기술을 분류하면 크게 다음 네 가지로 나눌 수 있다.

첫째, 순환 신경망(Recurrent Neural Network: RNN)과 LSTM(Long Short-Term Memory)을 사용하는 기술이다. RNN과 LSTM은 시퀀스 데이터를 처리하는 데 특화된 딥러닝 모델인데, 음악 데이터는 시계열적 정보로 구성되므로 이러한 모델을 사용하여 생성 및 분석하고자 하는 곡의 다음 노트나 다음 박자를 예측하는 데 사용된다.

둘째, 트랜스포머(Transformer)와 Attention 기재이다. 딥러닝 알고리즘을 기반으로 주어진 정보를 변환하여 사용자가 원하는 결과물을 산출하는 Transformer와 Attention 기재는 음악 창작에서 여러 부분의 음악적 요소 사이의 관계를 파악하는 데 효과적 기술이다.

셋째, 자동부호기술(Autoencoders)이다. Autoencoders는 입력 데이터를 압축된 형태로 표현하고, 그것을 다시 원래의 형태로 복원하는 데 사용되는 신경망인데, 음악 창작에서는 특정 스타일이나 패턴을 학습하고 새로운 음악을 생성하는 데 사용될 수 있다(Hinton & Salakhutdinov, 2006).

넷째, 적대적 생성망(Generative Adversarial Networks: GANs)이다. GANs는 두 개의 신경망, 생성자와 판별자를 사용하여 데이터 생성을 학습하는데, 음악 창작에서는 새로운 곡을 생성하는 데 중요한 역할을 한다(Goodfellow et al., 2014).

이상의 네 가지 AI 기술로 음악을 창작하는 구도를 하나의 도식으로 종합하면 다음 [그림 6-1]과 같다.

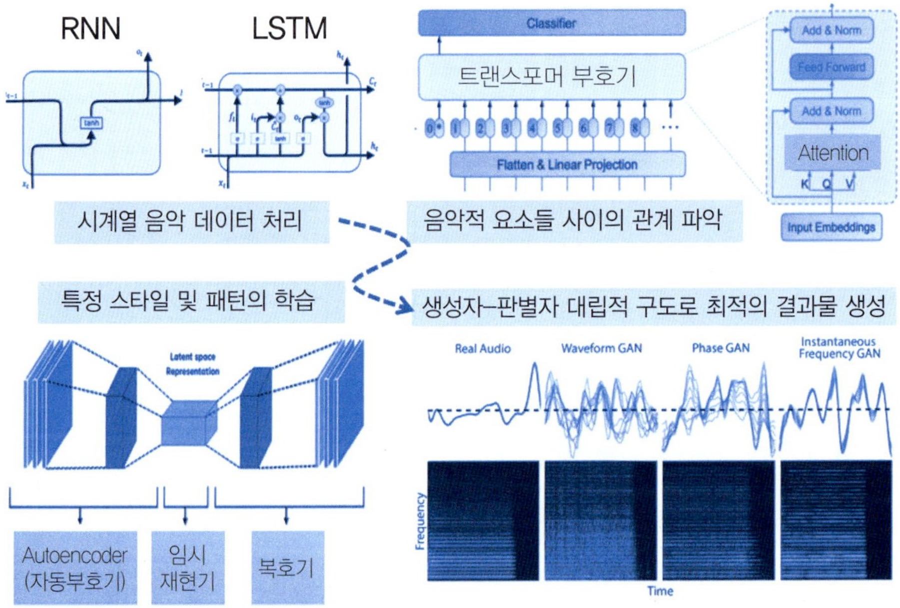

[그림 6-1] 인공지능 기반 음악 생성의 핵심 기술들

위와 같은 네 가지 기술을 기반으로 하는 AI 음악은 최근 10여 년간 엄청난 발전을 거듭하고 있고, 대중적 인기도 점차 높아짐에 따라 음악 회사와 스트리밍 플랫폼도 이러한 AI 생성 음악을 빠르게 도입하고 있다. 스트리밍 플랫폼의 대표적인 예로 2020년에 소개된 OpenAI의 Jukebox가 있고, David Guetta의 AI 생성 음악을 중심으로 한 대중 공연은 AI가 음악 창작 영역에서 어떤 기여를 할 수 있는지를 잘 보여 주었다. 이에 따라 많은 아티스트들이 AI 기반 음악 생성기를 활용하여 혁신적인 음악 제작을 시도하고 있는데, Björk의 AI 생성 음악과 자신의 합창 아카이브를 결합한 프로젝트, Jean-Michel Jarre가 제작한 연속적으로 음악을 생성하는 애플리케이션 Eōn, Alexandros Markeas의 음악가와 관객의 기대에 응답하는 실험적 AI 프로그램이 그러한 예이다(Giannino, 2023).

2. 생성형 AI 기반 음악의 등장

1) 생성형 AI의 핵심 원리

생성형 AI는 생성자(Generator)와 감별자(Discriminator)라는 두 개의 신경망이 서로 경쟁하면서 학습하는 GAN(Generative Adversarial Networks) 프레임워크를 기반으로 한다. 여기서 생성자는 주어진 데이터 분포를 학습하고, 이 분포에서 새로운 데이터를 생성하는 역할을 하며, 무작위한 노이즈 벡터를 입력으로 받아 실제 데이터와 유사한 데이터를 생성하려고 노력한다. 반면, 감별자는 생성자가 생성한 데이터와 실제 데이터를 구별하는 역할을 하는데, 생성자의 결과물과 진짜 데이터를 구분하는 방법을 학습하며, 경쟁적인 학습을 통해 결과물의 완성도를 계속 향상시키는 역할을 한다(Goodfellow et al., 2014). 이러한 생성적 적대 신경망(GAN)은 이미지, 비디오, 그래픽 생성과 같은 미술 분야에서는 활발히 활용되어 왔지만, 음악을 생성하는 작업에 있어서는 다음과 같은 이유로 큰 진전을 이루지 못했다.

첫째, 음악은 시간의 예술이라는 점이었다. 음악은 상위 구조(예: 구절)로 이루어진 더 작은 패턴(예: 마디)으로 구성된 계층 구조를 가지며, 시간의 흐름에 따라 나타나는 복합적 소리의 일관성, 리듬, 긴장 및 감정의 흐름과 관련된 구조적 패턴이 융합되어 작품을 완성시키게 되는 것이다. 따라서 이러한 시간의 흐름에 따라 이루어지는 시간 구조(temporal structure)를 고려하는 생성 메커니즘이 필요했다.

둘째, 음악은 일반적으로 여러 악기/트랙으로 구성된다. 예를 들어, 현대 오케스트라는 대체로 브라스, 현악기, 목관악기 및 타악기와 같이 네 가지 다른 섹션으로 구성되며, 록 밴드에는 베이스, 드럼 세트, 기타 및 가능한 보컬이 포함된다. 이러한 다양한 악기의 조성으로 이루어진 트랙이 서로 밀접하게 상호작용하고 시간의 흐름에 따라 서로 종속적으로 펼쳐지는 과정을 구현할 수 있어야 했다.

셋째, 음악 노트는 종종 코드, 아르페지오 또는 멜로디로 그룹화된다. 이러한 다성(polyphony) 음악에 대한 음악 노트에 시간적 순서를 도입하는 것이 일반적이기 않기 때문에 자연어 생성이나 단성(monophony) 음악의 생성을 다성 음악으로 일반화하는 게 쉽지 않았다(Dong et al., 2018). 예를 들면, 4가지 입력(화음, 스타일, 멜로디, 리듬)을 활용하여 음악을 생성하는 AI 알고리즘인 MuseGAN이 있는데, 이 MuseGAN은 여러 악기의 MIDI 파일을 각각 따로 학습하여 하나의 풍부한 음악으로 조합하는 방식으로 다중 선율, 다중 트랙, 다중 마디를 가진 음악을 생성할 수 있는 모델이다. 다음 [그림 6-2]는 이 MuseGAN이 순차적 GAN을 통해 다중 트랙의 심볼릭 음악을 생성하는 과정을 보여 준다(Dong et al., 2018, p. 38).

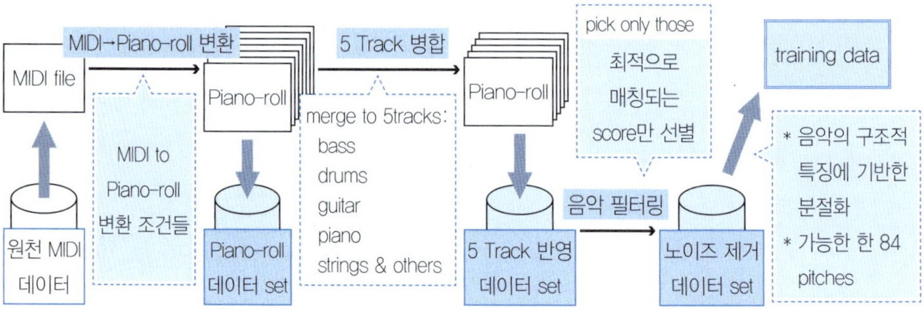

[그림 6-2] MuseGAN의 순차적 GAN 알고리즘을 통한 음악 훈련 데이터 셋의 생성과정

위 [그림 6-2]처럼, 생성형 GAN이 새로운 음악을 생성하기 위해서는 원천 MIDI 데이터의 노이즈 문제와 데이터 불균형 문제를 해결해야 하고, 이를 위해 몇 개의 음표만 연주되는 트랙을 병합하거나, 베이스, 드럼, 기타, 피아노 및 현으로 압축하여 다중 트랙 피아노 롤을 형성하여 멜로디, 리듬 및 드럼 트랙을 명확히 분류하기 위해 일치도가 높은 피아노 롤을 분절화하여 선택하는 과정을 거쳐야 한다. 이처럼 이미지를 생성하는 작업과 음악을 생성하는 작업의 기술적 난이도로 인해 AI 기술이 음악 생성의 영역에서는 큰 진전을 보이지 못했던 것으로 이해할 수 있다.

2) 생성형 AI GAN 알고리즘의 차별성

생성형 AI GAN 알고리즘과 기존의 AI 음악 향상기의 차별성을 인지하는 것은 AI 기반 음악 생성 기술의 잠재력을 가늠하기 위한 중요한 요소이다. 앞서 소개하였지만, AI가 인간 작곡가를 대신하여 음악을 만드는 작업에는 다음과 같은 기본 과정이 필요하다(Briot et al., 2020).

첫째, 데이터 수집과 사전 학습의 단계이다. 데이터 수집 단계에서는 작품의 악보, 음원 파일, 가사, 작곡 스타일 등이 포함된 대량의 음악 데이터를 수집하고, 이를 사전 학습을 위해 음표로 변환하거나 음악 구조를 이해하기 쉽도록 데이터를 분해하는 전처리 작업을 수행한다.

둘째, AI 모델 선택과 사전 훈련(학습)의 단계이다. 순환 신경망(RNN), 변형 학습 모델(GAN), 트랜스포머(Transformer) 등과 같은 음악 생성 모델을 선택하여 음악의 패턴, 구조, 음악적 규칙 등을 포함한 대규모 음악 데이터로 학습시킴으로써, AI가 음악 생성을 위한 조건들(parameters)을 제공하는 단계이다.

셋째, 실제 음악 생성과 평가 및 수정 단계이다. 학습된 AI 모델을 사용하여 주어진 입력이나 음악적 맥락을 바탕으로 실제로 음악을 생성하는 단계로서, 제시된 결과물들에 대해 제작자의 감성과 주관적 판단을 바탕으로 생성된 음악을 평가하고, 필요한 경우 수정하는 단계이다. 물론, 이 외에도 생성된 음악에 대해 라이선싱 작업, 감상자의 피드백, AI 모델을 향상시키기 위한 모델 수정 단계가 이루어질 수 있다.

하지만 생성형 AI 기술의 등장으로 위와 같은 AI 기반 음악 생성 과정에서 음악 데이터를 수집하는 과정, 데이터 전처리 과정, AI 알고리즘 모델 선정 및 학습의 과정, 평가나 수정의 과정에서 인간 작곡가의 개입 없는 음악 생성이 가능해졌다(Bergström et al., 2021; Godwin, et al., 2021). 더구나 기초 데이터가 음원 데이터에 한정되었던 기존 방식에 비해, 인간의 언어(text) 입력이나 심지어는 이미지 입력만으로도 음악을 생성하는 것을 가능하게 하는 다양식적(multi-modal) 자료 입력이 가능해짐으로써 가사에서 멜로디를 생성하거나

(lylic-to-melody), 악보와 오디오를 자유롭게 상호전환할 수 있게 되었다는 것이다. 예를 들어, Meta사에서 개발한 'MusicGen'은 원하는 음악 스타일을 자연어로 입력하면 음악을 생성해 준다. 학습 데이터에는 저작권 문제가 없는 고음질 음악 파일 1만 개와 악기 소리만 담은 음악 39만 개 파일이 포함됐는데, 일반인들도 1분 내외의 시간 안에 원하는 음악을 언제든지 비용 없이 만들어 낼 수 있게 되었다(Copet et al., 2023).

더구나 다음 [그림 6-3]과 같이 생성형 AI 기반 음악의 또 하나의 특징은 다양식적(multi-modal) 음악 생성이 가능하다는 점이다.

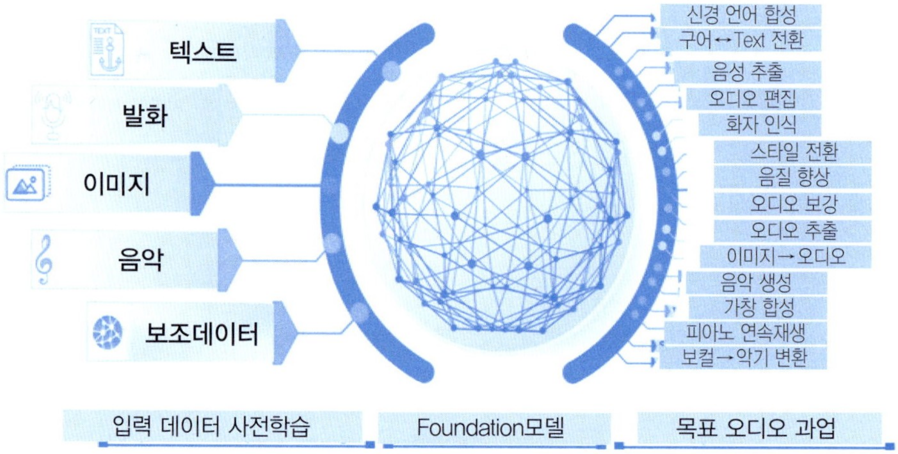

[그림 6-3] 다양식적 데이터와 LLM을 활용한 Audio AI(Latif, 2023, p. 5)

위 [그림 6-3]에 보이듯이, 생성형 AI 기술은 소리 데이터가 아닌, 텍스트나 이미지와 같은 다른 입력 소스를 바탕으로도 음악적 요소들을 추출하여 새로운 음악을 생성하는 것이 가능하다. 결국, AI 기술의 발전은 예술적 창작 활동에 있어서 순수한 인간적 창의성과 기예, 영감 등이 기여하는 부분을 점차 감소시키면서 동시에 다양한 기술적 매체나 도구를 활용한 예술적 창작 활동의 영역을 확대하고 있다는 것이다. 따라서 문화 혹은 다문화적 활동이나 영역의 성격에 대해서 새로운 개념 정의가 필요하고, 인간과 기술적·문화적 및 환경 간의 관계성에 대한 새로운 인식이 필요한 것이다.

3. 생성형 AI가 음악 창작 및 교육에 미치는 효과

1) AI 기반 음악 생성기의 가능성

생성형 AI 기반 음악 생성기들은 각각 독특한 특징과 기능을 가지고 개발되었지만, 공통적 특징으로는 1) 빅 데이터를 기반으로 다양한 음악 샘플을 보유하고 있다는 점, 2) 빠르고 효율적인 음악 생성이 가능하다는 점, 3) 클라우드 기반 플랫폼으로서 시공간적 제약 없이 사용할 수 있는다는 점, 4) 다양한 악기, 스타일, 장르를 다룰 수 있는 인터페이스를 제공한다는 점을 들 수 있다.

그렇다면 과연 이처럼 생성형 AI에 의해 만들어진 음악이 기존의 히트 음반과 비교해서 어느 정도의 완성도와 청취자의 긍정적인 반응을 가져올 수 있을까? 이에 대해 Birk와 Chakrabarty(2023)는 미국의 음악 공유 플랫폼인 Spotify 플레이 리스트의 히트곡들과 AI가 생성한 음악의 질적 분석을 시도하였는데, 그 핵심 사항을 비교한 내용은 다음 〈표 5-1〉과 같다.

〈표 5-1〉 AI 생성 음악과 비교군의 음악 특성(Birk & Chakrabarty, 2023, 13)

songs	히트 곡	AI 생성 곡	벤치마크 곡 1	벤치마크 곡 2
곡의 특징	(평균값)	「dancing with Ghosts」	「I Messed Up」	「Readr for Your Love」
Length(Min)	3:18	3:18	3:00	2:58
Acoustic-ness	0.41	**0.41**	0.76	0.87
Instrumental-ness	0.07	**0.07**	0.05	0.01
Loudness	-9.17	-9.17	-10.8	-8.6
Tempo	118	**118**	86	104
Danceability	0.61	0.61	0.67	0.79
Energy	0.52	**0.52**	0.23	0.31
Liveness	0.18	0.18	0.16	0.09
Speechi-ness	0.08	**0.08**	0.05	0.05
Time Signature	4/4	4/4	4/4	4/4

위 〈표 5-1〉에서 보듯이, AI가 Spotify에 올라온 히트곡의 평균적 특성을 지표로 곡을 만들었을 때, 그 곡의 몇몇 특징은 비교군(벤치마크 곡 1, 2)의 그것과 유의미한 차이(볼드체)를 보였다. 더구나, 이 AI 생성 곡(「Dancing with Ghosts」)이 실제 음악 플랫폼에서의 약 2주 간의 스트림 선정 횟수(318회)에서 비교군(「I Messed Up」 187회, 「Ready for Your Love」 33회)에 비해 압도적 인기를 보였던 것으로 조사되었다. 즉, 히트곡의 평균적 음악의 특성을 모방한 AI 생성 곡이 비교군에 비해 청취자의 호응도에서도 압도적인 결과를 나타냄으로써, AI 생성 곡이 음악성이나 대중성에 있어서 큰 가능성이 있다는 것을 시사한다.

2) 생성형 AI 기반 음악 생성 툴의 효과

이러한 생성형 AI 기반 음악 제작 툴의 등장은 다음과 같이 작곡가나 음반 제작자의 전문성과 일반인의 접근성에 큰 변화를 가져오게 되었다.

첫째, 일반인도 프롬프트만을 통해서 원하는 음성, 오디오(효과음), 심지어는 완결성을 갖춘 음악을 생성해 낼 수 있게 되었다. 우선 음성 생성은 Text-to-speech(TTS) 기술에서 출발하여 VALL-E나 SpearTTS 기술을 통해 발화(speech) 데이터를 프롬프트로 활용하여 음성의 음색이나 스타일을 자동으로 변환할 수 있다. 그리고 인공지능 연산 능력의 발달로 현재 이 기술은 단번에(zero-shot 방식) 훈련 데이터 셋 없이 약 3초 정도의 발화 소스만으로도 해당 음성의 음색으로 다양한 발화를 생성해 낼 수 있다(Guo et al., 2023).

둘째, 아울러 프롬프트 기반 오디오 생성 기술은 인간의 음성뿐 아니라 모든 일상적 소리를 생성해 내는 기술인데, 예를 들어 Make-An-Audio나 AudioLDM은 diffusion 기술을 기반으로 동물, 악기, 환경음 등의 다양한 소리를 텍스트 프롬프트만으로 생성해 낼 수 있다. 이 기술을 통해 어떤 특정 장면을 묘사하는 소리나 특정 상황에서의 배경음, 혹은 특정 이미지를 제공해 주면 그 이미지와 관련된 사운드를 생성해 낼 수 있는 것이다. 이 기술은 음악/오디오의 생성이나 양식 변환에 다양식적(multi-modal: 텍스트, 이미지, 소리, 동영상, 촉각 등)

소스를 자유롭게 활용할 수 있게 되었다는 것을 의미한다(Huang et al., 2023).

셋째, 음악 생성 기술은 기존의 MIDI 활용에서 시작하여 현재의 딥러닝 알고리즘을 통한 생성 기술에 이르기까지 큰 변화를 이루어 왔다. 음악 생성 기술은 앞서 [그림 6-3]에서 제시한 바와 같이, 1) 단성/다성음 생성, 2) 다중-트랙/다중 악기 생성, 3) 코드 기반(chord-conditioned) 멜로디 생성, 4) 멜로디 하모니, 5) 트랙-기반(grack-conditioned) 생성의 유형을 중심으로 발전해 왔다. 이러한 인공지능을 기반으로 생성된 작품의 완성도는 음악성(musicality)과 참신성(novelty)을 모두 만족시켜야 하는데, 이를 위해서는 고품질의 데이터 셋을 구축한 후 이를 AI가 학습하고 사용자가 원하는 만족스러운 작품을 생성해 내기 위한 적절한 모델을 활용할 필요가 있다. 따라서 일반인이 생성형 AI 툴을 바탕으로 음악을 제작할 때는 이와 같은 생성된 작품의 음악성과 참신성을 판단할 수 있는 능력이나 소양을 갖추었느냐의 여부가 관건이 될 것이다.

위와 같은 효과로 인해 생성형 AI 기반 음악 창작 툴은 다음과 같이 다양한 측면에서 음악계에 큰 변화를 가져다주었다.

① 음악 접근성 확대 측면: AI를 활용한 음악 생성은 음악 창작과 연주에 대한 높은 기술적 요구를 줄일 수 있으며, 음악에 대한 접근성을 확대해 준다(Gillick, Cartwright, & Finkel, 2018).

② 창의성 개발과 자기표현의 측면: AI를 활용한 음악 생성은 사용자들이 자신의 음악 아이디어를 실험하고 표현할 수 있는 기회를 제공함으로써, 이는 창의성과 자기표현 능력을 향상시킬 수 있다. 특히, 생성형 AI는 음악 작곡 과정에서 인간 작곡가를 넘어선 창의성 발휘가 가능하면서도, 음악 작곡자들 간 혹은 인간-AI 간의 상호작용을 활발하게 하여 음악 작곡 환경의 협업성을 증가시킨다(Suh et al., 2021).

③ 음악 치료 및 감정 조절 측면: 음악은 감정 표현 및 심리적 안녕을 촉진할 수 있는 강력한 수단이 될 수 있는데, AI 알고리즘을 통해 개별 사용자들의 기분이나 심리적 상태를 진단한 후, 그에 적합한 음악을 제공해 주므로

음악 치료 및 감정 조절에 활용할 수 있다.

④ 음악 제작의 창의성과 협력성 개선 측면: AI 시스템은 사용자에게 음악 이론 및 작곡에 대한 통찰력을 제공할 수 있다. 특히, AI 음악 생성 툴은 다양한 악기, 음악 스타일, 장르의 융합과 도전적 창작 작업을 촉발하고, 초보 학습자들에게는 음악 작곡에 대한 이해도를 높이고, 전문 작곡가들의 창작 과정을 촉진할 수 있다.

⑤ 음악 이해 및 음악 교육의 측면: AI 알고리즘에 기반한 감상 및 평가 툴을 개발하면, 이를 이용해 학생들의 연주를 분석하고 음악적 기술을 평가하면서 개선 방향을 제시하는 것이 가능하다. 이처럼 AI 기반 음악 교육 소프트웨어나 툴을 개발한다면, 학교나 학원에서 학생들의 음악 수업에서 개별화된 지원을 제공하고, 교사들의 지도의 효율성을 높이는 데도 도움을 줄 수 있다(Yu et al., 2023).

3) 생성형 AI 기반 음악 창작에서의 고려사항

(1) AI 창작물의 표절 및 저작권 문제

그동안 음악계는 예술적 측면에서나 산업적 측면에서 공히 유사성과 표절 문제와 관련한 논란이 자주 제기되었고, AI 생성 음악의 등장은 이 문제에 대한 대중의 관심을 다시금 불러일으키고 있다. 예를 들어, 2023년 4월 AI가 작곡하고 노래한 「Heart on My Sleeve」가 음악 팬들 사이에서 큰 호응이 일자, 팝 음악 관련 미디어에서는 기존의 팝 스타 Drake와 Weekend의 곡을 모방한 것에 대한 큰 논쟁이 이루어졌다. 아티스트, 변호사 및 음악 산업 관계자들 사이에서 AI로 생성된 음악의 인기나 수익권의 소재에 대한 논란이 일어난 반면, 독립음악가들은 저작권이나 표절 문제가 음반산업계를 지배하고 있는 자본주의의 관점이라며, AI 기반 작품 생성의 자율성에 대한 새로운 목소리를 내기도 하였다(Clancy, 2021). 현재, 원작의 저작권 소유자인 Universal Music Group은 해당 곡의 SNS 유통 금지를 주장함에 따라 U.S. 저작권청은 현재까지 작품의 저작권

자가 인간이어야 한다는 원칙을 고수하고 있다. 다만, AI로 생성된 음악 작품의 저작권에 어느 정도의 인간 개입이 필요한지에 대한 질문은 여전히 남아 있다.

(2) AI 창작의 확산이 가져올 문화/윤리적 여파

AI가 생성한(가사를 포함한) 음악이 생산성이나 대중적 영향력이 큰 만큼 다양한 사회적 및 문화적 편견이나 차별성을 양산하는 데 일조할 가능성이 있다(Reje, 2022). AI 툴이 가사를 생성할 때 가사 내용에 따른 사회/문화적 편견이나 차별성에 따라 윤리적 문제가 발생할 수 있으며, 기존 가수의 평판에 손상을 주거나 예술적 스타일의 전통을 파괴할 수도 있다(Veltman, 2023). 이러한 문제에 대처하기 위해 엔터테인먼트 산업을 포함한 40개 이상의 아티스트, 퍼포머, 작가 등을 대표하는 단체들이 '인간 예술가 캠페인(Human Artistry Campaign)'을 통해 인간 예술과 창작의 고유 가치를 강조하고, 기술과 기회주의의 충돌을 조정하고, 남용이나 차별의 문화가 양산될 가능성에 대비한 원칙을 세우고자 노력하고 있다. 이 캠페인이 제시한 "인간의 창의성과 성취를 위해 인공지능 응용 프로그램을 지원하기 위한 핵심 원칙"은 다음과 같다(Human Artistry campaign, 2023).

- 기술은 오랫동안 인간의 표현을 강화해 왔으며, AI도 다르지 않을 것이다.
- 인간이 창작한 작품은 우리 삶에서 중요한 역할을 계속할 것이다.
- 저작권 보호 작품 및 전문 공연가의 목소리나 표현을 사용하려면 모든 권리 보유자로부터 허가 및 시장 라이센싱이 필요하다.
- 정부는 AI 개발자가 허가나 보상 없이 창작자를 악용할 수 있는 새로운 저작권 또는 기타 지적 재산 면제를 남발해서는 안 된다.
- 저작권은 오직 인간의 지적 창의성의 고유한 가치를 보호해야 한다.
- 신뢰성과 투명성은 AI의 성공과 창작자의 보호에 필수적이다.
- 창작자의 이익이 모든 정책 결정에서 반영되어야 한다.

(3) 음악적 창의성과 관련한 논란

생성형 AI의 등장이 궁극적으로 음악적 창의성을 저해할 것인가에 대한 문제는 뜨거운 논란거리이다. 현직 음악 프로듀서들은 AI 음악 생성 툴이 창의성과 독창성 결핍을 야기할 수 있다(29.7%)는 의견과 더불어, AI가 생성한 음악과 관련된 윤리 및 법적 문제에 대한 고민(24%), 그리고 AI 툴로 인한 음악 프로듀서들의 일자리 상실에 대한 우려(18.6%)를 표명한 바 있다(Zlatic, 2023). 이러한 여러 우려들과는 달리, AI 툴의 등장이 창의성 및 변화 촉진을 바탕으로 음악계 전반의 발전에 기여할 수 있다는 관점도 존재하는데, 그 근거는 다음 세 가지로 압축될 수 있다.

첫째, AI 기술이 인류 문명에 큰 변화와 발전을 초래하고 있듯이, 음악계에도 매우 큰 잠재력을 가지고 있다는 것이다. 예를 들어, 스톡홀름과 로스앤젤레스를 기반으로 하는 Snafu Records 레이블(https://www.snafurecords.com/)은 21세기에 걸맞은 음반 레이블을 목표로 AI 기술을 활용하여 혁신적 작품과 잠재적인 스타들을 양성하고 있다.

둘째, AI 툴의 대중화는 음악 창작이나 음반 산업에 있어서 기존 대형 음반 제작사의 자본주의적 독점이나 지배에 저항하여 보다 자율적이고 창의적인 창작 활동의 가능성을 확대해 줄 수 있다. 예를 들어, 예술과 창작 프로세스를 보다 민주적이고 포용적인 방식으로 추진하고자 하는 창의성의 민주화(Democratic Creativity)라는 개념은 다양성과 포용성, 공동 협력, 포괄적 접근, 예술의 사회적 역할, 자율성과 투명성을 강조한다(Browne, 2014). 이 아이디어를 AI 음악 창작 툴의 등장에 적용한다면, 음악 창작 활동의 근본적 목적에 주목함으로써 아티스트의 지위 및 AI 생성 음악에 대한 인식의 변화를 촉발할 수 있다.

셋째, 기술적 발전을 기반으로 한 예술(활동)의 통합과 관련한 변화가 있다. 기존의 예술 영역은 음악, 미술, 무용, 연극 등과 같은 예체능 영역들은 대체로 고립되고 독자적 발전의 과정을 거쳐 왔다. 하지만 현대사회의 예술적 트랜드는 매체나 미디어의 혼성성을 바탕으로 다양식성과 융합성을 반영함으로써 새로운 표현 양식과 예술적 창의성에 도전하는 경향을 갖는다. 예를 들어, 과학기술적 도구를 활용하여 새로운 표현 양식과 예술적 창의성을 탐구하는 EAT (Experiments in Art and Technology) 연구(La Prade, 2002), 음악, 미술, 무용, 연극과 같은 예체능 영역들이 서로 혼합하여 새로운 형태의 예술 작품을 창조하는 방식(고윤화, 2022; 김무규, 2023; 허은지, 2023), 창조적 사회를 위한 예술융합적 서비스에 대한 연구(Civit et al., 2022) 등은 과학기술의 총아인 AI가 음악과 접목하여 어떤 새로운 장르를 창조해 낼 수 있을지를 탐색하는 연구들이라고 볼 수 있다.

4. 정리: 포스트휴머니즘에 입각한 다문화 음악교육의 방향

본 장에서 논의한 바와 같이 인공지능 음악 창작 기술의 등장이 초래하게 될 포스트휴먼 시대의 다문화 음악교육의 성격과 방향성은 다음과 같다.

1) 포스트휴먼 시대의 다문화 음악교육의 성격

포스트휴먼 음악교육은 다음과 같이 기술과 문화의 융합을 꾀하게 될 것이다.

① 기술과 음악의 융합: 포스트휴먼 시대는 인공지능, 가상현실, 디지털 오디오 워크스테이션과 같은 기술을 활용하여 음악 창작과 교육을 혁신한다. 이는 전통적인 음악 교육 방법과 현대 기술의 결합을 통해 새로운 창작 방식을 탐구하게 해 준다. 예를 들어, Ableton Live와 같은 디지털 오디오 워크스테이션(DAW)을 활용하여 학생들이 전자 음악 제작을 배우고 있는데, 이를 통해 학생들은 소프트웨어를 이용해 자신만의 음악을 창작하고, 다양한 디지털 효과와 합성을 실험하면서 현대 음악의 트렌드를 이해할 수 있다.

② 문화적 다양성의 포용: 다문화 음악교육은 세계 각국의 음악과 문화를 포괄하며, 학생들에게 다양한 문화적 배경에서 온 음악을 경험할 기회를 제공한다. 이는 학생들이 글로벌 음악 커뮤니티의 일원으로서 다양한 문화적 관점을 이해하고 존중하는 데 도움을 준다. 예를 들어, 월드 뮤직 프로그램을 통해 학생들은 아프리카 드럼, 인도의 시타르, 브라질의 보사노바 등 세계 각국의 전통 음악을 배우고 있는데, 이러한 프로그램은 학생들에게 다양한 문화적 배경의 음악을 체험하게 함으로써 문화적 이해와 존중의 중요성을 강조하고 있다.

③ 창의성과 혁신의 촉진: 포스트휴먼 시대의 음악교육은 학생들의 창의적 사고와 혁신적인 접근을 장려한다. 기술을 활용한 음악 창작은 전통적인 경계를 넘어서며, 이는 학생들이 자신만의 독특한 음악적 표현을 발전시키는 데 기여할 수 있다. 예를 들어, AI 기반 음악 생성 도구를 사용하여 학생들이 다양한 장르와 스타일을 혼합한 새로운 음악을 만들고, 이를 통해 자신만의 독창적인 음악적 표현을 발전시킬 수 있다.

2) 포스트휴먼 시대의 다문화 음악교육의 방향성

미래 포스트휴먼 시대의 음악교육의 방향성은 다음과 같이 정리할 수 있다.

① 기술 기반 학습 환경의 구축: 음악 교육은 인공지능, 가상현실, 디지털 미디어 등을 통해 개인화되고 상호작용적인 학습 환경을 제공해야 한다. 이러한 환경은 학생들에게 다양한 음악적 스타일과 기법을 탐구할 기회를 준다. 예를 들어, 온라인 음악 교육 플랫폼을 통해 학생들은 원격으로 음악 이론과 실기를 배울 수 있는데, 이러한 플랫폼은 인터랙티브 비디오, 가상현실(VR) 음악 체험, AI 기반 개인 맞춤형 학습 지원 등을 제공하여 효과적인 학습 경험을 제공해 준다.

② 문화 간 교류와 협력의 강화: 다문화 음악교육은 국제적인 협력과 교류를

통해 다양한 문화적 음악적 전통을 공유하고 배울 수 있는 플랫폼을 제공한다. 이는 학생들이 글로벌 음악 커뮤니티의 일부로서 자신의 문화적 정체성을 탐색하고 발전시키는 데 도움이 된다. 일례로, 온라인 컬래버레이션을 통해 미국 학생들과 아시아 학생들이 함께 음악 프로젝트를 진행하며 서로의 문화적 배경을 이해하고 존중하는 경험을 할 수 있다.

③ 창의적 표현과 비판적 사고의 장려: 교육과정은 학생들이 기술을 활용하여 자신만의 음악적 아이디어를 창조하고, 다양한 문화적 배경에서 온 음악을 비판적으로 분석하고 평가할 수 있도록 해야 한다. 즉, 학생들은 디지털 음악 제작 도구를 사용하여 자신의 창의적 아이디어를 실현하고, 동시에 다양한 문화적 배경에서 온 음악을 비판적으로 분석하고 평가하는 프로젝트에 참여할 수 있다. 예를 들어, 세계 각국의 전통 음악을 분석하고, 그 특성을 현대 음악과 결합하는 작업을 통해 학생들은 문화적 이해를 넓히고 자신의 창의성을 발휘할 수 있다.

정리하자면, 포스트휴먼 시대의 다문화 음악교육은 기술과 문화적 다양성을 중심으로 한 창의적이고 혁신적인 접근 방식을 채택하고 있다. 이러한 교육은 학생들에게 세계 각국의 음악과 문화를 이해하고 존중하는 능력을 기르는 동시에, 기술을 활용한 새로운 음악적 표현의 가능성을 탐색할 기회를 제공해 주는데, 이를 통해 학생들은 글로벌 음악 커뮤니티의 일원으로서 자신만의 독특한 음악적 정체성을 발전시킬 수 있을 것이다.

제 7 장

포스트휴먼 질적 연구와 다문화교육

1. 포스트휴먼적 질적 연구의 정당성: 비판적 포스트휴머니즘

본 절에서는 수많은 연구방법론 중 포스트휴먼적 질적 연구가 왜 필요한지 비판적 포스트휴머니즘의 관점에서 논의해 보고자 한다.

1) 비판적 포스트휴머니즘이란 무엇인가?

페미니스트 철학자 Braidotti(2006)는 페미니즘에 기반한 신물질주의적 관점을 포스트휴머니즘에 접목하여 비판적 포스트휴머니즘의 토대를 수립하였는데, 논의의 갈래는 크게 포스트휴머니즘의 윤리철학적 측면과 과학기술적 측면 두 가지로 나누어진다. 먼저, 윤리 철학적 측면에서 포스트휴머니즘은 보편주의, 세계주의, 개인주의에 기반한 서구의 인본주의적 가치에 대한 도전으로써, 페미니즘, 탈식민지주의, 생태주의적 다양성, 신물질주의적 관점을 바탕으로 인류중심주의의 도그마가 갖는 문제점들에 대한 대안적 가치를 논의한다. 다음으로, 과학기술의 측면에서는 인간과 비인간(기계 및 동물) 간의 상호관계와 상호의존성을 인정함으로써 미래의 과학기술의 발전은 단순히 인간 존재만을 위한 것이 아니라 세계 모든 존재의 역할과 관계성의 재정립 차원에서 전개될 것이라는 것을 강조하는 것이다(Braidotti, 2013a). 정리하자면, 비판적 포스트휴머니즘은 인류가 근대적 지식과 과학기술의 발전을 바탕으로 가공할 만한 기계 문명을 수립하게 된 현실 속에서, 결과적으로 인류가 기존의 생태적 환경 및 생물종들에 대한 파괴적 지배구조를 수립한 것에 대해 반성적으로 성찰하고, 생태계 속 하나의 존재로서 인간이란 무엇인가에 대해 비판적으로 성찰하려는 것이다(Braidotti, 2016).

비판적 포스트휴머니즘의 또 다른 인식론적 틀은 앞서 언급한 페미니즘적 관점(일원론, 신물질주의, 생태주의, 객체지향존재론, 비대표성이론 등) 이외에도, 비판적 포스트휴머니즘의 명칭 자체에서 알 수 있듯이 비판이론적 관점(탈식민주의, 탈인종주의, 후기구조주의 등)에 토대하고 있다. 여기서는 서구 계몽주의에 의해 만들어진 근대 문명의 역사과 현재의 조건들이 그동안 인종 차별, 성차별, 식민주의, 계급주의 등에 기반하여 이루어진 것이라는 사실을 비판적으로 논의함과 동시에 긍정적(affirmative) 대안까지 제시하고자 한다(Braidotti, 2013b). 그런 의미에서 Braidotti(2016)는 긍정적인 정책은 인본주의적 도그마인 자기중심적 개인주의를 거부함으로써, 인간뿐만 아니라 모든 비인간적 존재들(동물, 사물, 도구, 물질 등)을 포함한 타자들 사이의 '긍정적인' 상호연결성을 탐색할 수 있고, 아울러 대안적인 비전과 전망을 제시함으로써 창조적 비판의 관점을 유지할 수 있다고 강조한다.

2) 비판적 포스트휴머니즘의 주된 대상: 인류중심주의와 강화된 자본주의

인류중심주의(anthropocentrism)에 대한 반성은 포스트휴머니즘이 출현하게 된 주된 계기이기도 하고, 비판적 포스트휴머니즘의 가장 큰 정당성이다(Herbrechter, 2013). 인류중심주의는 Descartes의 정신-물질의 이원론적 사고를 기반으로 인간만이 '이성'이라는 고차원적 정신 능력을 지닌 동물로 간주하며, 인간을 제외한 다른 모든 동물을 포함하여 자연사계와 생태적 환경은 모두 물질계의 산물로 간주한다. 이로써 인간은 인간 존재에만 특별한 의미를 부여할 수 있게 되었고, 자신 이외의 모든 존재(동물, 사물, 자연환경 등)를 타자화하고 착취의 대상으로 삼는 것을 정당화하게 되었던 것이다.

인류중심주의적 이념은 15세기 인문주의(the humanities)의 회복을 목표로 한 르네상스 운동에서 출발하였지만, 실질적으로는 17세기 뉴턴의 자연과학적 세계관과 Descartes의 이원론적 철학이 결합하여 근대과학적 세계관으로 자리 잡게 됨으로써 보편적 관념으로 구체화되었다(Snaza & Weaver, 2014). 이후 인류중심주의는 유럽 국가들에 의해 주도된 식민주의 및 제국주의적 세계사 속에서 18세기 유럽의 국민국가의 등장을 배경으로 하면서, 시민권, 인권, 자유, 평등, 계몽주의적 사상이 대중화되면서 인본주의 관념으로 자리 잡게 된다. 그 결과 오늘날 인본주의는 중세의 인문주의 사상과 근대의 유럽중심주의적 세계관을 바탕으로 근대적 시민들에게 기대되는 주권(sovereignty), 인권, 주체성, 자율성 등의 개념들이 혼합된 이념적 복합체가 되었다. 하지만 20세기 중반까지도 인본주의가 강조하는 '인간'의 범주에는 인류의 오랜 역사 속에서 타자화되어 왔던 여성, 아동, 유색 인종, 비유럽 이방인, 노예, 약소민족, 장애인, 동성애자 등은 '인간'의 범주에 포함되지 않았고, 오직 소수의 지배적 계층들이 상정하는 인간의 이미지만이 인본주의의 이상적 존재로 간주되어 왔다(Snaza, Appelbaum, Bayne, Morris, Rotas, & Sandlin, 2014).

아울러 비판적 포스트휴머니즘은 기술 중심주의적 미래 사회를 설계가 특히 강화된 자본주의(advanced capitalism)의 주도에 의해 이루어지는 경향에 강력하게 저항하고자 한다. 진보된 자본주의는 20세기까지 사회경제적 원리로 세상을 지배했던 고전적 자본주의가 21세기 들어 기술의 급속한 발전과 정보통신 인프라의 세계적 확대를 바탕으로 교육, 오락, 문화, 직업, 일상생활을 망라하여 인류의 모든 삶의 양상에 깊숙이 관여하게 된 현상을 가리킨다(Beramendi, Häusermann, Kitschelt, & Kriesi, 2015). 그런 의미에서 강화된 자본주의는 단순한 경제적 원리만이 아니라, 정치적 · 사회경제적 · 과학기술 산업적 측면에 영향을 미치는 미래 사회의 추동 원리를 일컫는데, 그 성격은 크게 다음 세 가지로 정리할 수 있다.

첫째, 세계화된 자본주의적 시장 구조는 인류의 삶을 기술 중심 산업사회의 상품들에 전적으로 의존할 수밖에 없는 경제적 · 사회적 · 문화적 조건들을 만들어 내고 있다. 둘째, 인간 삶의 전 영역이 기술적 산물들의 도움을 받을 수밖에 없게 되면서, 생활, 교육, 오락, 직업 등의 모든 영역이 포스트휴먼적 조건으로 변화하고 있다. 셋째, 시장은 그동안 정부가 수행해 왔던 공적 서비스의 거의 모든 영역에 침입하여 정부의 정책들에 깊이 관여함으로써, 국가의 모든 영역을 시장화하고 있다. 예를 들어, Braidotti(2016)는 진보된 자본주의가 확장과 통제의 대상으로 삼은 분야를 세 갈래로 나누는데, Facebook, Google, X(구, Twitter)로 대표되는 사회관계망 서비스 시장, 생명유전학(bio-genetics), 생명과학, 생명정보학(bio-informatics) 등으로 대표되는 생명기술(bio-technology) 서비스 시장, 물질계와 환경계를 아우르는 생태적 환경 시장이 그것이다. 강화된 자본주의는 이와 같은 과학적이고 경제적인 통제에 기반한 산업에 투자하여 이윤을 추구함으로써 생명 자체를 상품화하는 것이다(van der Zaag, 2016).

요컨대, 강화된 자본주의는 한마디로 개인의 자유와 선택권을 극대화하는 자유주의적 정치철학과 시장원리에 기반한 자본주의적 경제원리가 21세기의 급속한 과학기술적 진보와 맞물려 새로운 미래 사회의 비전을 세우려는 것이다. 이러한 강화된 자본주의의 문제점은 인류의 과학기술이 소수의 자본가와 기업, 국가 등에 의해 독점되어 인류의 보편적 삶의 조건—식량, 문화, 정보통신, 보건의료, 안보, 여가 등—을 통제하고 권력화할 수 있다는 우려를 피할 수 없다는 것이다(Foucault, Davidson, & Burchell, 2008; Mbembe, 2008). 따라서 비판적 포스트휴머니즘은 미래 사회가 진보된 자본주의의 동력에 의해 포스트휴먼적 조건으로 전환해 나가는 것을 경계하고 있다.

2. 포스트휴먼적 질적 연구란 무엇인가?

본 절에서는 포스트휴먼적 질적 연구란 무엇인가를 Ulmer(2017)의 관점을 중심으로 살펴보되, 이를 목적론, 지식론, 주요 이론적 기반, 연구방법론의 측면으로 구분하여 논의해 보고자 한다.

1) 포스트휴먼적 질적 연구의 목표: 인본주의적 인식론의 해체

포스트휴먼적 사회의 등장은 학술적 탐구의 주제와 방법론에도 근본적인 변화를 가져오고 있다. 즉, 물질주의나 생명주의와 같은 철학적 관점이나 생태학, 식물학, 동물학, 기후학 등의 학문 분야, 인간, 사물, 도구, 자원들 간의 상호연결성에 대해 보다 적극적인 관심을 갖게 되었고, 더 이상 인간만이 연구의 주체(agency)나 주제(theme)가 아니라는 것을 깨닫기 시작했다. 그로 인해 지정학

(geopolitics), 문화지리(cultural geography), 생태여성주의 등의 분야에서부터 인간은 지구라는 거대한 생태계 속의 하나의 미약한 존재에 불과하다는 사실에 주목하기 시작했고, 특히 이러한 문제의식은 후기식민주의, 후기구조주의, 해체주의 등과 같은 비판이론적 관점을 중심으로 활발히 논의되고 있다(Alaimo, Hekman, & Hekman, 2008). 본서에서 논의하고 있는 비판적 포스트휴머니즘은 바로 이러한 맥락에서 출발하여 인류가 경험해 왔던 억압, 불평등, 소외 등의 주제에 대한 논의를 전 지구적 범주에서 기술중심주의가 지배하게 될 미래의 포스트휴먼적 사회를 대상으로 확장시키려는 것이다.

포스트휴먼적 질적 연구의 지향점도 미래의 포스트휴먼적 조건에서 살아가게 될 인간 존재의 역할과 의미를 생태주의적 관점에서 재점검하고자 하는 것이다. 인간은 지구 생태계의 일부이기 때문에 인간이 생존하기 위해 지각하고 행동하는 모든 경험은 인간이 살아가는 지역적 및 지구적 생태계의 영향력에서 벗어날 수 없고, 인간을 위해 그 이외의 존재들을 희생시키는 지식과 기술은 정의롭거나 완전하지 못한 지식이다. 특히, 오늘날 지구가 경험하는 지속불가능한 현실을 고려한다면, 인류가 기술과 과학, 다른 동물 및 환경과 점점 더 복잡한 관계를 형성하게 될수록 지금까지의 인류중심적인 연구들은 더 이상 학문적 연구의 목적이나 동기가 되지 못할 것이다(Braidotti, 2016; Colebrook, 2014). 그런 의미에서 포스트휴머니즘 연구자들은 사회적 정의(social justice)를 더 이상 인간관계의 범주 내에 한정시키지 않고, 물질적 · 생태학적 · 지질학적 · 지정학적 · 지구철학적인 차원에서 새롭게 규정하고자 한다. 이것이 인류중심주의에서 벗어나서 비인간적인 요소들에 관심을 두려는 비판적 포스트휴머니즘의 의도인 것이다.

포스트휴먼적 질적 연구도 지금까지 논의한 인류중심주의의 비판(존재론적 반성), 인류중심적 세계관의 극복(인식론적 전환), 진보된 자본주의에 대한 저항(정치적 실천), 실증주의적 합리성의 탈피(연구방법론적 대안)를 추구하는 비판적 포스트휴머니즘의 지향성과 맥을 같이한다. 특히, 포스트휴먼적 질적 연구는 연구의 주제나 분석의 틀, 연구방법론적 측면에서 기존의 인본주의적 질적 연구와 전혀 다른 전략들을 개방적으로 탐색하고자 한다. 예를 들어, 인간의 잠재력에 대한 신뢰의 입장—예: 인류가 지구를 변형시킬 만한 파괴력이 있는 만큼 지구를 다시금 잘 보존시킬 잠재력도 가지고 있음을 강조(Colebrook, 2014)하거나, 긍정적인 포스트휴먼 정치학(affirmative politics)을 통해 인류가 지속가능한 사회를 만들 수 있다는 주장(Braidotti, 2011)—도 있지만, 인간이 '세상을 파멸시키거나 구원할 수 있다고 생각하는 것은 둘 다 인간의 영향력을 극대화하려는 지나친 인본주의적 사고'라는 지적(Cohen & Duckert, 2015)도 있다.

따라서 포스트휴먼적 질적 연구의 목표는 포스트휴먼적 조건이 보편화된 미래의 기술정보화 사회에서 지식의 본질이 무엇인가에 대한 탐색뿐만 아니라, 그러한 기술적 환경 속에서 인간의 의미와 역할이 무엇인지를 비판적으로 탐색하려는 것이다. 여기서 포스트휴머니즘은 더 이상 인간이 지식을 생산할 수 있는 유일한 종(species)이라거나, 인간만이 다른 존재/사물/형태/객체/현상들에 대한 의미를 부여할 수 있다는 관념을 거부한다(Denzin & Giardina, 2016). 이때 기존의 인본주의적 연구의 핵심 매개였던 인간의 언어는 더 이상 미래 사회의 지식(정보)의 본질을 나타내는 충분한 증거로 인식되지 않을 수 있다(Pierre, 2016). 결국, 포스트휴먼적 질적 연구는 기존의 연구방법론(인터뷰, 관찰, 그리고 텍스트)을 통해 생산된 연구결과나 지식에만 의존하지 않고, 인간 및 비인간적 존재들이 물질적 환경(즉, 정책, 학교, 관계, 환경, 그 안에 들어 있는 모든 것) 속에서 어떻게 생존하고 상호작용하는지에 대해 언어적 및 비언어적 방법을 모두 동원하여 연구하게 될 것이다.

2) 포스트휴먼적 질적 연구의 지식관

포스트휴먼적 질적 연구의 방향을 설정하기 위해서는 포스트휴머니즘이 상정하는 지식이란 무엇인가를 정확히 이해할 필요가 있다. 포스트휴먼주의자들은 사회적 현상이 중첩적이며 주관적이고 복잡한 일련의 관계로부터 일어난다고 보기 때문에 특정 현상 그 자체만을 독립적으로 연구하려고 하지 않다. 그런 의미에서 포스트휴먼적 연구가 탐색하고자 하는 지식의 성격은 물질적 · 상호연결적 · 과정적 · 긍정적이라는 네 가지 성격으로 정리될 수 있다.

첫째, 포스트휴머니즘은 '포스트휴먼적 조건들', 특히 트랜스휴먼적 세계에서 인간의 육체성이 물질들과 상호작용하는 방식에 대한 연구를 포함하는데, 그런 의미에서 포스트휴먼적 지식은 물질적 · 체화적(embodied) · 개체 초월적(transcorporeal) 성격을 갖는다. 예를 들어, Alaimo(2016)는 물질적 지식이 인간과 비인간을 초월하여 넘나드는 현상을 개체초월성(transcorporeality)의 개념으로 설명하고 있는데, 여기서 물질에는 '인체, 비인간적인 생물, 생태계, 화학적 물질과 사물의 몸체 등이 모두 포함된다. 기존의 휴머니즘적 지식은 위와 같은 물질들의 관계성 속에서, 교육에 의해 선별된 이성적 인간의 정신적 요소를 동물들이나 타자화된 인간(여성, 노예, 장애인 등), 인간의 비이성적 정신(본능, 감정, 직관 등)에 비해 우선시하였다. 하지만, 포스트휴먼적 지식은 물질-정신의 이원론적 구별에 얽매이지 않고, 물질-정신들 간의 불평등한 위계에서 탈피하여 모든 물질적 요소 간의 상호작용 및 교류가 어떻게 노동과 생산의 구조 속에서 권력, 억압, 폭력, 소외를 낳고 있는가를 연구하려는 것이다.

둘째, 포스트휴머니즘의 연구대상인 인간적 · 비인간적 존재들은 물질주의의 원리하에 서로 연결되어 있기 때문에, 포스트휴먼적 지식은 상호연결적 · 관계적 · 횡단적이다. 예를 들어, Haraway(1985)는 인간과 기계의 혼합물이자 포스트휴먼적 존재를 상징하는 사이보그를 페미니즘적으로 해석하면서, 인간-비인간적 조립체, 유사 종이나 교차적 종(trans-species), 형질 전환된 생물들에 대해 그들의 관계성을 상호교차적으로 설명하고자 했다. 이 관점은 "생명체에 대한 생명주의적 접근은 동물과 인간의 구별화가 아닌 삶의 경계로 대체한다."라고 선언한 Braidotti(2009, 2013)의 생기론(vitalism)에 기반하고 있는데, 지금까지의 종들의 범주화(인간/비인간, 자연/문화, 생물/비생물 등의 분열)에 대한 구별을 가로질러 재연결하려는 철학인 것이다. 결국, 이러한 종들 간의 횡적 관계성은 인류중심주의를 제거하고 모든 비인간적 종이 그들의 물질적 환경 속에서 상호작용하며 살아가는 방식을 고려함으로써 탈-인류시대를 지향하는 것이다.

셋째, '삶'이 상호연결되고, 관계적이며, 횡적 소통을 이루기 위해서는 그것이 상호작용적이고 개방적인 과정으로 자리매김할 수 있어야 한다는 점에서 포스트휴먼적 지식은 과정적(processual)이다. 이는 모든 인간적/비인간적 존재들은 관계와 연결성의 범주 내에서 계속 움직이고 있다는 Whitehead(1978)와 Deleuze와 Guattari(1994)의 과정철학적 존재론을 바탕으로 하는데, 그로 인해 포스트휴머니즘은 인간 혹은 비인간의 존재가 '어떤 존재인지(what)'를 규정하기보다는 그들이 상호작용하고 '되어 가는 방식(how)'에 더 관심을 둔다. 예를 들어, Deleuze와 Guattari가 창조적인 확신에 근거하여 끊임없이 실험적으로 사고하는 것이 올바른 지식에 다가가는 최선의 방법임을 강조한 것이 바로 이러한 포스트휴먼적 지식의 성격을 잘 보여 주고 있다(Bogue, 2008).

넷째, 포스트휴먼적 지식은 본질적으로 신물질주의(생기론적 물질주의)와 생태주의적 관점을 바탕으로 궁극적으로 삶에 대한 긍정적(affirmative) 태도를 취한다. 이를 대표하는 이론이 Deleuze의 조에(Zoe)적 생명정치학(biopolitics)인데, 이는 조에(Zoe)적 본성인 생명이 갖는 생산적인 특성과 끊임없는 연장의 가능성을 인정하는 것이다(Braidotti, 2009). 따라서 Braidotti(2013)는 휴머니즘이 불러온 자연의 파국에 대해 비판적이면서도 창의적인 태도를 통해 대안을 모색하는 긍정적 정치학을 포스트휴머니즘의 주된 입장으로 강조한다. 이처럼 포스트휴머니즘에 기반한 긍정주의는 인류가 다른 종, 현상 및 요소들에 대해 기존과는 다른 어떤 새로운 태도를 보여 줄 수 있는지를 논의함으로써, 인류의 존재 의미에 대해 다시 생각해 보기를 요구하는 것이다.

요컨대, 지금까지 논의한 포스트휴먼적 지식의 네 가지 특징—물질적/체화적 · 상호연결적/관계적 · 과정적 · 긍정적 성격—은 포스트휴먼적 질적 연구의 성격과 방향이 무엇인지를 잘 보여 주고 있다. 다음 절에서는 이러한 포스트휴먼적 지식을 탐구하는 데 적합한 질적 연구의 대표적 두 가지 관점인 비대표성과 생기론에 대해 살펴보기로 한다.

3) 포스트휴먼적 질적 연구의 주요 관점: 비대표성과 생기론

먼저 비대표적(non-representative) 연구는, 비대표성이론에 기반한 질적 연구의 한 관점으로, 존재(연구자), 사고(탐구), 앎(지식), 글쓰기에 있어서 자연과 문명 사이에 놓인 인위적 경계를 허물고, 우리가 살고 있는 일상 환경 및 자연 현상 내에서 연구를 수행하려는 태도를 말한다. 이러한 비대표적 연구의 성격은 다음 네 학자의 관점을 통해 이해할 수 있다.

첫째, Lorimer(2005)는 비대표적 연구는 기존의 연구방법론적 접근에 의문을 제기하는 것이라고 본다. 우선 기존의 사회과학의 범주는 인간 사회(social)만 포함하였고, 자연 생태계의 모든 존재를 고려한 사회가 아니기 때문에, 포스트휴먼적 사회과학은 생물과 비생물의 사회성을 모두 포함하는 것이다. 또한, 사회과학에서 다루고자 하는 인과론적 분석도 데카르트식의 결정론적 인과론에 의존하지 않고, 어떤 현상에 수많은 요소가 모두 포함되기 때문에 원인과 결과가 서로 얽히고 불확실할 수밖에 없다고 본다. 그런 의미에서 Lorimer(2008)는 비대표적 연구의 특성을 공유된 경험, 일상생활, 일시적인 만남, 구체화된 행동, 실용적인 기술, 정서적인 강박, 지속적인 충동, 탁월한 상호작용 및 감각적인 처분들 속에서 삶이 어떻게 형성되고 표현되는가를 이해하는 것이라고 설명하고 있다.

둘째, Ingold(2015)는 비대표성 연구를 비형식적인 연구의 과정이자 실천으로 본다. 여기서 비형식적 연구란, 미리 결정된 결론을 향해 탐구의 단계들을 정리해 놓은 것이 아니라, 과거에 대한 인식, 현재 상황의 고려, 미래의 가능성을 열어 놓고 소외된 비인간적 존재들과 더불어 삶(경험)을 공유하면서 수행하는 연구를 가리킨다. 즉, 비대표적 연구는 인간이 만들어 놓은 문명의 틀에 얽매이지 않고, 세상의 모든 존재와의 관계성을 형성하고, 행동/경험하며 소통하려는 연구를 의미한다.

셋째, Thrift(2008)는 비대표성이론을 Whitehead(1978)가 말한 '상상력의 도약(imaginative leap)'처럼 다른 사고방식에 대한 개방성을 바탕으로 대안적인 사고를 탐색하는 연구방법으로 간주한다. 즉, 비대표적 사고는 지식 생성에 있어서 불확실성과 혼란을 부정적으로 간주하는 것이 아니라, 희망·창조성·상상력 측면에서 새로운 기회이자 연구의 지속적인 동력인 것이다. 그런 의미에서 Thrift(2008)는 비대표적 사고가 기존 사고의 영향력에 구속되지 않고, 창조적이고 실용적이며 야생적인 성격을 갖는다고 말한다. 요컨대, 비대표적 연구는 기존의 인식틀에서 벗어나서 풍부한 상상력과 창의성을 통해 세상을 새롭게 이해하기 위해 다양한 이론적·방법론적 시도를 포용하는 연구방법이라고 이해할 수 있다.

넷째, 비대표성 연구는 그 명칭에 맞게 연구의 방법론에 있어서 지역성(locality)을 강조하는데, 학자들이 벌떼에서부터 점균류에 이르기까지 무/유기 물질이 어떻게 사고하고, 정보를 처리하고, 행동하고, 반응하는지 연구함에 있어서, 지역적 생명체들의 생태학적 행동으로부터 직접적 단서를 얻는다. Vannini(2015)는 이러한 지역성에 기반을 둔 연구가 '덧없고, 점성적이고, 구체적이고, 물질적이고, 복잡하고, 예측 불가능하지만', 이러한 지역성의 이해가 생태계에 대한 본질적 이해에 더 가까울 수 있다고 본다.

아울러 포스트휴먼적 연구의 이러한 비대표적 성격은 생기론적 관점과도 밀접한 연관성을 갖는다. 생기론적 포스트휴머니즘이란 '인체에 서식하는 유기체로서의 인간'을 포함하여 다른 모든 비인간적 유기체들이 어떻게 서로 얽혀서 지구 생태계를 유지하고 있는지를 탐구하는 것이다. 이러한 생기론적 연구는 다음과 같은 두 가지 중요한 연구의 방향을 갖고 있다.

첫째, 생기론자들은 연구자들이 생명으로 가득 찬 세상에 직접 참여하여, '생명과 함께 생각하도록' 요구한다. 이는 기존의 실증주의 과학처럼 자연을 분해하고 해체하려는 태도가 아니라, 다시금 종합하여 총체적인 생태계의 원리를 새롭게 이해하려는 시도를 말한다. 예를 들어, 원소, 기후, 동물, 식물, 박테리아 등에 대한 연구를 분과적으로 수행하는 것이 아니라, 생태학적 스펙트럼 전반을 가로지르며 개별적인 생명 존재들이 어떻게 전 지구적 생태계의 조화에 기여하고 있는가를 연구해야 한다는 것이다(Bennett, 2010).

둘째, 생기론적 연구는 '삶 세계'의 생동성(animation)을 되살리기 위해 환경에 대한 인간의 잘못된 행태와 사고방식을 깨우치는 것에서부터 시작한다. 즉, 자연 생명체들을 통제하고 인간을 위해 활용하기 위해 연구하는 것이 아니라, 그들을 통해 인간 사회의 문제점을 깨닫고 생태적 공존을 위한 가르침을 얻기 위한 것이라는 의미이다. 예를 들어, 조류에 대한 연구를 통해 집단성 속에서의 개체들의 자기 인식과 행동에 대한 이론을 사회생물학적으로 재정립하거나, 식물과 '함께' 생각하는 것이 식물에 대한 인간의 인식을 바꿀 수 있다는 믿음하에 식물의 사고와 인간의 사고를 비교하는 연구를 한다. 또한, 인류와 동반하는 종으로써 동물에 대한 논의를 시도하기도 하고, 움직이고 성장하면서 번식과 번영의 방향을 결정하는 슬라임 곰팡이, 박테리아 등에 대한 연구를 통해 비계획적으로 정보를 처리하고 환경에 반응하는 식물의 사전 인지 능력을 연구하기도 한다(Marder, 2013).

요컨대, 위와 같은 비대표적·생기론적 연구들은 기존의 '인본주의적' 연구와는 달리 생명체의 사회에 대한 관심, 비형식적 연구, 창의적 상상력의 활용, 지역성을 중시하고, 생명체들과 '함께' 연구하면서, 자연을 이용하기 위한 연구가 아니라 인간의 행태를 반성하기 위한 연구를 수행하고자 한다. 이러한 포스트휴먼적 질적 연구의 기본 구도를 요약하여 정리하면 다음 〈표 7-1〉과 같다.

〈표 7-1〉 포스트휴먼적 질적 연구의 핵심 이론

대표학자		비대표성의 개념	연구방법론적 전략
비대표성 이론	Lorimer (2005)	기존 연구방법에의 도전	공유된 경험, 일상생활, 일시적인 만남, 구체화된 행동, 실용적인 기술, 정서적인 강박, 지속적인 충동, 탁월한 상호작용 및 감각적인 처분들의 수용
	Ingold (2015)	비형식적인 연구의 과정이자 실천	과거에 대한 인식, 현재 상황의 고려, 그리고 미래의 가능성을 열어 놓고 소외된 비인간적 존재들과 더불어 삶(경험)을 공유하면서 수행하는 연구
	Thrift (2008)	대안적인 사고를 탐색	불확실성과 혼란은 부정적인 요소가 아니라, 희망, 창조성, 그리고 상상력의 측면에서 새로운 기회이자 연구의 지속적인 동력

대표학자		비대표성의 개념	연구방법론적 전략
비대표성 이론	Vannini (2015)	생태성과 지역성(locality)의 강조	지역성은 '덧없고, 점성적이고, 구체적이고, 물질적이고, 복잡하고, 예측 불가능'하지만, 생태계에 대한 본질적 이해와 유사
생기론	Bennett (2010)	생명과 함께 생각하기 (생태계의 총체적 이해)	생태학적 스펙트럼 전반을 가로지르며 개별적인 생명 존재들이 어떻게 전 지구적 생태계의 조화에 기여하는지를 연구
	Marder (2013)	삶 세계의 생동성(animation) 되살리기	그들을 통해 인간 사회의 문제점을 깨닫고 생태적 공존을 위한 가르침을 얻기 위한 것

3. 포스트휴먼적 질적 연구의 방법론

1) 포스트-질적(post-qualitative) 연구의 성격

지금까지 논의한 것처럼, 포스트휴먼적 질적 연구는 생생하고, 비대표적이며, 물질적이며, 긍정적이고, 지역기반적이며, 과정적이며, 상호연관성을 탐구하는 연구다. MacLure(2017)는 포스트휴먼적 질적 연구를 바람에 흔들리며 소리를 내는 크리스탈로 된 풍경(wind bell)과 같이 은은하고 자연스러운 멜로디를 내면서 배경 속으로 녹아드는 연구로 비유한 바 있다. 이때 풍경이 생성해 내는 개별 음을 분리하려고 한다면, 바람, 빛, 소리가 조화롭게 생성해 내는 더 큰 창조성을 간과하는 것이다. 끊임없이 변하는 소리와 빛, 움직임, 그 자체가 아름다움을 완성하기 때문이다. 이러한 포스트휴먼적 연구의 성격을 가장 잘 드러내는 연구방법이 바로 포스트-질적 연구인데, Ulmer(2017, p. 842)는 이러한 포스트-질적 탐구의 다양한 접근방식을 다음 〈표 7-2〉와 같이 구문론적으로 정리하여 제시하고 있다.

〈표 7-2〉 포스트휴먼 연구의 개념화를 위한 표현들

식물적-사고		
자연	과 함께	글쓰기
환경(지구/공기/불/물)	과 함께	사고하기
Deleuze/Whitehead	적으로	사고하기
개념/이론	적으로/없이	사고하기
방법론	으로/없이	사고하기
방법론	을 거스르는	방법론
이름	없는	철학
자연/준거	없는	생태학
대표성	없는	연구
비대표적		연구방법론

포스트-질적 연구는, 위 표가 보여 주는 것처럼, 연구의 관점, 이론적 기반, 연구대상, 방법론의 차원에서 기존의 실증주의적·인본주의적 연구의 접근과는 성격을 달리하고 있다. 이러한 포스트-질적 연구의 몇 가지 탐구방식들의 예를 들면 다음과 같다.

첫째, 없이 사고하기(thinking without)이다. '없이 사고하는 것'은 전형적인 비대표적인 사고로서, '표현하지 않고 연구하기', '방법 없는 사고', '적절한 이름이 없는 철학' 등이 여기에 속한다. 이 방법을 강조하는 학자들은 기존의 사회과학적 연구가 용어의 개념화나 연구방법과 같은 고정된 구조로 인해 창의성을 제한하기 때문에 그러한 형식을 재현하거나, 방법을 그대로 따르거나, 명칭에 의존해서는 안 되고, 심지어는 연구방법론 자체를 제거할 것을 제안하기도 한다. 따라서 '없이 사고하는 것'은 연구의 개방성을 확대하기 위해 잠재적인 장벽을 제거하는 감쇄적 접근방식을 취하고, 이로써 학자들은 보다 자유로운 상상의 모험을 시작할 수 있게 되는 것이다.

둘째, 함께 사고하기(thinking with)이다. 포스트휴먼적 연구자들은 사물에 대한 사고, 동물/사물 자체, 혹은 기술 자체의 중요성을 강조한다. 그런 의미에서 그들은 생물에 대한 관찰과 기록, 동물 유전학 연구, 혹은 민속기술지를 수행할 때 동물이나 사물 등과 '함께' 수행할 것을 제안한다. 예를 들어, 유아교육 영역에서 바위, 돌, 물과 같은 요소들과 민속기술지 연구를 함께 할 것을 제안하는 것이다. 마찬가지로, 전통적 철학 영역에서 학자들은 단순히 이론적 차원에서만 논의하지만, 거기에 물질, 사물, 동물, 요소 및 이론을 함께 고려함으로써 연구방법론을 확장시킬 수 있다(Mazzei & Jackson, 2012). 그런 의미에서 일부 교육 연구자들은 독창적인 실험, 걷기 방법론, 감각적 민족지 및 어린 시절 놀이에서부터 데이터를 수집하기도 한다. 이러한 방법론적 시도는 포스트휴먼적 연구방법론이 개방성을 가지고, 다르게 사고하고, 다시 생각하는 자생적인 연구방법으로 확장될 수 있도록 돕는 것이다.

셋째, 다르게 생각하기(thinking differently)이다. '다르게 생각하기'는 포스트-질적 연구의 지속성을 높여 주는 원동력으로, 포스트휴먼 연구에서 글쓰기, 표현, 이론화, 데이터 수집, 협업 등을 포함한 모든 방법론을 새롭게 시도하는 출발점이 될 수 있다. 실제로 '다르게 생각하기'는 포스트휴머니즘의 의미를 논의하는 여러 교육적 연구, 포럼, 프로젝트 등에서 즐겨 채택되고 있는 주제이기도 한데, 포스트-질적 연구에서 이러한 '다르게 생각하기'를 촉진할 수 있는 연구방법론을 위한 용어들로 다음과 같은 것들이 있다(Ulmer, 2017, p. 844).

- 인류시대, 자본세(Capitalocene), 식물세(Plantationocene), 크툴루세(Chthulucene), 생태세(Ecocene), 남성세(Manthropocene), 인류혐오세(Misanthropocene)
- ~ 이상의, 후기-, 탈-, 초월- 반-, 비-, 대항적-
- 이론/방법론/물질성과 '함께' 사고하기, 이론/방법론/물질성 '없이' 사고하기
- 기후, 환경, 날씨, 요소, 지리학, 지정학, 지형학, 가이아(Gaia)
- 생태학, 식물, 동물, 생동주의, 동반 종, 집합적, 무리/떼
- 대상, 사물, 관계, 과정철학, 존재인식론

- 생동적인, 대리적인, 서로 얽힌, 기괴한, 상호연관된, 체화된
- 맥락적, 생성적, 생산적, 긍정적, 전도적, 사색적, 수행적

포스트휴먼 연구자들은 위에서 제시된 용어들로부터 착안하여, 자신의 연구 주제나 대상을 선정할 수도 있고, 새로운 용어를 탐색하여 스스로 만들어 냄으로써 '다르게 생각하기'를 실천할 수 있을 것이다.

2) 포스트휴먼 질적 연구와 다문화교육

포스트휴먼 접근법은 인간 중심적 사고에서 벗어나, 인간과 비인간 요소들이 상호작용하는 네트워크에 주목하고, 다문화교육은 다양한 문화적 배경을 가진 학생들이 공존하는 교육 환경에서 평등한 기회와 존중을 받을 수 있도록 하는 것을 목표로 한다. 이러한 두 가진 접근을 통합하면 다문화교육을 더욱 효과적으로 구현할 수 있는 방법론으로 포스트휴먼 접근법을 활용할 수 있다. 이를 위한 포스트휴먼 질적 연구와 다문화교육의 관련성은 다음과 같이 정리될 수 있다.

첫째, 포스트휴먼 접근법은 다양한 인간과 비인간 요소들의 상호작용을 강조함으로써, 다문화교육에서 중요한 역할을 하는 문화적 교류와 상호작용을 깊이 있게 이해할 수 있도록 도와준다. 이를 통해 교사들은 다양한 문화적 배경을 가진 학생들의 존중과 이해를 높이는 방법을 찾을 수 있다.

둘째, 포스트휴먼 접근법은 교육과정과 교수법에 있어서 유연성과 다양성을 강조한다. 교육과정이 다양한 문화적 배경을 반영하고, 교사들이 개별 학생들의 문화적 경험을 존중하며 교육과정을 구성하도록 권장하므로, 이를 통해 학생들은 서로 다른 문화적 배경을 이해하고 존중하는 능력을 기를 수 있다.

셋째, 포스트휴먼 접근법은 교육의 목표를 인간 중심적이지 않은 방향으로 확장시킨다. 다문화교육의 목표가 평등과 상호존중을 추구하는 것임을 감안할 때, 포스트휴먼 접근법은 학생들에게 다양한 문화적 경험을 가진 타인에 대한

존중과 이해를 넘어서, 지구 생태계와 비인간 요소들에 대한 책임감을 함양하도록 유도해 준다.

넷째, 포스트휴먼 연구는 기존의 교육 연구 방식에서 벗어나, 더욱 복잡하고 다양한 현상을 탐구하는 데 도움이 된다. 전통적인 교육 연구 방식은 인간 중심적이고 규범적인 방식으로 문제를 해결하려 하지만, 포스트휴먼 연구는 인간과 비인간 요소의 상호작용을 고려한 새로운 연구 방식을 제안한다. 이를 통해 다문화교육에서 발생하는 다양한 문제들을 더욱 효과적으로 분석하고 해결할 수 있다.

다섯째, 포스트휴먼 연구는 다문화교육에 참여하는 주체들이 상호영향을 미치는 과정에 초점을 맞추어, 교육의 성공 요인을 더욱 정확하게 파악할 수 있게 도와준다. 그러므로 교사는 다양한 문화적 배경을 가진 학생들과의 상호작용을 더욱 효과적으로 관리하고, 학생들에게 적절한 교육 기회를 제공할 수 있다.

여섯째, 포스트휴먼 연구는 다문화교육을 지속적으로 변화와 발전시키는 데 기여한다. 기존의 교육 연구 방식은 일정한 규범에 의존하지만, 포스트휴먼 연구는 다양한 인간과 비인간 요소의 상호작용을 고려한 유연한 연구 방식을 제안하므로, 이를 통해 다문화교육이 지속적으로 새로운 문제와 도전에 대응하며 발전할 수 있다.

정리하자면, 포스트휴먼 질적 연구는 다문화교육의 이론적 근거를 강화하며, 다양한 문화적 배경을 가진 학생들의 교육 기회와 존중을 높이는 데 큰 역할을 한다. 포스트휴먼 관점과 다문화교육의 협력을 통해 다문화교육이 더욱 효과적이고 포괄적으로 구현될 수 있게 되어, 학생들이 상호존중과 이해를 바탕으로 서로의 문화적 차이를 인정하고 성장할 수 있는 환경이 조성된다. 포스트휴먼 질적 연구의 도입은 다문화교육의 가치와 목표를 더욱 명확하게 이해하고 실천하는 데 기여하며, 교육의 질을 높이고 지속가능한 발전을 추구하는 핵심 요소로 활용될 수 있다(Murris, & Bozalek, 2019; Taylor & Hughes, 2019; Wolfe, 2010).

3) 빅 데이터의 등장과 포스트휴먼 질적 연구

빅 데이터는 대량의 데이터를 처리하고 분석하는 기술로서, 다양한 분야에서 혁신을 가져왔다(Kitchin, 2014). 포스트휴먼 연구자들은 빅 데이터를 이용하여 인간과 비인간 요소들의 복잡한 상호작용을 연구하고 이해하기 시작했고(Wolfe, 2010), 빅 데이터의 등장은 포스트휴먼 연구에 새로운 방법론을 제공하며, 연구의 효과성과 효율성을 높일 수 있다. 이러한 빅 데이터 기술의 등장이 포스트휴먼 질적 연구에 어떤 영향을 미치게 될지 생각해 보자.

(1) 빅 데이터를 이용한 포스트휴먼 연구방법론

빅 데이터를 활용한 포스트휴먼 연구방법론은 대량의 데이터를 처리하고 분석함으로써, 인간과 비인간 요소들의 상호작용을 더욱 정확하게 이해할 수 있다(St. Pierre, 2011). 이를 통해 연구자들은 복잡한 현상을 더욱 심도 있게 연구할 수 있으며, 실시간으로 변화하는 상황에 대응할 수 있는 연구 결과를 도출할 수 있다(Bishop, 2009).

(2) 빅 데이터와 포스트휴먼 연구의 윤리적 고려

빅 데이터 연구는 개인정보 침해, 데이터 오용 등의 윤리적 문제를 야기할 수 있다(boyd & Crawford, 2012). 포스트휴먼 연구자들은 이러한 윤리적 문제에 대해 고려하며, 데이터를 수집하고 분석하는 과정에서 발생할 수 있는 위험을 최소화하려 노력한다(Murris & Bozalek, 2019). 이를 위해 연구자들은 데이터의 출처와 사용 목적을 명확하게 표시하고, 개인 정보를 보호하기 위한 적절한 프로토콜을 따라야 한다(Taylor & Hughes, 2019).

빅 데이터 시대의 올바른 데이터 사용을 위한 비판적이고 윤리적인 접근의 한 개념적 틀은 다음 그림을 통해 이해할 수 있다(Elisa-Raffaghelli, 2020).

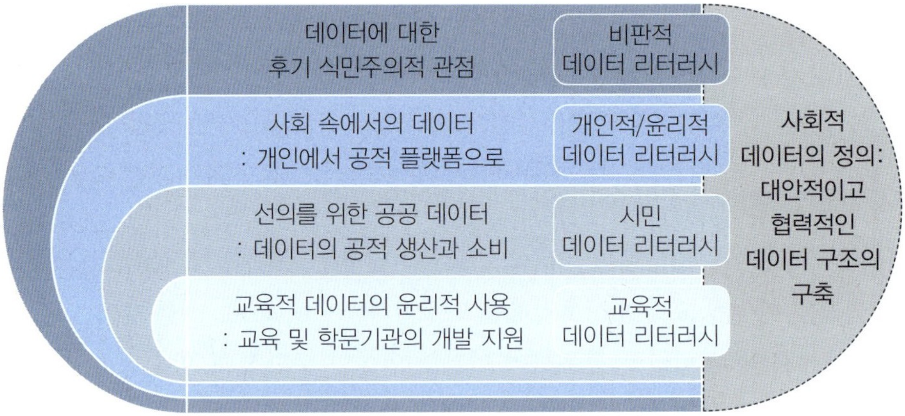

[그림 7-1] 사회적 정의 측면에서의 데이터 리터러시의 네 측면

위 4가지 차원은 현대인의 활동 속에서 데이터 생성, 추적 및 사용에 대한 불평등과 윤리적 문제를 다룰 수 있는 관점을 제공해 줄 수 있다. 사회정의가 이 네 가지 관점들 차원에서의 데이터 사용에 대한 윤리적 우려, 참여 및 알고리즘 설계에 관한 논의, 데이터 사용의 문화적 함의 속에 드러날 수 있는지 고민해 볼 필요가 있을 것이다. 하지만 이러한 가이드라인들도 여러 한계점을 가지고 있다. 예를 들어, 개인들이 데이터를 활용하는 과정에서 윤리적 고려를 한다고 해서 그것이 사회 구조적으로 참여자들의 행동적 실천을 보장하지는 않는다. 또한, 오픈 데이터의 활용에 있어 사회정의를 고려한다고 해서 데이터의 형태, 출처 및 영향에 대한 비판적 관점을 항상 포함하지는 않는다.

(3) 빅 데이터와 포스트휴먼 연구의 학문적 적용

빅 데이터와 포스트휴먼 연구의 관련성은 다양한 학문 분야에서 확인된다. 사회과학, 인문학, 과학, 예술 등의 분야에서 빅 데이터를 활용한 포스트휴먼 연구가 이루어지며, 새로운 지식과 인사이트를 제공해 줄 수 있다(Gough, 2004).

가. 사회과학 분야에서의 빅 데이터와 포스트휴먼 연구

사회과학 분야에서 빅 데이터와 포스트휴먼 연구는 사회 현상을 분석할 때

인간과 비인간 요소들의 상호작용을 고려한다(Kumashiro, 2002). 예를 들어, 도시 계획이나 교통 분석에서 빅 데이터를 활용하여 인간의 행동과 기술, 환경의 상호영향을 파악할 수 있다(Kitchin, 2014).

나. 인문학 분야에서의 빅 데이터와 포스트휴먼 연구

인문학 분야에서 빅 데이터와 포스트휴먼 연구는 문학, 철학, 문화 연구 등에서 인간과 비인간 요소의 상호작용을 탐구한다(Wolfe, 2010). 예를 들어, 디지털 인문학에서 빅 데이터를 활용하여 인간의 언어와 문화적 표현에 대한 이해를 깊이 있게 연구할 수 있다(Gold, 2012).

정리하자면, 빅 데이터를 포스트휴먼 연구에 연관시키면 다양한 학문 분야에서 새로운 연구방법론과 윤리적 고려를 제시하며, 지식의 확장과 발전에 기여할 수 있다. 이러한 연구 접근법은 더욱 복잡하고 다양한 현상을 이해하고 분석하는 데 도움을 주어 학문적 성장과 혁신을 이끌어 낼 수 있을 것이다.

4) 포스트휴먼 질적 연구: 정리

지금까지 설명한 포스트휴먼적 질적 연구에 대한 핵심내용을 정리하면 다음과 같다.

첫째, 포스트휴먼적 존재로서의 인간은 비인간적 존재들(동식물, 사물, 도구, 기술 등)과 불가분리적 존재로서, 인간과 기술은 공진화해 왔고 미래의 기술 중심 사회에서도 더욱 밀접한 관계를 맺으며 살아가게 될 것이다. 따라서, 미래의 포스트휴먼적 환경에서 인류가 제대로 적응해 나가기 위해서는 기존의 인본주의적 관념에서 탈피하여 기술적 존재로서 인간의 의미와 역할을 반성적으로 성찰해야 한다.

둘째, 과거의 과학주의적 합리성과 인식 주체-인식 대상을 구별하는 이원론적 관점에 토대한 인본주의적 지식관에서 벗어나, 오늘날 디지털화, 빅 데이터화, 정보화 사회의 성격에 부합하는 (포스트휴먼적) 지식의 탈체화성, 일원성,

네트워크성을 올바로 이해할 필요가 있다. 이를 위해서는 신물질주의적 존재-인식론의 관점이 필수적이며, 이에 기반한 지식관의 수용과 학문적 탐구 방식의 변화가 필요할 것이다.

셋째, 포스트휴먼적 존재인식론적 기반이 되는 대표적 이론으로 신물질주의, 행위자-망이론, 객체지향 존재론, 비대표성이론이 있다. 이 이론들의 공통적 특징은 인식 주체로서 인간-비인간, 생명체-사물, 주체-객체 등을 구별하지 않는 일원성(생기론적 물질주의)과 수평적 존재론(객체지향존재론)을 지지하고, 모든 존재가 상호연결되어 있으며(행위자-망이론), 따라서 세상에 대한 기존의 인본주의적이고 합리주의적인 인식의 틀을 거부하여 창의적 · 생성적 · 과정적인 지적 탐구를 시도한다(비대표성이론)는 것이다.

넷째, 이러한 포스트휴먼적 질적 연구의 주요 개념적 틀인 비판적 포스트휴머니즘은 페미니즘(남성중심주의 및 이성중심의 근대성에 대한 비판), 비판이론(권력, 편견, 사회구조적 폭력성에 대한 비판), 후기식민주의(서구 문명의 역사적 지배에 대한 비판), 후기구조주의(계몽주의, 보편주의, 과학주의 등에 대한 비판), 신물질주의(마음-신체 이원론적 세계관과 인류중심주의에 대한 비판)적 이론들에 기반하고 있다. 비판적 포스트휴머니즘은 이러한 관점을 바탕으로 인류중심주의에 대한 반성적 성찰과 진보된 자본주의의 추동력에 대해 저항함으로써 새로운 인간상의 긍정적인 대안을 제시하려고 한다.

다섯째, 포스트휴먼적 질적 연구는 위와 같은 포스트휴먼적 존재인식론에 기반하여 인본주의적 인식론을 해체하고, 체화적(물질적) · 관계적(횡단적) · 과정적 · 긍정적인 방향에 터한 지식관을 갖는다. 또한, 그 대표적인 연구 관점으로 비대표성이론을 바탕으로 한 일상적 · 감각적 · 비형식적 · 개방적 · 창의적 · 지역적 연구를 수행하고자 하며, 생기론을 바탕으로 기존의 인간적(근대적 · 합리적 · 과학적)인 관념에 얽매이지 않고 다양한 비/생명적 존재들과 '함께' 연구하기를 시도한다. 마지막으로 포스트휴먼적 질적 연구의 대표적 전략으로 '없이 사고하기,' '함께 사고하기,' '다르게 생각하기' 등의 접근이 기존의 질적 연구를 포스트휴먼적 존재들을 대상으로 더욱 확장시킬 수 있는 의미 있는 시도가 될 것이다.

우리 현대인들은 포스트휴먼적 조건(Papperell, 1995) 속에서 살아가고 있고, 머지않아 더 이상 학문 연구의 주제나 대상이 '인본주의적' 관점에서 자연, 물질, 세계, 지식 및 기술을 이해할 수 없는 시점이 올 것이다. 그런 의미에서 포스트휴먼적 질적 연구자들은 지식 탐구의 전혀 다른 방식을 시도해야만 하는 불확실성이나 두려움과 싸울 수밖에 없을 것이다(Vannini, 2015). 따라서, 포스트휴먼적 지식과 질적 연구의 방향에 대한 논의는 우리의 목전에 다가와 있는 포스트휴먼적 세계에서 연구자들이 어떤 학문적 지향성을 가져야 할지에 대한 의미 있는 지침을 제공해 줄 수 있을 것이다(Braidotti, 2015).

나가는 말

[포스트휴먼 시대의 다문화교육의 의미]

포스트휴먼 시대의 다문화교육은 다양한 문화적 배경을 가진 학생들이 서로 다른 관점을 공유하고, 서로의 차이를 존중하는 것을 강조한다. 이는 학생들이 서로 다른 문화적 배경에서 온 동료들과의 협업을 통해 글로벌 시민으로서의 역량을 개발하고, 다양한 문화적 맥락에서 발생하는 복잡한 문제들을 이해하고 해결하는 능력을 키우는 데 도움을 준다. 포스트휴먼 시대의 다문화교육의 또 다른 목적은 끊임없이 변화하고 있는 글로벌 사회에 대응하여 학습자들의 존중과 다양성 인식을 향상시키는 것이다. 이러한 교육 접근 방식은 개개인의 독특한 배경과 가치를 인정하고, 이를 바탕으로 새로운 학문적 지식과 문화적 이해를 도모한다.

본서에서는 포스트휴머니즘적 세계관과 이론적 틀을 바탕으로 다문화교육의 의미와 방향에 대해 논의하였고, 이를 구체적인 윤리교육, 창의성 교육, 역량교육, 예술교육에 어떻게 적용할 수 있는지 살펴보았고, 마지막으로 포스트휴먼적 질적 연구에 대해 소개하였다. 본서의 논의를 통해 숙고된 포스트휴먼적 다문화교육의 방향성은 다음과 같이 정리될 수 있을 것이다.

첫째, 포스트휴먼 시대의 다문화교육은 인종, 민족, 성별, 종교, 성적 지향 등 다양한 측면에서의 차별과 불평등을 해소하는 것을 목표로 한다. 이를 위해 교육기관은 그러한 차별과 불평등이 일어나는 원인을 이해하고, 이를 바탕으로 교육과정과 정책을 개선할 필요가 있다. 교육의 혁신과 개방을 통해 사회 전체의 다양성을 수용하고 존중하는 문화를 조성해야 한다.

둘째, 포스트휴먼 시대의 다문화교육은 디지털 기술과 인공지능의 발전을 고려해야 한다. 이러한 기술들은 학습자들에게 새로운 기회를 제공할 수 있지만, 동시에 그들의 사생활과 정보 보안에 대한 우려를 낳을 수도 있다. 따라서 교육

기관은 기술의 긍정적인 영향을 극대화하면서도, 부정적인 영향을 최소화하는 방안, 예를 들어 디지털 시민권 및 데이터 리터러시 교육을 강화하고, 학습자들의 정보 보호를 위한 정책과 지침 등을 마련해야 한다.

셋째, 포스트휴먼 시대의 다문화교육은 지속가능한 발전과 환경 문제에 대한 인식을 높이는 데 중점을 두어야 한다. 현재의 글로벌 사회는 기후 변화, 자원 고갈, 생물 다양성 감소와 같은 다양한 환경 위기에 직면해 있다. 이러한 문제들은 모든 인류에게 영향을 미치며, 특히 빈곤층과 소수민족에게 더 큰 부담을 주고 있다. 따라서 교육기관은 지속가능한 발전과 관련된 내용을 교육과정에 통합하고, 학습자들이 이러한 문제에 대한 이해와 해결 능력을 키울 수 있도록 지원해야 한다.

넷째, 포스트휴먼 시대의 다문화교육은 국제 협력과 교류를 촉진하여 국가 간의 이해와 화합을 도모해야 한다. 글로벌 사회는 다양한 문화, 종교, 정치 체제가 얽힌 복잡한 체계로 이루어져 있다. 이러한 상황에서 교육은 학습자들이 다른 국가와 문화에 대한 이해와 존중을 기르도록 돕고, 국제 협력을 통해 공동의 목표와 가치를 추구할 수 있는 역량을 갖추게 해야 한다. 이를 위해 교육기관은 다양한 문화를 경험하고, 다른 국가의 학생들과 협력하고 교류할 수 있는 기회를 제공해야 한다.

마지막으로, 포스트휴먼 시대의 다문화교육은 평생 학습의 원칙을 강조하여 학습자들이 지속적으로 변화하는 사회와 글로벌 환경에 적응할 수 있도록 해야 한다. 교육은 단순히 학문적 지식과 기술을 전달하는 것이 아니라, 학습자들이 자기주도적으로 학습하고, 문제를 해결하고, 새로운 지식을 창출할 수 있는 능력을 갖추도록 돕는 과정이다. 이를 위해 교육기관은 학습자들이 평생 학습을 실천할 수 있는 환경과 자원을 제공하고, 그들의 성장과 발전을 지원해야 한다.

결론적으로, 포스트휴먼 시대의 다문화교육은 다양한 문화와 가치를 인정하고 존중하는 동시에, 글로벌 사회의 지속적인 변화와 발전에 대응할 수 있는 역량을 학습자들에게 전달하는 것이다. 이를 위해서는 차별과 불평등 해소, 디지털 기술과 인공지능의 활용, 지속가능한 발전과 환경 문제 인식 강화, 국제 협력과 교류 촉진, 평생 학습 원칙의 강조 등 다양한 요소를 고려한 종합적인 접근이 필요하다. 본서를 통해 제시된 아이디어와 방향이 포스트휴먼 시대의 다문화교육 발전에 기여할 수 있기를 바란다.

참고문헌

박휴용 (2006). 세계화시대의 영어학습열기에 대한 비판적 담론분석: 사회적 기호화 과정의 탐색. 사회언어학, 14(2), 169-196.

박휴용 (2010). 교육과정 이념으로써의 세계시민주의에 대한 비판적 담론분석. 교육과정평가연구, 13(2), 1-27.

박휴용(2012a). 교육과정 이념으로서의 다문화주의와 지속가능발전교육론에 대한 비판적 논의. 교육과정연구, 30(1), 1-26.

박휴용(2012b). 다문화주의에 대한 비판적 논의와 비판적 다문화교육론. 교육철학연구, 34(2), 49-77.

박휴용(2012c). 다문화교육의 형평성과 수월성에 대한 비판적 고찰. 다문화교육연구, 5(2), 147-172.

박휴용 (2012d). 다문화주의에 대한 비판적 이해와 비판적 다문화교육론. 교육철학연구, 34(2), 49-77.

박휴용(2013). 다문화사회를 위한 인격교육의 성격과 방향. 인격교육, 7(2), 45-67.

박휴용(2024). 생성형 AI의 등장과 음악창작 환경의 변화. 미래음악교육연구, 9(1), 83-114.

Sleeter, C. E. & Grant, C. A. (2007). *Doing Multicultural Education for Achievement and Equity*. London: Routledge.

Aagaard, J. (2017). Introducing postphenomenological research: A brief and selective sketch of phenomenological research methods. *International Journal of Qualitative Studies in Education*, *30*(6), 519-533.

Aikenhead, G. S. (1996). *Science education: Border crossing into the subculture of science*.

Aikenhead, G. S., & Ryan, A. G. (1992). The Development of a New Instrument: Views on Science-Technology-Society (VOSTS). *Science Education*, *76*(5), 477-491.

Alaimo, S., Hekman, S., & Hekman, S. J. (Eds.). (2008). *Material feminisms*. Indiana University Press.

Allport, G. W. (1931). What is a trait of personality? *Journal of Abnormal and social psychology*, *25*, 368-372.

Allport, G. W., & Odbert, H. S. (1936). Trait-names: A psycho-lexical study. *Psychological Monographs*, *47*, 211.

Amabile, T. M. (1996). Creativity in context. Boulder, CO: Westview Press.

Anderson, T. & Milbrandt, M. K. (2004). *Art for life*. New York: McGraw Hill.

Anderson, T., Gussak, D., Hallmark, K., & Paul, A. (2010). *Art education for social justice*. Reston, VA: NAEA.

Antonelli, P. (2008). *Design and the elastic mind*. The Museum of Modern Art.

Baker, S. G. (2013). Artist-Animal Collaboration: Art's Extent, Symbiotic Aesthetics, and Biosemiotics. In *The Art of the Animal* (pp. 13-29). Brill Rodopi.

Banks, J. A. (1993). Multicultural education: Characteristics and goals. In J. A. Banks & C. A. M. Banks (Eds.), *Multicultural education: Issues and perspectives* (pp. 3-28). Boston: Allyn & Bacon.

Barad, K. (2003). Posthumanist performativity: Toward an understanding of how matter comes to matter. *Signs: Journal of women in culture and society*, *28*(3), 801-831.

Barba, R. H. (1993). A study of culturally syntonic variables in the bilingual/bicultural science classroom. *Journal of Research in Science Teaching*, *30*(9), 1053-1071.

Barrow, J.저, 고종숙 역. (2003). 무, 영, 진공. 서울: 해나무.

Barthes, R. (1977). *Elements of semiology*. Macmillan.

Bates, I. (2013). *The competence and Education: Training and the Future of Work II. Developments in Vocational Education and Training*, *98*.

Bateson, G. (1972/2000). *Steps to an ecology of mind: Collected essays in anthropology, psychiatry, evolution, and epistemology*. University of Chicago Press.

Baudrillard, J. (1981). *Simulacra and simulation*. Editions Galilée.

Bawden, D. (2008). Origins and concepts of digital literacy. In C. Lankshear & M. Knobel (Eds.), *Digital literacies: Concepts, policies and practices* (pp. 17-32). New York, NY: Peter Lang.

Becker, H. S. (1982). *Art worlds*. California: Univ. of California Press.

Benjamin, W. (2008). *The work of art in the age of mechanical reproduction*. Penguin UK. (Original work published 1969)

Bennett, C. I. (2007). *Comprehensive multicultural education: Theory and practice* (6th ed.). Boston: Pearson.

Bennett, J. (2015). Systems and things: On vital materialism and object-oriented philosophy. *The nonhuman turn*, 223-239.

Beramendi, P., Häusermann, S., Kitschelt, H., & Kriesi, H. (Eds.). (2015). *The politics of advanced capitalism*. Cambridge University Press.

Bergson, H. (2004). *L'Evolution Creatrice* (Z. Jiang, Trans.). Original published in 1944.

Bergström, M., Johansson, L., Karon Klefbom, E., Lundberg, A., Löfgren, V., & Sönnergaard, M. (2021). *Apply evolutionary algorithms for music generation.*

Berryhill, J., Heang, K. K., Clogher, R., & McBride, K. (2019). Hello, World: Artificial intelligence and its use in the public sector.

Biesenbach, K. (2015). *GIFs as Art. In Internet Art* (pp. 114-124). Thames & Hudson.

Bloom, B. S. (1956). *Taxonomy of Educational Objectives, I: Cognitive Domain*. London: Longman.

Bloom, B. S., Hastings, J. T., & Madaus, G. F. (1971). *Handbook on Formative and Summative Evaluation of Student Learning.* New York: McGraw-Hill.

Boddice, R. (Ed.). (2011). *Anthropocentrism: Humans, Animals, Environments*. Boston: Brill.

Bogost, I. (2009). *What is object-oriented ontology?: A definition for ordinary folk*. Blog. http://bogost. com/writing/blog/what_is_objectoriented_ontolog.

Bolt, B. (2013). *Introduction: Toward a "new materialism" through the arts.*

Bonilla-Silva E. (2010). *Racism without racists*. Plymouth, UK: Rowman & Littlefield.

Bostrom, N. (2003). In defense of posthuman dignity. *Bioethics*, *19*(3), 202-214.

Bourdieu P. (1984). *Distinction: A Social Critique of the Judgement of Taste*. Cambridge: Harvard University Press. (Original work published 1979)

Bourriaud, N. (2009). *The radicant*. Lukas & Sternberg.

Bowden, J. A., & Masters, G. N. (1993). *Implications for Higher Education of a Competency-based Approach to Education and Training*. Australian Government Publishing Service: Canberra.

Bowles, S., & Gintis, H. (1976). *Schooling in capitalist America*(Vol. 57). New York: Basic Books.

Braidotti, R. (2006). Posthuman, all too human: Towards a new process ontology. *Theory, culture & society*, *23*(7-8), 197-208.

Braidotti, R. (2009). Locating Deleuze's Eco-Philosophy between Bio/Zoe-Power and

Necro-Politics. In *Deleuze and Law* (pp. 96-116). Palgrave Macmillan, London.

Braidotti, R. (2013). Posthuman humanities. *European Educational Research Journal*, *12*(1), 1-19.

Braidotti, R. (2016). *The critical posthumanities*. Summer Institute of the Antipodes, Penrith, Australia.

Briggs, J., & Peat, D. 저, 김광태 · 조혁 역. (1990). 혼돈의 과학[Turbulent mirror]. 서울: 범양사출판부.

Briot, J. P., Hadjeres, G., & Pachet, F. D. (2020). *Deep learning techniques for music generation* (Vol. 1). Heidelberg: Springer.

Brougher, K. (2005). *Tim Hawkinson*. Los Angeles County Museum of Art.

Brown, R. (1995). *Prejudice: Its Social Psychology*. London: John-Wiley & Sons.

Bryson, J. J. (2018). *AI and global governance: No one should trust AI*. United Nations University Centre for Policy Research.

Buckingham, D. (2015). Defining digital literacy: What do young people need to know about digital media? *Nordic Journal of Digital Literacy*, *10*(1), 21-35.

Bundy, A. (2017). Smart machines are not a threat to humanity.*Communications of the ACM*, *60*(2), 40-42.

Burke, J. W. (Ed.) (1989b). *Competency Based Education and Training*. Lewes: Falmer.

Burke, P. (1999). *The Italian renaissance: Culture and society in Italy*. Princeton University Press.

Burns, T. W. (2014). John Courtney Murray, Religious Liberty, and Modernity: Part I: Inalienable Natural Rights. *Logos: A Journal of Catholic Thought and Culture*, *17*(2), 13-38.

Candela, Ó., Cid-Sueiro, J., & Bielza, C. (2015). Artwork recommendation by means of a computationally efficient collaborative filtering algorithm. *Journal of Cultural Heritage*, *16*(3), 291-299.

Carlson, M. (1998 /first 1996). *Performance: A Critical Introduction*. New York: Routledge.

Cataldi, S. L. (1993). *Emotion, depth, and flesh: A study of sensitive space: Reflections on Merleau-Ponty's philosophy of embodiment*. SUNY Press.

Ceder, S. (2018). *Towards a posthuman theory of educational relationality*. Routledge.

Chapman, C., & Crimmin, M. (2007). Art across borders. *RSA Journal*, *154*(5527), 42-49.

Charlton, W. (1981). Spinoza's Monism. *The Philosophical Review*, *90*(4), 503-529.

Chen, S., & Andersen, S. M. (1999). Relationships from the past in the present: Significant-other representations and transference in interpersonal life. In M. P. Zanna (Ed.), *Advances in experimental social psychology* (Vol. 31, pp. 123-190). San Diego, CA: Academic Press.

Chin, C. (2013). Key dimensions of a multicultural art education curriculum. *International Journal of Education & the Arts*, *14*(14). Retrieved [date] from http://www.ijea.org/v14n14/.

Chiu, C-y., & Hong, Y. (2006). *The social psychology of culture*. New York: Psychology Press.

Civit, M., Civit-Masot, J., Cuadrado, F., & Escalona, M. J. (2022). A systematic review of artificial intelligence-based music generation: Scope, applications, and future trends. *Expert Systems with Applications*, 118-190.

Clancy, M. (2021). Reflections on the financial and ethical implications of music generated by artificial intelligence (Doctoral dissertation, PhD Thesis). Trinity College, Dublin.

Cobern, W. (2000). Defining "science" in a multicultural world. *Science Education*, *85*(1), 50-67.

Colebrook, C. (2014). *Death of the PostHuman: Essays on Extinction*(vol. 1). Open Humanities Press.

Collins, J., & Porras, J. (1994). *Built to Last*. London: Century.

Colton, S., & Wiggins, G. A. (2012). Computational creativity: The final frontier? In *ECAI*, *12*, 21-26.

Connolly, W. E. (2013). The 'new materialism'and the fragility of things. *Millennium*, *41*(3), 399-412.

Copet, J., Kreuk, F., Gat, I., Remez, T., Kant, D., Synnaeve, G., Adi, Y. & Défossez, A. (2023). *Simple and Controllable Music Generation*. arXiv preprint arXiv:2306.05284.

Crawford, K. (2016). Artificial intelligence's white guy problem. *The New York Times*, *25*(06), 5.

Csikszentmihalyi, M. (1996). *Creativity: Flow and the psychology of discovery and invention*. New York: HarperCollins.

Cueille, J. (2019). Bio-art et transhumanisme: Une anthropologie des limites. *Philosophical Readings*, *11*(1).

Cummins, J. (1986). Empowering minority students: A framework for intervention. *Harvard educational review*, *56*(1), 18-37.

DaCosta, M. C., & Philip, K. (2008). *Tactical biopolitics: Art, activism, and technoscience*. MIT Press.

David, P. R. (2021). Notes on the Case of Orangutan Sandra, the Non-Human Subject of Rights. In *Crime Prevention and Justice in 2030*(pp. 313-336). Springer, Cham.

de Freitas, E., & Curinga, M. X. (2015). New materialist approaches to the study of language and identity: Assembling the posthuman subject. *Curriculum Inquiry*, *45*(3), 249-265.

Dennis, M. J. (2014). *Competency-based degrees: The quiet revolution?* (February 14, 2014) Issue N. 307.

Derrida, J. (2008). *The animal that therefore I am*. Fordham Univ Press.

Desai, D. (2000). Imaging difference: The politics of representation in multicultural art education. *Studies in Art Education*, *41*(2), 114-129.

DiMaggio, P. (1982). Cultural capital and school success: The impact of status culture participation on the grades of US high school students. *American sociological review*, 189-201.

Domańska, E. (2006). The return to things. *Archaeologia Polona*, *44*(2), 171-185.

Dong, H. W., Hsiao, W. Y., Yang, L. C., & Yang, Y. H. (2018, April). *Musegan: Multi-track sequential generative adversarial networks for symbolic music generation and accompaniment*. In Proceedings of the AAAI Conference on Artificial Intelligence (Vol. 32, No. 1).

Durham, W. H. (1991). *Coevolution: Genes, culture, and human diversity*. Stanford University Press.

Einstein A, Calaprice A (2000) *The expanded quotable Einstein*. Princeton, NJ: Princeton University Press.

Elgammal, A. (2018). *The Creativity Code: Art and Innovation in the Age of AI*. Harvard University Press.

Eshet-Alkalai, Y. (2004). Digital literacy: A conceptual framework for survival skills in the digital era. *Journal of Educational Multimedia and Hypermedia*, *13*(1), 93-106.

Feldman, D. H., & Benjamin, A. C. (2006). Creativity and education: An American retrospective. *Cambridge Journal of Education*, *36*(3), 319-336.

Fenwick, T. (2010). Re thinking the "thing": Sociomaterial approaches to understanding and researching learning in work. *Journal of workplace learning*.

Fersht, A. R. (2021). AlphaFold–A personal perspective on the impact of Machine Learning. *Journal of Molecular Biology*, 167088.

Finke, R. A., Ward, T. B., & Smith, S. M. (1992). *Creative cognition: Theory, research, and applications*. Cambridge, MA: MIT Press.

Flynn, B. C. (1983). Descartes and the Ontology of Subjectivity. *Man and World*, *16*(1), 3-23.

Foucault, M. (1979). Authorship: What is an Author?. *Screen*, *20*(1), 13-34.

Friedman, R. S., & Förster, J. (2001). The effects of promotion and prevention cues on creativity. *Journal of Personality and Social Psychology*, *81*, 1001-1013.

Garber, E. (2004). Social justice and art education. *Visual Arts Research*, *30*(2), 4-22.

Gatys, L. A., Ecker, A. S., & Bethge, M. (2015). *A Neural Algorithm of Artistic Style*. arXiv preprint arXiv:1508.06576.

Geerts, E., & Carstens, D. (2019). Ethico-onto-epistemology. *Philosophy today*, *63*(4), 915-925.

Geroimenko, V. (Ed.). (2014). *Augmented Reality Art: From an Emerging Technology to a Novel Creative Medium*. Springer.

Giannino, (2023). *AI Music: The Future of Music in 2023*. https://boxmining.com/ai-music-the-future-of-music-in-2023/

Gillick, J., Cartwright, M., & Finkel, J. (2018). *End-to-End Audio-Visual Speech Recognition with Transformer*. arXiv preprint arXiv:1802.08462.

Gilroy, P. (2006). Multiculturalism in times of war. *Critical Quarterly*, *48*(4).

Gilroy, P. (2009). *Race and the Right to be Human*. Utrecht: Faculteit Geesteswetenschappen, Universiteit Utrecht.

Gilster, P. (1997). *Digital literacy*. New York, NY: Wiley.

Gleick, J. (1987). *Chaos*. Penguin Books.

Glouberman, M. (1986). *Descartes: The probable and the certain*. Neumann, Amsterdam: Rodopi.

Gold, M. K. (2012). *Debates in the Digital Humanities*. Minneapolis, MN: University of Minnesota Press.

Goldman-Segall, R. (2018). *Art, technology, and education: Exploring artistic and educational practices*.

Gombrich, E. H. (1963). *The Social History of Art. In Meditations on a Hobby Horse and Other Essays on the Theory of Art* (pp. 86-94). New York: Phaidon.

Gonczi, A. (1997). Future directions for vocational education in Australian secondary schools. *Australian and New Zealand Journal of Vocational Education Research*, *5*, 77-108.

Goodfellow, I., Pouget-Abadie, J., Mirza, M., Xu, B., Warde-Farley, D., Ozair, S., Courville, A. & Bengio, Y. (2014). *Generative adversarial nets. In Advances in neural information processing systems* (pp. 2672-2680).

Gough, N. (2004). Postmodern and poststructural theories. In S. Billett, T. Murris, K., & Bozalek, V. (2019). Diffraction and response-able reading of texts: Two strategies for rethinking the role of agency in (post)humanist pedagogies.

Graham, B., & Cook, S. (2010). *Rethinking Curating: Art after New Media*. MIT Press.

Grant, G. et al. (1979). *On Competence: A Critical Analysis of Competence- based Reforms in Higher Education*. San Francisco: Jossey-Bass.

Grimm, D. (2014). *Pets Are Becoming People, Legally Speaking*. https://www.nationalgeographic.com/animals/article/140406-pets-cats-dogs-animal-rights-citizen-canine

Grusin, R. (Ed.). (2015). *The nonhuman turn*. Univ. of Minnesota Press.

Guimera`, R., Uzzi, B., Spiro, J., & Amaral, L. A. N. (2005). Team assembly mechanisms determine collaboration network structure and team performance. Science, 308, 697.702.

Guo, Z., Leng, Y., Wu, Y., Zhao, S., & Tan, X. (2023, June). *PromptTTS: Controllable text-to-speech with text descriptions*. In ICASSP 2023-2023 IEEE International Conference on Acoustics, Speech and Signal Processing (ICASSP) (pp. 1-5). IEEE.

Guoyu, W. (2010). The Institutionalization of Engineering and Technology Ethics in Germany. *Journal of Engineering Studies*, *2*.

Gutmann, A., & Thompson, D. (1996). *Democracy and Disagreement*. Cambridge: Harvard University Press.

Guyer, P. (2019). *Kant on the Rationality of Morality*. Cambridge University Press.

Habermas, J. (1984). The Theory of Communicative Action (Vol. 1): Reason and the Rationalization of Society (Trans. T. McCarthy). Boston: Beacon.

Haidt, J., & Graham, J. (2007). When Morality Opposes Justice: Conservatives Have Moral Intuitions That Liberals May Not Recognize. *Social Justice Research*, *20*(1), 98–116.

Hajisoteriou, C., & Angelides, P. (2016). Collaborative art-making for reducing marginalisation and promoting intercultural education and inclusion. International *Journal of Inclusive Education*, 1-15.

Hall, N., & Rhomberg, V. (1995). *The affective curriculum: Teaching the anti-bias approach to young children*. Toronto: Nelson Publishing.

Hansen, (2015) feedforward

Harari, Y. N. (2014). *Sapiens: A brief history of humankind*. Random House.

Haraway, D. (1985). A manifesto for cyborgs: science, technology, and socialist feminism.

Socialist Review, *15*(2), 65-107.

Harman, G. (2015). Object-Oriented Ontology. In *The Palgrave Handbook of Posthumanism in Film and Television* (pp. 401-409). London: Palgrave Macmillan.

Haslam, N., Kashima, Y., Loughnan, S., Shi, J., & Suitner, C. (2008). Subhuman, inhuman, and superhuman: Contrasting humans with nonhumans in three cultures. *Social Cognition*, *26*(2), 248-258.

Hathaway, B. (2011). *Human prejudice has ancient evolutionary roots*. Yale News (March 17, 2011). http://news.yale.edu/2011/03/17/human-prejudice-has-ancient-evolutionary-roots에서 2012. 12. 20. 인출.

Hayles, N. K. (1999). The condition of virtuality. *The digital dialectic: New essays on new media*, 68-95.

Heilbron, J. L. (2003). *The Oxford Companion to the History of Modern Science*. New York: Oxford University Press.

Helguera, P. (2011). *Education for socially engaged art: A materials and techniques handbook*. Jorge Pinto Books.

Herbrechter, S. (2013). *Posthumanism: A critical analysis*. A&C Black.

Hinton, G. E., & Salakhutdinov, R. R. (2006). Reducing the dimensionality of data with neural networks. *Science*, *313*(5786), 504-507.

Huang, R., Huang, J., Yang, D., Ren, Y., Liu, L., Li, M., ... & Zhao, Z. (2023). *Make-an-audio: Text-to-audio generation with prompt-enhanced diffusion models*. arXiv preprint arXiv:2301.12661.

Hultman, K., & Lenz Taguchi, H. (2010). Challenging anthropocentric analysis of visual data. *International journal of qualitative studies in education*, *23*(5), 525-542.

Hyland, T. (1993). Professional Development and Competence-based Education. *Educational Studies*, *19*(1), 123-132.

International MIDI Association. (1983). About MIDI. https://web.archive.org/web/20170408141240/http://midi.org/aboutmidi/timeline.php

Jones, C., & Munro, A. (2018). *Cyborg Art and Design: Critical Perspectives*. Routledge.

Jones, L. & Moore, R. (1995). Appropriating Competence: The competency movement, the New Right and the 'culture change' project. *British Journal of Sociology of Education and Work*, *8*, 78-92.

Jordan, M. I. (2019). Artificial intelligence—the revolution hasn't happened yet. *Harvard Data*

Science Review, *1*(1), 1-9.

Kac, E. (2007). *Signs of Life: Bio Art and Beyond*. MIT Press.

Kaufman, J. C., & Beghetto, R. A. (2009). Beyond big and little: The four c model of creativity. *Review of general psychology*, *13*(1), 1.

Kay, A. (2000). Art and community development: the role the arts have in regenerating communities. *Community development journal*, *35*(4), 414-424.

Kekes, J. (1992). Pluralism and Conflict in Morality. *The Journal of Value Inquiry*, *26*, 37-50.

Killen, M., & Rutland, A. (2011). *Children and Social Exclusion: Morality, Prejudice, and Group Identity*. UK, West Sussex: Wiley-Blackwell.

Kitchin, R. (2014). *The Data Revolution: Big Data, Open Data, Data Infrastructures and Their Consequences*. London: SAGE Publications Ltd.

Kraehe, A. M., & Acuff, J. B. (2013). Theoretical Considerations for Art Education Research With and About "Underserved Populations". *Studies in Art Education*, *54*(4), 294.

Kurzweil, R. (2005). *The singularity is near: When humans transcend biology*. Penguin.

Kwon, S., & Kyun, S. (2018). Pre-service Early Childhood Teachers' Recognition of Artificial Intelligence and Artificial Intelligence Teachers. *Global Creative Leader: Education & Learning*, *8*(4), 87-102.

La Prade, E. (2002). The early days of EAT. *IEEE MultiMedia*, *9*(2), 4-5.

Lambert, W. E., Tucker, G. R., & d'Anglejan, A. (1973). Cognitive and attitudinal consequences of bilingual schooling: The St. Lambert project through grade five. *Journal of Educational Psychology*, *65*, 141.159.

Latif, S., Shoukat, M., Shamshad, F., Usama, M., Cuayáhuitl, H., & Schuller, B. W. (2023). *Sparks of Large Audio Models: A Survey and Outlook*. arXiv preprint arXiv:2308.12792.

Latour, B. (1992). One more turn after the social turn: Easing science studies into the non-modern world. *The social dimensions of science*, *292*, 272-94.

Leung, A. K. Y., Maddux, W. W., Galinsky, A. D., & Chiu, C. Y. (2008). Multicultural experience enhances creativity: the when and how. *American Psychologist*, *63*(3), 169.

Lorimer, H. (2005). Cultural geography: the busyness of beingmore-than-representational. *Progress in human geography*, *29*(1), 83-94.

Lorimer, H. (2008). Cultural geography: non-representational conditions and concerns. *Progress in human geography*, *32*(4), 551-559.

MacCormack, P. (2013). Gracious pedagogy. *Journal of Curriculum and Pedagogy*, *10*(1), 13-17.

Marder, M. (2013). *Plant-thinking: A philosophy of vegetal life*. New York:Columbia University Press.

May, S. (Ed.). (1998). *Critical multiculturalism*. Falmer.

Mazzei, L. A., & Jackson, A. Y. (2012). Complicating voice in a refusal to "let participants speak for themselves". *Qualitative Inquiry*, *18*(9), 745-751.

Mbembe, A. (2008). Necropolitics. In *Foucault in an Age of Terror* (pp. 152-182). Palgrave Macmillan, London.

McCrea, S. M. (2010). Intuition, insight, and the right hemisphere: Emergence of higher socio-cognitive functions. *Psychological Research of Behavior Management*, *3*, 1–39.

McFee, J. K., & Degge, R. M. (1980). *Art, culture, and environment: a catalyst for teaching*. Dubuque, Iowa: Kendall/Hunt Pub.

McLaren, P. (1995). Chapter III: White terror and oppositional agency: Towards a critical multiculturalism. *Counterpoints*, *4*, 87-124.

McLaren, P. (2010). Revolutionary Critical Pedagogy. *UCLA Journal of Education and Information Studies*, *6*(2), 1-11.

Mele, C., Pels, J., & Polese, F. (2010). *A brief review of systems theories and their managerial applications. Service science*, *2*(1-2), 126-135.

Merryfield, M. M. (2003). Like a veil: Cross-cultural experiential learning online. *Contemporary Issues in Technology and Teacher Education*, *3*(2), 146-171.

Minsky, M. (2007).*The emotion machine: Commonsense thinking, artificial intelligence, and the future of the human mind*. Simon and Schuster.

Mittelstadt, B. D., Allo, P., Taddeo, M., Wachter, S., & Floridi, L. (2016). The ethics of algorithms: Mapping the debate. *Big Data & Society*, *3*(2), 2053951716679679.

Morton, T. (2010). *The Ecological Thought*. Harvard University Press.

Morton, T. (2011). Here comes everything: The promise of object-oriented ontology. *Qui Parle: Critical Humanities and Social Sciences*, *19*(2), 163-190.

Moulier-Boutang, Y. (2011). *Cognitive capitalism*. Polity.

Negri, A., & Hardt, M. (2000). *Empire*. Cambridge, MA: Harvard University Press.

Neimanis, A. (2017). *Nature represents itself: Bibliophilia in a changing climate. What if culture was nature all along*, 179-198.

Nieto, S. (2000). *Affirming diversity: The sociopolitical context of multicultural education*(3rd ed.). New York: Teachers College Press.

Noble, S. U. (2018). *Algorithms of oppression. In Algorithms of oppression*. New York University Press.

Nowak, P. (2015). *Humans 3.0: the Upgrading of the Species*. Rowman & Littlefield.

OECD(2003). *The Definition and Selection of Key Competecies, Executive Summary*. Paris: OECD.

Papert, S. (1988). A critique of technocentrism in thinking about the school of the future. In *Children in the information age* (pp. 3-18). Pergamon.

Paul, C. (2008). *Digital Art*. Thames & Hudson.

Paul, C. (2016). *A Companion to Digital Art*. John Wiley & Sons.

Pedro, F., Subosa, M., Rivas, A., & Valverde, P. (2019). Artificial intelligence in education: Challenges and opportunities for sustainable development.

Pierre, E. A. S. (2016). Rethinking the empirical in the posthuman. In *Posthuman research practices in education* (pp. 25-36). London: Palgrave Macmillan.

Plumwood, V. (2007). Human exceptionalism and the limitations of animals: A review of Raimond Gaita's The philosopher's dog. *Australian Humanities Review*, *42*(August), 1-7.

Popovici, F. G. (2017). *The paradise Revealed: The promised land of technology in the posthuman era.*

Postma, D. (2016). The ethics of becoming in a pedagogy for social justice. A posthumanist perspective. *South African Journal of Higher Education*, *30*(3), 310-328.

Pugh, S. (1990). Introducing multicultural science teaching to a secondary school. *Secondary Science Review*, *71*(256), 131-135.

Radford, A., Narasimhan, K., Salimans, T., & Sutskever, I. (2018). *Improving language understanding by generative pre-training*.

Rehak, B. R. (2004). Toward an archaeology of MIDI. In Audio Culture: Readings in Modern Music (pp. 393-405). Continuum.

Reichle, I. (2009). *Art in the Age of Technoscience: Genetic Engineering, Robotics, and Artificial Life in Contemporary Art*. Springer.

Said, E. (1978). *Orientalism*. [Ebook]

Salleh, A. (2017). *Ecofeminism as politics: Nature, Marx and the postmodern*. Zed Books Ltd.

Sawyer, K. (2006). *Explaining creativity: The science of human motivation*. New York: Oxford University Press.

Searle, J. R. (1980). Minds, brains, and programs. *Behavioral and brain sciences*, *3*(3), 417-424.

Segal, J. M. (1996). *Agency and alienation: A theory of human presence*. Rowman & Littlefield.

Singley, M. K. & Anderson, J. R. (1989). *The transfer of cognitive skills*. Cambridge, MA: Harvard University Press.

Snaza, N., & Weaver, J. (Eds.). (2014). *Posthumanism and educational research*. London: Routledge.

Snaza, N., Appelbaum, P., Bayne, S., Morris, M., Rotas, N., Sandlin, J. (2014). Toward a posthumanist education. *Journal of Curriculum Theorizing*, *30*(2), 39-55.

Spencer, L. M., & Spencer, S. M. (1993). *Competency at work*. New York: John Wiely.

Sperry, R. (1993). The impact and promise of the cognitive revolution. *American psychologist*, *48*, 878-885.

Spohrer, J. C. & Engelbart, D. C. (2004). *Converging technologies for enhancing human performance: Science and business perspectives*. In M. C. Roco & C. D. Montemagno (Eds.), *The coevolution of human potential and converging technologies* (pp. 50-82). New York: The New York Academy of Sciences.

St. Pierre, E. A. (2011). Post qualitative research: The critique and the coming after. In N. K. Denzin & Y. S. Lincoln (Eds.), *The Sage Handbook of Qualitative Research* (4th ed., pp. 611-625). Thousand Oaks, CA: Sage.

Stephan, W. G., & Stephan, C. W.(2004). Intergroup relations in multicultural education programs. In J. A. Banks & C. A. M. Banks(Eds.), *Handbook of research on multicultural education* (pp.782-798). San Francisco, CA: Jossey-Bass.

Sternberg, R. J., & Gordeeva, T. (1996). The anatomy of impact: What makes an article influential? *Psychological Science*, *7*, 69-75.

Suh, M., Youngblom, E., Terry, M., & Cai, C. J. (2021, May). *AI as social glue: uncovering the roles of deep generative AI during social music composition*. In Proceedings of the 2021 CHI conference on human factors in computing systems (pp. 1-11).

Suleiman, M. F. (2004). Multiculral education: A blueprint for educators, In G. S. Goodman & K. Carey(Eds.), *Critical multicultural conversations*(pp. 235-256). Cresskill, NJ: Hampton Press.

Sysoeva, L. S., & Anosov, P. V. (2005, March). Technocratism and Culture Crisis. In *2005 11th International Scientific and Practical Conference of Students, Post-graduates and Young Scientists-Modern Technique and Technologies* (pp. 213-214). IEEE.

Taylor, C. (1992). *Multiculturalism and 'The Politics of Recognition'*. Princeton: Princeton University Press.

Taylor, C. A., & Hughes, C. (2019). *Posthumanism and Literacies*. Singapore: Springer.

Taylor, F. W. (1911). *The Principles of Scientific Management*. New York: Harper & Brothers.

Taylor, F. W. (2004). *Scientific management*. London: Routledge.

Thrift, N. (2000). Non-representational theory. *The dictionary of human geography*, *4*.

Thrift, N. (2008). *Non-representational theory: Space, politics, affect*. Routledge.

Tyler, E. B. (1871). Primitive culture: Researches Into the Development of Mythology, Philosophy, Religion, Language, Art and Custom[Vol. 2]. NY: Nabu Press.

Tyler, R. W. (1949). *Basic Principles of Curriculum and Instruction*. Chicago: University of Chicago Press.

Ulbricht, J. (2005). What is community-based art education? *Art Education*, *58*(2), 6-12.

Ulmer, J. B. (2017). Posthumanism as research methodology: Inquiry in the Anthropocene. *International Journal of Qualitative Studies in Education*, *30*(9), 832-848.

van der Zaag, A. C. (2016). On posthuman subjectivity. *Journal of Cultural Economy*, *9*(3), 330-336.

Van Manen, M. (2017). *Phenomenology and meaning attribution*.

Veltman, C. (2023). *When you realize your favorite new song was written and performed by AI*. https://www.npr.org/2023/04/21/1171032649/

Venne, A. (2021). Artificial Intelligence And Music: The State Of The Art. CLASSICAL MUSIC, CONTEMPORARY, MUSIQUE ACTUELLE, TECHNOLOGYhttps://myscena.org/andreanne-venne/artificial-intelligence-and-music-the-state-of-the-art/

Verbeek, P. P. (2005/2021). *What things do*. Penn State University Press.

Wan, W., & Chiu, C-y. (2002). Effects of novel conceptual combination on creativity. *Journal of Creative Behavior*, *36*, 227-241.

Ward, T. B., Patterson, M. J., Sifonis, C. M., Dodds, R. A., & Saunders, K. N. (2002). The role of graded category structure in imaginative thought. *Memory & Cognition*, *30*, 199-216.

Weitzenfeld, A., & Joy, M. (2014). An overview of anthropocentrism, humanism, and speciesism in critical animal theory. *Counterpoints*, *448*, 3-27.

Whitehead, A. N. (1978). *Process and reality* (Corrected edition). NY.

Wilson, E. O. (1998). *Consilience: The Unity of Knowledge* (1st ed.). New York: Vintage Books.

Wilson, S. (2002). *Information Arts: Intersections of Art, Science, and Technology*. MIT Press.

Wolfe, C. (2010). *What is posthumanism?* Minneapolis, Univ. of Minnesota Press.

Wolfgang, A. (1975). Education of immigrant students: Issues and answers (Vol. 5). Ontario Institute for Studies in Education.

Yanisky-Ravid, S., & Liu, X. (2018). When Artificial Intelligence Systems Produce Inventions: The 3A Era and an Alternative Model for Patent Law. *Cardozo Literature Review*, *39*, 2215.

Yu, X., Ma, N., Zheng, L., Wang, L., & Wang, K. (2023). Developments and applications of artificial intelligence in music education. *Technologies*, *11*(2), 42.

Zielinski, S. (2006). *Deep Time of the Media: Toward an Archaeology of Hearing and Seeing by Technical Means*. MIT Press.

Zolberg, V. L. (2000). 예술사회학 (현택수 역). 서울: 나남출판사.

Zylinska, J. (2002). Cyborgs, Wounds and the Production of the Grotesque Body. In *The Cyborg Experiments* (pp. 36-54). Continuum.

저자소개

박휴용 (Park, Hyu-Yong)

1992년 연세대학교 교육학과 졸업(B.A.)

1994년 연세대학교 대학원 교육학과 졸업(M.A.)

2008년 위스콘신대(University of Wisconsin-Madison), 교육과정 및 수업(Curriculum and Instruction) 전공, 박사(Ph.D.)

2024년 현재, 전북대학교 교육학과 교수, AI융합교육연구소장

연구 관심 분야: 교육과정 이론 및 철학, 다문화교육, 이중어교육, AI융합교육

포스트휴먼 시대의

다문화교육론

초 판 1쇄 인쇄 2024년 10월 25일
초 판 1쇄 발행 2024년 10월 31일

지 은 이 | 박휴용
펴 낸 이 | 김기섭
편 집 인 | 이혜란
펴 낸 곳 | 창지사 www.changjisa.com
08589 서울시 금천구 가산디지털1로 83 파트너스타워 1차 9층
전화 (02)719-2211~3
팩스 (02)701-9386
등 록 | 1977년 4월 28일 · 제1-421호

ISBN 978-89-426-1862-0 (93370)

값 18,000원